O Quinto Evangelho

Fida Hassnain e Dahan Levi

O Quinto Evangelho

*A vida de Jesus Cristo
após a crucificação*

Revisto e Editado por
Ahtisham Fida

Tradução
Alice Xavier

CIP-BRASIL. CATALOGAÇÃO-NA-FONTE
SINDICATO NACIONAL DOS EDITORES DE LIVROS, RJ.

H282q

Hassnain, F. M., 1924-
O quinto evangelho / Fida Hassnain, Dahan Levi; tradução: Alice Xavier. - Rio de Janeiro: Nova Era, 2011.

Tradução de: The fifth gospel
ISBN 978-85-7701-276-3

1. Jesus Cristo - Biografia. I. Levi, Dahan, 1920- II. Título.

10-4961

CDD: 232.9
CDU: 27-312

Texto revisado segundo o novo Acordo Ortográfico da Língua Portuguesa.

Título original norte-americano:
The fifth gospel

Copyright da tradução © 2011 by EDITORA BEST SELLER LTDA
Copyright © 2006 by Fida Hassnain

Publicado mediante acordo com Blue Dolphin Publishing, Inc.

P.O. Box 8, Nevada City, CA 95959

Editoração eletrônica: Abreu's System
Capa: Simone Villas-Boas

Todos os direitos reservados. Proibida a reprodução,
no todo ou em parte, sem autorização prévia por escrito da editora,
sejam quais forem os meios empregados, com exceção das resenhas literárias, que podem
reproduzir algumas passagens do livro, desde que citada a fonte.

Direitos exclusivos de publicação em língua portuguesa para o Brasil adquiridos pela
EDITORA NOVA ERA um selo da EDITORA BEST SELLER LTDA.
Rua Argentina 171 – Rio de Janeiro, RJ – 20921-380 – Tel.: 2585-2000
que se reserva a propriedade literária desta tradução

Impresso no Brasil

ISBN 978-85-7701-276-3

Seja um leitor preferencial Record.
Cadastre-se e receba informações sobre nossos lançamentos e nossas promoções.

Atendimento e venda direta ao leitor:
mdireto@record.com.br ou (21) 2585-2002

Dedicado a

PANDIT SUTTA, o autor de *Bhavishya-maha-purana* — 115
NICOLAS NOTOVITCH, autor de *The Life of Saint Issa* — 1890
MIRZA GHULAM AHMAD, autor de *Messih Hindustan Mein* — 1908

por abrirem novas perspectivas de pesquisa
sobre a vida oculta de Jesus Cristo

Sumário

Introdução 9

Capítulo Um. Fontes... 19

Capítulo Dois. Gênesis... 52

Capítulo Três. O filho de Deus........................... 89

Capítulo Quatro. Clero e crucificação 152

Capítulo Cinco. Jesus Cristo no Oriente......... 206

Notas 281

Bibliografia 305

Sobre os autores 315

Introdução

O que vês, escreve em livro.
APOCALIPSE

NÃO NOS PROCLAMAMOS INVENTORES de teoria alguma nem descobridores de alguma verdade. Consequentemente, este livro não deve sua origem a nenhuma seita, grupo ou movimento. É, simplesmente, o resultado de nossos esforços pessoais para descobrir e depois compilar fontes primárias sobre os anos perdidos de Jesus Cristo. Foi por mero acaso que um de nós achou, em 1965, referência a uma visita de Nicolas Notovitch ao mosteiro de Hemis, no Ladakh, e a descoberta que fez dos manuscritos budistas sobre Jesus. Desde então, temos examinado dados sobre a sobrevivência de Jesus Cristo na época da crucificação e sua posterior partida em direção ao Oriente.

Mas devemos ressaltar que nosso livro não é a última palavra na esfera das pesquisas sobre o assunto. Ele apenas apresenta evidências surpreendentes sobre o túmulo de Jesus na Caxemira. Até que este seja aberto à investigação científica, nossa pesquisa ficará incompleta. As condições são de tal ordem que ninguém nos permitirá abrir esse santo sepulcro. Tanto os muçulmanos quanto os cristãos são contra a ideia em si, que consideram uma "profanação dos despojos sagrados".

Eric von Daniken escreve: "A crucificação, asseguram os teólogos, deve ser compreendida em termos meramente simbólicos." Por que isso não é esclarecido nos ensinamentos religiosos? Minha filha Lela aprendeu — como todas as gerações anteriores — que Jesus foi o único filho gerado por Deus a encarnar e que sofreu todas as dores (pelo opressivo pecado original), que morreu como homem, lutou como homem, com todos os tormentos e aflições associados a essa condição. Mas como poderia Deus, que deliberadamente deixou o próprio filho ser torturado — porque Adão e Eva cometeram o pecado que Ele poderia facilmente ter evitado por meio da presciência —, conformar-se pela morte de Cristo com os próprios homens que o mataram?

É óbvio que nos tempos modernos foi se tornando difícil acreditar que Jesus Cristo foi massacrado por causa de nossos pecados. Essas teorias propostas pela Igreja, em Roma, 150 anos após a morte dele, criaram dúvidas na mente dos cristãos sinceros. S. Basker escreve: "Acredito em Deus e sigo o cristianismo, mas não gosto de ir à igreja e ouvir os sermões do padre. Detesto esses pregadores!"

Sentimentos como esse não surgem até haver acontecido alguma coisa séria. É provável que a doutrina original, como proposta por Jesus Cristo, não esteja colocada diante de nós, ou que sejam apresentadas verdades confusas, de difícil assimilação. Helmut Goeckel expressou os mesmos sentimentos ao escrever: "A reconstrução da legítima doutrina na forma original tem de ser possível. A maneira mais segura de ter sucesso é encontrar novamente a identidade historica de Jesus."

Ora, onde estão as doutrinas originais? Mais de um bilhão de pessoas no mundo não contam com outro livro sagrado senão a Bíblia. Ela é considerada o texto original sobre a vida e a missão de Jesus Cristo. Os fiéis acreditam que a Bíblia sempre existiu na forma como eles a veem hoje. Eles também acreditam que não existe nenhum outro livro sagrado que não seja a Bíblia. Ignoram que não só a obra foi alterada e encurtada de tempos em tempos, mas também que muitas outras escrituras e evangelhos foram banidos de circulação, e destruídos no fogo, por ordem da Igreja.

Desde o começo, de vez em quando os concílios cristãos se reuniam e tomavam decisões sobre doutrinas, com o resultado de que a fé cristã, em seus moldes atuais, é a que nos foi imposta pelo clero. O resultado prático é que Jesus Cristo, como apresentado hoje, se parece com outra pessoa, diferente da que existiu há dois mil anos. Assim, o que se precisa é buscar o verdadeiro Jesus Cristo. Nessa busca, não é nossa intenção abandonar tudo aquilo que o cristianismo representa na atualidade. Defendemos a realização de um estudo imparcial da vida e da missão de Jesus Cristo, que declarou: "Eu sou o Caminho, a Verdade e a Vida."

Não hesitamos em declarar que Jesus Cristo foi o caminho, a verdade e a vida. Muita gente neste mundo, apesar das crenças religiosas adotadas, amou-o e continua a amá-lo. Muitos o estão investigando, e citamos a esse respeito a carta de uma de nossas amigas sinceras, Lina Ada Piantanelli:

> Desde a infância venho pesquisando Jesus Cristo. É meu desejo sincero conseguir mais informação a respeito dele, pois sempre achei que Jesus não morreu na cruz. Meu maior desejo é dedicar minha vida a Jesus e publicar todas as verdades descobertas sobre ele.

Estamos surpresos de descobrir que são muitos os obstáculos postos em nosso caminho para a verdade. Admitimos que, em sua chamada pesquisa, alguns profanam o sagrado nome de Jesus Cristo. Também admitimos que alguns fatos reveladores podem trazer retrocesso ao cristianismo. Mas também vamos declarar confidencialmente que as verdadeiras doutrinas de Jesus certamente florescerão, e existirão para sempre. De qualquer forma, nenhuma pesquisa é definitiva, tampouco a palavra final! Mas devemos permitir que as pessoas abram seus corações e escrevam o que lhes agradar. É muito triste ver que isso não está sendo feito. Aqui está um amigo, escrevendo do Brasil:

> Há dois anos escrevi um livro sobre a ressurreição do Senhor. Enviei o livro à Ordem Paulina e eles não o aprovaram, porque eu trouxe à luz muitas explicações que não conseguiram aceitar. Por exemplo, descobri os modelos

que os índios usavam para pintar a Virgem de Guadalupe. Também descobri que esse índio havia pintado Nossa Senhora dos Anjos. Também descobri que Nossa Senhora de Guadalupe tem uma relação estreita com a espaçonave localizada em uma lápide tumular em Palenque, no estado de Chiapas, no México. Essa semelhança é intensa em relação às formas e a outros detalhes representados pelo índio astuto. Ele foi um fervoroso crente pré-histórico e, quando aceitou a nova religião, misturou as duas, além da espaçonave, em uma mesma pintura: Nossa Senhora de Guadalupe.

Você bem pode imaginar a forte reação da Igreja quando eles mandaram meu livro ao México, e o mantiveram inacessível. Em meus esforços para recuperar o livro, não tive sucesso. Ora, se é essa a atitude da Igreja, pode-se entender que, nessas circunstâncias, nenhuma pesquisa é possível.

É verdade que o hiato na vida de Jesus Cristo, entre a idade de 12 e 30 anos, é um tema de pesquisa extremamente fascinante, e terá um efeito de longo alcance sobre as crenças estabelecidas dos cristãos. A esse respeito citamos o sentimento de nosso amigo Joshua Rochstein:

Embora seja verdade que o efeito da credibilidade do cristianismo, na melhor hipótese, é secundário para a importância da pesquisa dos fatos históricos, não se pode deixar de especular quanto àquela. A Igreja sempre pregou que Jesus morreu na cruz, para trazer salvação à alma dos homens. Bem, o que acontece a essa promessa de salvação e a crença nela, em relação à morte dele na cruz, se a pesquisa estabelecer ou demonstrar que é muito provável que Jesus não tenha absolutamente morrido na cruz e, sim, que tenha ido para uma terra distante como a Caxemira, para uma segunda carreira? Na esfera da religião, isso seria de fato um evento muito importante. Será que contribuiria para o ceticismo secularista ou influenciaria os decepcionados cristãos a buscarem salvação em outra parte?

O autor expressou seus medos genuínos quando levamos em conta a tremenda importância dos movimentos religiosos em nossa história e a rejeição de crenças mantidas há séculos. Muito recentemente, surgiram questões sobre a historicidade de Jesus Cristo. Os Evangelhos não nos fornecem uma biografia detalhada de sua vida e obra. Esses eruditos pesquisam Jesus Cristo no Ocidente e, em consequência, declaram: "Sem o Jesus histórico, o Cristo da Igreja é vazio, é uma casca radiante, um herói mítico sem peso histórico."

A confusão surgiu porque os estudiosos não estão tentando encontrar Jesus Cristo no Oriente. Ao mesmo tempo, não devemos buscar a pessoa histórica de passado recente. Além disso, agarrar-se ao Jesus histórico é continuar cego, já que professar qualquer religião significa acreditar em sua mitologia. Não poderia haver religião sem mitologia, e rejeitá-la significaria a negação total daquela religião. Daí ser imprescindível ter fé em todas as escrituras e não haver necessidade de falsificar as afirmativas que constam delas, nem oferecer interpretações apologéticas. Os discípulos de Jesus Cristo escreveram o que viram ou acreditaram. Não podemos emitir juízo algum sobre o que está escrito nos Evangelhos.

Alguns estudiosos têm afirmado que a existência de qualquer personalidade como Jesus Cristo não pode ser relacionada com fatos históricos. Ademais, os acontecimentos sobrenaturais da vida do Senhor não podem ser explicados em termos científicos. Só podemos dizer: existe uma coisa misteriosa que nem os cientistas conseguem explicar. O atual conhecimento humano não é o fim do conhecimento total.

Aqueles que vivenciaram ou tiveram algum contato com os místicos proclamam, com razão, que Jesus Cristo foi um ser divino encarnado como ser humano. Um desses amigos escreveu:

> *Jesus foi um avatar, uma manifestação, sob a forma de ser humano, de um deus, de uma divindade, um dos seres espirituais que controlam nossa parte do universo estelar.*

As dúvidas levantadas sobre a autenticidade dos Evangelhos foram condenadas pela Igreja. Também é certo que os compiladores dos Evangelhos autorizados registraram com sinceridade o que ouviram sobre Cristo, o que sabiam sobre ele e o que vivenciaram. Se tivessem tido de "maquiar" os fatos, não poderiam ter ignorado as lacunas na vida de Jesus. Essa é a prova conclusiva da autenticidade dos Evangelhos, quer autorizados ou desautorizados. Daí ser necessário compilar novamente o Antigo e também o Novo Testamento. Ao fazê-lo, será possível a todos nós absorver os verdadeiros ensinamentos de Jesus Cristo, segundo nossa capacidade inerente. Não há necessidade de teólogos ou os chamados estudiosos bíblicos nos guiarem: podemos ser nossos próprios guias na busca da verdade. Já de início pode-se mencionar que a verdade não é monopólio de nenhuma seita, religião ou Igreja. A humanidade precisa encontrar Deus, e esse exercício precisa ser feito sem a ajuda não solicitada do clero.

Que cada pessoa inocente que busca a verdade seja seu próprio guia. Dessa forma, temos esperança de que Deus certamente virá lhe mostrar a luz. Jesus disse certa vez:

Quem crê em mim
Crê não em mim,
Mas naquele que me enviou.
E quem vê a mim,
Vê Aquele que me enviou.
Eu vim como luz para o mundo,
A fim de que todo aquele que crê em mim
Não permaneça nas trevas.

É de especial interesse para nós o fato de o budismo e o cristianismo terem muitas semelhanças de pensamentos e ideias. Ambas as religiões são boas-novas para a humanidade sofredora. O tema foi plenamente analisado por Hazrat Mirza Ghulam Ahmad, em seu livro *Mesih Hindustan Mein*, cuja tese é citada aqui:

> *Se Jesus foi chamado o Mestre, Buda também foi chamado assim, Sasta ou o Mestre. Ambos sofreram tentações, às quais não sucumbiram. Qual aconteceu a Buda, Jesus Cristo também jejuou por 40 dias. Ambos ensinavam o mesmo conteúdo em parábolas e seus ensinamentos têm semelhanças surpreendentes.*

Também é significativo que em algumas estátuas denominadas "Bodhisatvas" as palmas das mãos mostram marcas que poderiam retratar

Introdução 15

a prova da crucificação. Podemos supor que os Bodhisatvas — ou os posteriores Budas ou "seres perfeitos" — pertencem à ordem de Jesus Cristo? Será que as estátuas aludem à perfuração de mãos e pés de Jesus Cristo?

Cumpre notar que Jesus havia sido mencionado de diversas formas em manuscritos orientais. Ele é chamado *Issa, Isa, Issana-Deva, Isha Natha, Ishai, Isa Masih, Yusu, Yuzu, Yuzu-Kristo, Yuz-Asaph* e *Yusu Masih*. Em algumas obras, ele é mencionado como Eshvara-putram, ou o Filho de Deus, e Kanaya-garbum, ou Nascido de uma Moça. Em alguns manuscritos antigos ele é chamado Metteyya, que equivale a Messias. Em algumas obras persas ele é conhecido como Nasrani ou Kristani, que equivalem a "de Nazaré" ou Cristão. Também é interessante que os cristãos sejam conhecidos no Oriente como Nasaran e Kira. Jesus também é intitulado no Oriente Ibn-i-Maryam ou o Filho de Maria.

O padre Peter Hebblethwait, da ordem jesuíta de Farm Street, na Inglaterra, escreve:

> *Não estou absolutamente perturbado nem chocado com as especulações do Dr. Hassnain, já que qualquer pessoa pode fazer perguntas.*

O reverendo Lionel Swain, da Faculdade Católica Romana de St. Edmund's Ware, em Hertfordshire, afirma:

> *O mínimo que se pode dizer sobre as opiniões do Dr. Hassnain é que a história sobre Jesus de Nazaré, principalmente sobre sua sobrevivência da crucificação, é pura ficção. Não tem qualquer base histórica.*

O reverendo Dewi Morgan, pároco da Igreja de Flett Street, St. Bride, afirma:

> *Não há nada de exorbitante na sugestão do Dr. Hassnain de que Cristo foi para a Índia, naquilo que prefiro chamar seus anos ocultos. O professor Hassnain não precisa temer que a Igreja Cristã fique transtornada com suas observações. Pelo contrário, a Igreja está extremamente desejosa de continuar pesquisando. Só nos preocupamos com a verdade.*

16 *O Quinto Evangelho*

O cônego Pearce-Higgins expressa uma opinião diferente quando afirma:

> *Jesus tinha todos os dons do Espírito (clarividência de curas e presciência) e não era um médium no sentido moderno da palavra. Ele parece ter revelado poderes e qualidades reivindicados pelos yogues indianos. Como um yogue, ele passava horas em prece e meditação com seus discípulos, e seu padrão de ensinamento não era diferente do de um sábio do hinduísmo. Por essa razão, é possível ser coerente a afirmação de seus últimos dias na Índia, onde ele pode ter estudado, segundo alega o Dr. Hassnain, as técnicas e crenças das religiões orientais — embora pareça que seu ensinamento espiritual foi de autoria própria.*

O destacado líder metodista Lord Donald Soper afirma:

> *Certamente, não me sinto ofendido com as opiniões do professor Hassnain, que li com interesse. Mas tenho certeza de que há muito mais evidência contra elas.*
>
> *Assim, é uma questão vital se Jesus Cristo morreu ou não na cruz, e nela estão extremamente interessados não só os cristãos, mas também outros, por amor à verdade. Afinal de contas, não seria especialmente herético se a Igreja, em particular, e a humanidade, em geral, tivessem um dia de aceitar a verdade. Em todo caso, isso não alteraria a grandeza fundamental de Jesus Cristo e de seus ensinamentos.*

Inúmeras comprovações da vida de Jesus Cristo foram destruídas com o objetivo principal de separar o Jesus verdadeiro do Jesus dos quatro Evangelhos aceitos. Sua técnica é buscar e destruir todas as comprovações. Depois de termos fotografado duas páginas dos diários dos médicos da Missão Moraviana, os documentos foram removidos e já não se encontram mais em Ladakh. A mesma calamidade se abateu sobre os manuscritos tibetanos que foram descobertos por Nicolas Notovitch. A cruz de madeira que fotografamos deitada no sarcófago sobre o túmulo de Yuzu-Asaph também foi roubada. O mesmo aconteceu com os antigos manuscritos danificados que estavam no sarcófago. A maior parte de nossas fotografias desapareceu depois que as levamos à Europa para mostrá-las a editores.

Reconhecemos e expressamos nosso profundo apreço por aqueles que nos ajudaram de muitas maneiras a prosseguir com nossas pesquisas. A Srta. Iris Bolt, especialista em etimologia, tem mostrado contínuo interesse por este projeto. O Dr. Franz Sachse obteve para nós livros raros e outros esgotados, mas também veio à Caxemira para a discussão de tópicos abordados neste trabalho. Agradecemos a ele pelo apoio e orientação. Também forneceu fotografias, e por isso temos com ele uma dívida de gratidão. Nossos sinceros agradecimentos a Helmut Goeckel, G. Vansister, Prof. Miguel Diaz, o rabino Elyahn Avihail, Khan Roshan Khan, Xeque Abdul Qadir, Mirza Wasim Ahmad, Kurt Berna, Syed Abdul Hye e M. A. Faruqie pela contribuição com material de pesquisa. Há alguns amigos que nos deram muito apoio moral e estímulo, e eles são:

Rev. Otlega I. Nakano
Rev. George I. Morshitta
Srta. Claire Miller
Dr. Ahtisham Fida
Srta. Mary Leue
Dr. Gunter Ammon
Dr. José Hermógenes
Dr. John Hill
Sra. Christianne T. de Reyes
Rev. Sundara Aish Muni
Gen. Habibullah

Outros amigos que têm sido fonte de inspiração para nós são muito numerosos para mencionar aqui.

Não é nossa intenção abalar a fé que você tem em Jesus Cristo ou em sua missão. Nossa meta principal, ao escrever este livro, é informar ao Ocidente que nós, no Oriente, temos algumas fontes primárias sobre o

Jesus histórico que viveu e sobreviveu à crucificação. Este livro não foi escrito em um dia; ele resulta de muitos anos de busca incessante por comprovação. Buscamos a verdade e desejamos que outros pesquisadores venham se juntar a nós em tão nobre aventura.

Temos de assinalar que a vida e as obras de Jesus são de interesse vital para as pessoas em todo o mundo. É nesse espírito que compilamos este livro, trecho a trecho, e nosso trabalho não guarda qualquer conexão com convicção religiosa ou tendência intelectual. Não pertencemos a nenhum culto ou sociedade. Portanto, rezamos para que nossos pecados, que são muitos, sejam perdoados, em nome de Jesus Cristo.

Fida Hassnain
Dahan Levi

CAPÍTULO UM

Fontes

O que vês, escreve em livro, e manda
Às sete igrejas que se encontram na Ásia.
APOCALIPSE

O FATO DE NÃO DISPORMOS DE INFORMAÇÃO COMPLETA sobre a vida e as obras de Jesus Cristo tem criado, entre peritos e devotos, o anseio por conhecer mais a respeito dele. No Ocidente, a busca pelo Jesus histórico teve início ao final do século XVIII, e prossegue ininterrupta. Sua biografia ainda está incompleta por não existirem fontes primárias capazes de preencher as lacunas. A primeira pessoa a obter informação sobre Jesus Cristo foi Paulo, e ele viveu no mesmo período. Dessa forma, as Epístolas de Paulo são a fonte primária mais antiga sobre o assunto. Por intermédio dele sabemos que Deus enviou Jesus Cristo na condição de seu filho *"nascido de mulher, nascido sob a lei"*. Ele tinha irmãos, um dos quais foi Tiago. Paulo nos informa, ainda, que Jesus Cristo escolheu 12 apóstolos para pregarem o Reino de Deus. Segundo Paulo, os judeus conspiraram contra Jesus e conseguiram crucificá-lo, mas no terceiro dia ele se levantou e se encontrou com os apóstolos, cerca de 11 vezes.

Na primeira Epístola de Pedro, está escrito: *"Pois também Cristo morreu, uma única vez, pelos pecados, para conduzir-vos a Deus."* Nos Atos dos Apóstolos a seguinte informação exígua é dada sobre Jesus:

Varões israelitas, atendei a estas palavras:
Jesus, o Nazareno, varão aprovado por Deus
Diante de vós com milagres, prodígios e sinais,
Os quais o próprio Deus realizou por intermédio dele entre vós,
Como vós mesmos sabeis;
Sendo este entregue pelo determinado desígnio
E presciência de Deus,
Vós o matastes,
Crucificando-o por mãos de iníquos.

Entre os primeiros textos do cristianismo, os Evangelhos são a fonte primária de informação sobre Jesus. Ali contam-nos sobre sua genealogia, seu nascimento e migração ao Egito. Todas essas ocorrências cobrem quatro anos da vida dele e, depois disso, há uma lacuna de oito anos, quando, aos 12 anos, Jesus visita o templo em Jerusalém. Depois disso, sua vida se torna obscura por quase 17 anos, e não existe informação disponível para preencher esse intervalo. Nenhum registro de qualquer espécie quanto a seu paradeiro ou às suas atividades durante o período está disponível nos textos cristãos do Ocidente. Sabemos, apenas, que ele iniciou uma missão aos 30 anos de idade e reuniu muitos seguidores. Por insistência dos sacerdotes judeus, o governador romano ordenou que ele fosse posto na cruz. Crucificado por quatro soldados romanos, Jesus foi retirado da cruz a pedido de José de Arimateia. Cristo se levantou entre os mortos e viveu durante 40 dias com seus seguidores. O que aconteceu depois da ressurreição, ninguém sabe, exceto que ele desapareceu! O estranho é que os gnósticos têm a própria versão da crucificação. No manuscrito encontrado em Nag Hammadi, no Egito, somos informados de que:

Não sucumbi a eles, conforme haviam planejado. Não morri na realidade, mas só na aparência, e foi outro que bebeu o fel e o vinagre. Foi outro Simão que carregou a cruz ao ombro. E foi sobre outro que colocaram a coroa de espinhos. Eu estava rindo da ignorância deles.

Como se pode observar, é evidente que houve muitas narrativas contraditórias sobre a vida de Jesus, o que exige uma pesquisa mais completa. Também é possível que nossa busca pelos anos perdidos da vida de Jesus venham contrariar as crenças populares cristãs. As fontes ocidentais disponíveis para esclarecer esse mistério são escassas. Entretanto, as fontes primárias, tanto ocidentais quanto orientais, disponíveis até agora e passíveis de consulta, vêm descritas a seguir.

Os Evangelhos autorizados

Os Evangelhos de Marcos, Mateus, Lucas e João são os Evangelhos autorizados, incluídos no Novo Testamento. Escritos originalmente em grego, foram impressos no século XIV e compilados antes do começo do século II, como pode ser visto a seguir.[1]

Marcos: 60-70
Mateus: 85
Lucas: 90-95
João: 110

Em grau maior ou menor, os Evangelhos podem ser considerados as fontes contemporâneas de informação sobre a vida e a missão de Jesus Cristo. Infelizmente, eles oferecem pouca ou, melhor dizendo, quase nenhuma informação sobre a infância de Jesus até os 12 anos, quando foi a Jerusalém para a Páscoa. João Batista aparece por volta do ano 28. Dessa forma, nenhuma informação sobre Jesus está disponível até o ano do batismo, e antes do começo de seu ministério. Por razões óbvias, não temos de lidar com as fontes hebraicas. Historicamente, os Evangelhos apócrifos eram importantes, pois foram escritos pelos cristãos judeus no meio do século I. Da mesma forma, os Manuscritos do Mar Morto também são importantes e dignos de atenção.

Historicidade dos Evangelhos

Jesus Cristo deixou escritos seus ensinamentos? Suas doutrinas são isentas de erro? Perguntas desse teor estão sendo feitas pelos que têm por objetivo o estudo crítico dos Evangelhos. É fato histórico que, 25 anos

22 O Quinto Evangelho

depois da partida de Jesus Cristo, os devotos começaram a recolher registros fragmentados de suas palavras e atos.[2] Paulo cita ocasionalmente palavras do Mestre, e suas Epístolas se enquadram no período acima mencionado. Assim, sua obra é autêntica e confiável. Por outro lado, Pedro anotou algumas ocorrências da vida de Jesus. Mateus compôs a vida e os ensinamentos de Cristo no dialeto hebreu.[3] Mas nenhuma versão está disponível, e só contamos com a versão grega no primeiro Evangelho. Desse modo, podemos supor, com segurança, que o Evangelho segundo Mateus foi escrito antes do ano 85 da era cristã. O Evangelho de Marcos é autêntico e autorizado, pois ele o compilou após receber informação direta de Pedro, que foi testemunha ocular. Por isso, Marcos preservou para nós alguns dos acontecimentos mais exatos da vida de Cristo. Seu Evangelho foi datado de antes da destruição de Jerusalém, no ano 70. Lucas afirma claramente que sua compilação se baseia em escritos mais antigos e autênticos sobre as palavras e atos de Jesus. Ele afirma:

> Visto que muitos empreenderam
> Compor uma narração coordenada dos fatos
> Que entre nós se realizaram,[4]
> Conforme nos transmitiram
> Os que desde o princípio foram testemunhas oculares
> E tornaram-se ministros da palavra,
> Igualmente a mim me pareceu bem,
> Depois de acurada investigação
> De tudo desde sua origem,
> Dar-te por escrito, excelentíssimo Teófilo,
> Uma exposição em ordem,
> Para que tenhas plena certeza das verdades
> Em que foste instruído.[5]

Disso evidenciam-se dois aspectos: que muitos autores se propuseram a construir a vida de Cristo e que extraíram informação das narrativas de autores que os antecederam. Infelizmente, os textos da maioria desses precursores foram declarados inautênticos pela Igreja, e destruídos. A autoria do Evangelho segundo João está sob disputa. Entretanto, esse Evangelho nos oferece informação autêntica sobre os primeiros discípulos do Senhor, Nicodemos, as mulheres de Samaria, a cura de Paulo, os detalhes da crucificação, sobre o segundo advento de Jesus Cristo e o encontro com os discípulos, e também o sermão final que pronunciou antes de separar-se deles. Os detalhes oferecidos nessa escritura são da máxima importância, pois Jesus disse a seus discípulos que não se demorassem, mas que o seguissem, provavelmente em uma longa viagem.

> *Disse isto*
> *Para significar com que gênero de morte*
> *Pedro havia de glorificar a Deus.*
> *Depois de assim falar,*
> *Acrescentou-lhe: Segue-me.*[6]

Evangelhos apócrifos

A busca do Jesus histórico pelos estudiosos prossegue. Essa busca resultou na descoberta de muitos textos. Entretanto, nem todos estão disponíveis, pois foram destruídos por ordem da Igreja. A tradição nos legou uma lista de 26 Evangelhos apócrifos, sete Atos e dez Epístolas, que foram usados nos primeiros tempos do cristianismo. Esses textos, rejeitados pela Igreja, retêm sua originalidade em grande medida, mas nenhum deles está a nosso dispor. Alguns desses escritos originais só existem no nome, e de alguns dispomos apenas de fragmentos.

Deve-se assinalar que a maioria desses Evangelhos alude a Jesus como um homem, não como uma pessoa mítica. Por exemplo, o Evangelho de Tiago informa sobre o casamento de Maria e José. No Evangelho dos Ebionitas, acredita-se que Jesus nasceu de modo normal como filho de José e Maria.

O Evangelho de Filipe relata que o Senhor migrou em direção ao Oriente, com a mãe e com sua consorte, Maria Madalena. É fato histórico que a Igreja, nos diversos concílios que por vezes realiza, rejeitou al-

24 O Quinto Evangelho

guns Evangelhos e aceitou outros. No processo de elaboração dessas listas, ela foi mudando de tal forma os registros que agora só temos quatro Evangelhos considerados oficiais, e todos os demais foram considerados heréticos. O resultado prático dessa supressão foi nos vermos privados de muitas fontes primárias úteis e autênticas, que poderiam ter preenchido as lacunas da vida terrena de Jesus.

Os cinco Evangelhos de Taciano

Taciano, o famoso pesquisador sírio de Edessa, reuniu um volume de cinco Evangelhos no século II. Depois de meticulosa pesquisa em fontes gregas e hebraicas, compilou sua Bíblia, que permaneceu em voga por alguns séculos entre os seguidores da Igreja Siriana. Com a chegada da Igreja Romana ao poder, ordenou-se que fosse destruída a Bíblia compilada por Taciano. Dessa forma, todas as cópias foram recolhidas e destruídas no fogo. Acredita-se que ele havia mencionado que, depois da ressurreição, Jesus encontrou seus discípulos, e principalmente sua mãe, Maria, diversas vezes, que ele era um ser vivo, não um espírito. A Igreja Romana não gostava dessas ideias, e por isso mandou destruir esses cinco Evangelhos. Existem cerca de 50 obras apócrifas, descobertas até agora, às quais foi negado o patrocínio oficial, por não darem sustentação às doutrinas revistas formuladas pela Igreja. Os Evangelhos apócrifos mais importantes são os seguintes:

1. O Evangelho dos Hebreus.
2. O Evangelho dos Egípcios.
3. O Evangelho de Nicodemos.
4. O Evangelho de Tomé.
5. O Evangelho de Tiago.
6. O Evangelho de Barnabé.
7. O Evangelho de Pedro.
8. O Evangelho dos Ebionitas.
9. O Evangelho de Filipe.
10. O Evangelho de Maria Madalena.

O Evangelho dos Hebreus foi escrito, originalmente, em aramaico e depois traduzido para o grego e o latim. Ele dá proeminência a Tiago, irmão de Jesus. O Evangelho de Nicodemos faz um relato da descida de Jesus ao mundo subterrâneo. O Evangelho de Tiago oferece informação sobre a infância do senhor. Entre esses Evangelhos, merecem destaque o Evangelho de Tomé e o Evangelho de Filipe, que são denominados Evangelhos Coptas, porque escritos em copta e descobertos em Al-Hamadi, no Egito.

Há um manuscrito italiano do Evangelho de Barnabé na Biblioteca Nacional de Viena. O papel em que está escrito é italiano e as margens das páginas foram decoradas em períodos posteriores com frases em árabe. Acredita-se que o texto foi obtido por um padre italiano, Fra Marino, da biblioteca particular do papa. O Evangelho foi compilado por Joses, um levita a quem os apóstolos apelidaram Barnabé, nome que significa o filho da consolação.[7] Como missionário a Antioquia, ele acompanhou Paulo diversas vezes, mas acabou se separando dele em razão de diferenças. Barnabé foi apedrejado até a morte pelos judeus de Slamis, na ilha de Chipre.

Em seu Evangelho, Barnabé menciona a si mesmo como um apóstolo de Jesus Cristo e diz que foi orientado pelo próprio Senhor a escrever a vida e as obras de Jesus. O Evangelho de Barnabé foi banido em 382 pelo decreto do Concílio Geral da Igreja Ocidental. Entretanto, seus manuscritos existiam na biblioteca particular do papa Dâmaso (383), na capela de Barnabé e do papa Sisto V (1585-90). A tradução dessa obra para o inglês foi publicada em Oxford, em 1908, por Lonsdale Ragg e Lura Rubert. Pouco depois, publicou-se no Egito a tradução para o árabe.

Os Testamentos dos 12 Patriarcas

Essa foi uma das escrituras consideradas autênticas pelos cristãos primitivos. Paulo parece ter usado esses testamentos e até copiado parte deles enquanto compilava suas Epístolas. Até Mateus está em dívida com os Testamentos dos 12 Patriarcas, na composição de seu Evangelho. Esses testamentos foram posteriormente excluídos da Bíblia.[8]

Os Manuscritos do Mar Morto

Em 1947, descobriu-se uma quantidade de manuscritos em uma caverna de Wadi Qumran, no mar Morto. Em 1949, alguns fragmentos do Antigo Testamento foram recuperados da caverna Qumran. Mais tarde, em 1952, foram encontrados muitos fragmentos e moedas nas cavernas de Wadi Murabbaat. Esses manuscritos, popularmente conhecidos como os Manuscritos do Mar Morto, são compilações dos santos conhecidos como essênios, cujo monastério, o Khirbet Qumran, foi destruído pelos romanos por volta do ano 70. Entre os textos estão os chamados manuscritos de Lameque, escritos em aramaico, que contêm os capítulos do livro do Gênesis.

Os essênios acreditavam no Mestre da Retidão, que deveria vir explicar a sabedoria de todos os profetas anteriores. Ele seria o Ungido, que inauguraria uma nova ordem mundial. Dessa forma, os Manuscritos do Mar Morto eram o melhor indicador para a compreensão dos antecedentes do Novo Testamento. Existem paralelos entre as doutrinas dos essênios e as dos cristãos primitivos. Nos Manuscritos do Mar Morto, existem muitas sentenças que estão registradas nos Evangelhos e são atribuídas a Jesus Cristo. De fato, o Evangelho de João e os Manuscritos do Mar Morto apresentam semelhanças de estilo e de pensamento. Dessa forma, o estudo desses textos é essencial a uma melhor compreensão do Novo Testamento.

Os Manuscritos do Mar Morto foram escritos antes do advento de Jesus Cristo. O Primeiro Enoque foi escrito em 170-64 a.C. e o Testamento dos 12 Patriarcas foi compilado entre 109-107 a.C.

Antigas obras históricas

Entre as antigas obras históricas deve-se mencionar:

a) *Quod Omnis Probus Liber*, escrita por Filo de Alexandria no ano 20. O texto nos fornece informações detalhadas sobre os essênios que viveram na Palestina e na Síria.

b) *Historica Naturalis*, escrita por Plínio, o Velho, em 70, nos conta sobre os essênios que viviam nas proximidades de Jerusalém.

c) *Guerras dos judeus*, escrita por Josefo, em 94, traz informações sobre os judeus e suas seitas. Também nos informa sobre os essênios e seus princípios e crenças.

d) *Antiguidades dos judeus*, de Josefo, contém alguma informação sobre Jesus Cristo que parece interpolação.

Acta Thomae

Escrita por Leucius no começo do século II, baseia-se nas cartas escritas da Índia por Tomé. Foi traduzida para o alemão por Max Donnet e publicada em Leipzig em 1883. Embora lida como o Evangelho de Tomé, a obra foi proscrita pela Igreja Católica, pois nega o nascimento virginal de Jesus. Também traz informações sobre o encontro de Jesus Cristo e Tomé em Taxila, no Punjab. Introdutor do cristianismo no sul da Índia por volta do ano 52, Tomé construiu muitas igrejas, mas sofreu martírio em 72. Ele foi enterrado em Milapore, no local em que hoje se ergue a Basílica de São Tomé. A obra *Acta Thomae* foi denunciada como heresia em 495, por um decreto do papa Gelásio. É muito interessante a informação dada no livro sobre o encontro de Jesus Cristo e Abdagases. Esse encontro ocorreu pouco depois da solenidade de casamento de Abdagases. Tomé, sob cuja supervisão fora construído o palácio de Taxila, celebrou o casamento, mas saiu depois da cerimônia.

Quando Abdagases veio encontrar a noiva, viu no local uma pessoa santa. Nela, ao reconhecer Tomé, perguntou-lhe como ainda estava ali, já que tinha ido embora antes. Mas a pessoa santa respondeu:

> *Eu não sou Tomé, e sim o irmão dele.*

Esse incidente ocorreu por volta do ano 49, e a pessoa santa não era outra senão Jesus Cristo.[9]

O Evangelho de Tomé foi traduzido do grego para o russo no século XIII. A *Acta Thomae* relata de que modo os apóstolos dividiram o mundo para efeito de pregação. Na época dessa decisão, a Índia tocou a Tomé. Consta que Jesus lhe teria dito:

28   *O Quinto Evangelho*

Não temas, Tomé; vá para a Índia proclamar a palavra, pois minha graça estará contigo.

Os cristãos sirianos de Malabar, na Índia, alegam que Tomé foi seu fundador. Deve-se notar que o Evangelho segundo Tomé, que data do terceiro século, foi descoberto em 1947, em Luxor, no Egito.[10]

Fontes em sânscrito

A seguinte relação de inscrições mostra o tempo de existência de cada língua antiga mencionada:

1. Sumério   4.000 a.C.
2. Elemático   2.000 a.C.
3. Cuxano   1.600 a.C.
4. Chinês   1.500 a.C.
5. Hitita   14.000 a.C.
6. Sânscrito   12.000 a.C.
7. Avéstico   600 a.C.
8. Árabe   328 a.C.

É claro que o sânscrito se encontra entre as línguas antigas do mundo[11] e como é escrito e lido na Índia, temos de buscar nessa língua documentos relacionados a Jesus. Felizmente, foi-nos possível localizar na Caxemira alguns manuscritos raros em sânscrito, escritos no alfabeto *Sharda*.

O Bhavishya-Maha-Purana

Em sânscrito, a palavra "purana" significa história antiga. Os Puranas são considerados sagrados pelos indianos. Constam de 18 volumes, dos quais o nono é denominado *Bhavishya-Maha-Purana*, que significa "profecias sobre o futuro". Entre outras coisas, ele menciona que na Índia, além da área sob domínio bramânico, os devotos de Moisés se espalharam no restante do território. É evidente que isso se refere às colônias judaicas da região setentrional da Índia. O *Bhavishya-Maha-Purana* é uma obra antiga do sânscrito atribuída a Suta; consta que foi compilada no ano 3191 Laukika, correspondente ao 115. Embora o manuscrito seja grafado no alfabeto *Sharda*, a língua é o sânscrito. Enviado pelo marajá da Caxemira ao Research Institute em Puna, para tradução, foi publicado em Mumbai em 1910. Também foi traduzido para o hindi, e até agora se publicaram seus dois comentários. O *Bhavishya-Maha-Purana* é uma das fontes originais mais importantes e independentes sobre a visita de Jesus à Caxemira. Observa-se que o manuscrito foi de autoria de um santo indiano, muito anterior ao advento do Islã. Além disso, os indianos não têm conexões religiosas com os judeus, os cristãos ou os muçulmanos. Portanto, embora muito breve, a informação oferecida no documento é historicamente importante. Alude ao encontro de Cristo com o rajá dos sakas, ou as tribos citas que haviam conquistado o norte da Índia e da Caxemira durante o século I. A tradução dos versos relevantes é a seguinte:

Ó, rei!
Eu vos saúdo de uma terra longínqua;
Onde não existe a verdade,
E o mal não conhece limites.
Eu apareci no país dos Mleecha,
E sofri nas mãos deles.
Sou conhecido como o Filho de Deus (Ishvara-Putram)
E nasci de uma virgem. (Kanya-Garbam)
Eu ensino o amor, a verdade e a pureza de coração,
Pedindo aos seres humanos que sirvam ao senhor.
O senhor está no centro do sol,
E os elementos,
E Deus,
E o sol são para sempre.
Trago sempre no coração o Deus de bem-aventurança,
Meu nome foi estabelecido como Isa-Masih.[12]

O Rajatarangini

É uma importante obra histórica em sanscrito escrita por Kalahana, aproximadamente, em 1148. O *Rajatarangini* é a mais antiga história da

30   *O Quinto Evangelho*

Caxemira advinda de épocas primordiais. Foi traduzido do sânscrito para o inglês por Aurel Stein em 1900, e pelo Dr. Tokan Sumi para o japonês em 1970. Essa obra histórica descreve elaboradamente a crucificação de um santo, apelidado *Samdhimatti*, que significa Espírito de Deus, o discípulo do Guru Isana. Enquanto se dá ao Salvador o nome de Isana, o crucificado recebe o nome de *Samdhimatti*, príncipe dos arianos. Entretanto, essa tradição referente a colocar um santo na cruz, documentada em um registro antigo, é reproduzida aqui:

> *Naquela época, espalhou-se pela força dos acontecimentos futuros uma misteriosa informação que foi declarada de casa em casa; ao Samdhimatti pertencerá o Reino.*
>
> *Diante disso, o rei o atirou à prisão, onde ele sofreu com as pernas atormentadas por grilhões cruéis. Ato contínuo, o rei pensou que matá-lo seria a única forma de frustrar o anunciado pelo destino.*
>
> *Se homens insensatos preparam um artifício para afastar gradualmente um evento futuro, pode-se ter certeza de que o destino intentará abrir novos caminhos. Então, sob as ordens do rei, Samdhimatti, o sábio, foi posto na cruz por executores brutais.*
>
> *A notícia chegou a Isana, o grande guru, e ele se dirigiu ao local da execução, onde seu discípulo Samdhimatti havia sofrido sem encontrar solidariedade. Ele o encontrou reduzido a um esqueleto na cruz.*
>
> > *Que desgraça, ver hoje a vós,*
> > *Ai, meu Deus, em semelhante condição.*
>
> *Então, ele retirou a ossada que a cruz havia perfurado. Levou dali o esqueleto, mas em sua testa leu a seguinte inscrição:*
>
> > *Ele terá uma vida pobre, a prisão, a morte na cruz e ainda, depois disso, um trono. O destino é a encarnação de todos os milagres; nada mais que o destino terá de trazê-lo de volta à vida.*
>
> *Então, ele ficou naquele mesmo lugar, ansiando por ver o cumprimento da profecia, e cuidou do esqueleto. No meio da noite, sentiu um perfume ce-*

lestial de incenso. Oculto atrás de uma árvore, ele então viu o esqueleto ser juntado com todos os seus membros. Parecia uma pessoa que acabara de despertar de um sono profundo, coberta de bálsamos celestiais. Então Samdhimatti, usando um traje magnífico e uma guirlanda, recuperou a memória de seu passado e se inclinou reverente diante de seu mestre, Isana.

Desse modo, a narrativa revela que *Samdhimatti*, também conhecido como o Espírito de Deus, foi colocado na estaca, mas ressuscitou como Jesus.

Natha Namavali

Jesus pertencia à seita dos essênios, da qual também era membro João Batista. João batizou Cristo no rio, e a cerimônia realizada era muito semelhante àquela praticada até hoje entre os iogues quando fazem suas abluções nos rios sagrados da Índia. Na *Canção do Yogue*, cantada pelos Natha Yogis, também há referências a Isha e João, o Batista.

Meu amigo, para que país foi Ishai, e para que país foi João? Meu amigo, onde estava o mestre dos mestres e onde está repousando sua mente? Meu amigo, Ishai seguiu para a Arábia e João para o Egito. Meu amigo, Ishai é o mestre de meus mestres. A mente do yogue só repousa no yogue.

Os Natha Yogis das montanhas Vindhyachal denominam suas escrituras de *Natha Namavali*. Entre os grandes mestres desse culto, descritos no Sutra citado, há um guru chamado Ishai Natha. Ele veio para a Índia aos 14 anos e, depois de 16 longos anos de *Tapsiya*, chegou a entender a ciência de *Samadhi*. Depois disso, voltou ao país natal e começou seu ministério. Pouco depois, contudo, os judeus, que estavam entre os seus inimigos, conspiraram contra ele e o fizeram ser crucificado. Na ocasião da crucificação, Ishai Natha entrou em *Samadhi*. Ao vê-lo assim, os judeus concluíram que estava morto e o enterraram em um túmulo. Naquele mesmo instante, entretanto, um de seus *Gurus*, o grande Chetan Natha, estava mergulhado em meditação profunda nos Himalaias. Ele teve a visão das torturas que Ishai Natha estava sofrendo. Portanto, tornando o próprio corpo mais leve do que o ar, ele saiu voando para a terra de Israel. O dia de sua chegada foi marcado por raios e trovões, pois os deuses estavam zangados e o mundo inteiro tremeu. O Chetan Natha tirou do jazigo o corpo de Ishai Natha e o despertou de seu estado de *Samadhi*, levando-o para a terra sagrada dos arianos.

A informação anterior, encontrada no *Natha Namavali*, estabelece a sobrevivência de Jesus na cruz e sua partida rumo ao Oriente. É interessante que no mesmo *Sutra* somos informados de que Ishai Natha estabeleceu seu *ashram* nas regiões baixas dos Himalaias.

Fontes tibetanas

Durante o primeiro século a mensagem de Jesus Cristo foi levada por seus discípulos e devotos a Pártia, Sogdiana, Gandara e outras regiões da Ásia Central. Os budistas desses países eram bem-familiarizados com Jesus, porque, para eles, ele seria o futuro Buda. Há uma menção muito antiga à terra dos Seres, na Pártia, feita por Hipólito e retirada do Apocalipse. O mesmo Hipólito nos informa que o próprio *Livro de Elxai* era originário de Pártia. Segundo esse autor, Elxai o havia recebido dos Seres da Pártia. Naquela época, por Seres designava-se uma nação que produzia seda e vivia acima da Índia, isto é, os chineses ou tibetanos. Como a rota da seda atravessava a Pártia, os Seres desse local são chineses ou tibetanos, provenientes do território parto. Assim, o livro de Elxai era, na suposição de seus leitores ou de seu autor, uma espécie de Evangelho chinês ou tibetano.[13]

É fato histórico que Hipólito foi o bispo de Roma por volta de 220. Sua menção específica ao Apocalipse mostra que os cristãos ocidentais do terceiro século sabiam da existência de livros orientais de conteúdo judaico-cristão. Elxai era a encarnação de Deus, e sua seita acreditava em encarnações sucessivas de seres celestiais. Também sabemos que os budistas acreditam na encarnação de Buda ou bodisatvas, e é indubitável o paralelismo das duas doutrinas. A história registra que os ebionitas também cultivavam essas crenças. Assim, não é de admirar que nossa busca entre os fragmentos dos monastérios budistas nos traz detalhes da vida desconhecida de Jesus Cristo. Portanto, há grande necessidade de encontrar documentos que estariam enterrados sob essas imensas coleções de manuscritos nos *Gumpas* do Ladakh ou do Tibete.

Um desses manuscritos intitula-se *Grub-tha Thams-chand kyi Khuna dan Dod-thsul Ston-pe Legs Shad Shel-gyi Melon*, que significa: A história da religião e das doutrinas: o espelho de vidro. Originalmente, trata-se de um antigo manuscrito chinês traduzido para o tibetano por Le-zan Cbhes-Kyi Nima.[14] Ele dá a seguinte informação:

> *Yesu, o mestre e fundador da religião, que nasceu miraculosamente, proclamou-se salvador do mundo. Ordenou a seus discípulos que observassem os 10 mandamentos, entre os quais a proibição de assassinato e a obtenção de eterna alegria e felicidade por meio de boas ações. Pregou que as más ações mergulham a pessoa no inferno, cheio de eternos tormentos e aflição. O pecado cometido em estado de consciência não pode ser tolerado, e é imperdoável. Esse é um dos resultados virtuosos que emergem das doutrinas de nosso Buda. Sua doutrina não se difundiu extensivamente, porém sobreviveu na Ásia por um longo período. Essa informação deriva dos testes chineses sobre as religiões e doutrinas.*

O texto revela claramente que os budistas tinham grande reverência por Jesus, que foi mencionado como Yesu, a adoção aramaica de seu nome. Mostra igualmente que os chineses também sabiam sobre seu nascimento miraculoso.

A vida desconhecida de Jesus Cristo

Nicolas Notovitch, viajante russo, visitou o Afeganistão em 1887. Daquele país ele alcançou a Caxemira no mesmo ano. Como havia decidido voltar à Rússia pela cordilheira do Karakoram, partiu para o Ladakh via Zojila e, em 1º de novembro de 1887, alcançou a capital, Leh. Permaneceu no mosteiro de Hemis por alguns dias com os lamas ou monges budistas.

Em sua permanência ali, descobriu os manuscritos tibetanos sobre os anos da juventude de Jesus. Com o auxílio de um intérprete, transcre-

34 *O Quinto Evangelho*

veu esses manuscritos. O Dr. Marx, da Missão Moraviana de Leh, atendeu-o durante sua enfermidade e fez uma anotação no diário sobre as descobertas de Notovitch.[15]

Nicolas Notovitch retornou à Rússia e mostrou seu manuscrito às autoridades em Kíev, que o aconselharam a não publicar o relato. Ele, então, foi para Roma e um cardeal do Vaticano lhe ofereceu um suborno pelo manuscrito, mas ele se recusou a compactuar com isso. Seguiu para Paris a fim de buscar um editor para seu trabalho, mas ninguém estava pronto a ajudá-lo. Finalmente, em 1890, conseguiu que suas anotações fossem publicadas em Nova York, sob o título *The Life of Saint Issa* [A vida do Santo Issa]. A mesma obra, publicada em 1894 sob o título *The Unknown Life of Jesus Christ* [A vida desconhecida de Jesus Cristo], pode ser dividida em três partes. A primeira cobre a condição que levou à sua reencarnação. A segunda trata de suas viagens e estudos na Índia até os 29 anos. A terceira versa sobre seu ministério na Palestina. Após a publicação, o livro gerou muita polêmica entre os estudiosos cristãos. A presença de Jesus na Índia antes da crucificação havia abalado a base do cristianismo. Alguns pesquisadores cristãos lançaram dúvidas sobre a existência de um autor chamado Notovitch, enquanto outros duvidavam até da existência de um mosteiro chamado Hemis. Alegavam que *The Unknown Life of Jesus Christ* era uma obra forjada e uma fraude. Em resposta a todas essas alegações, Nicolas Notovitch anunciou sua existência e também deu o nome de várias pessoas que havia encontrado em suas viagens. Mas ele foi condenado e criticado pela Igreja Anglicana. Para tanto, ela obteve os serviços do famoso orientalista de Oxford, Max Muller, na refutação das descobertas de Notovitch.

Durante esse período, a Índia era parte do Império Britânico, e eles podiam fazer qualquer coisa para remover aqueles documentos do Ladakh. Em consequência, a Christian Church Mission na Índia contratou os serviços de Ahmad Shah, um cristão-novo, e do professor Douglas, do Government College, em Agra, para desmentir os textos tibetanos encontrados pelo russo. Ahmad Shah viveu em Ladakh de 1894 a 1897 e publicou um livro chamado *Four Years in Tibet* [Quatro anos no Tibete]. Ele admite que seu único objetivo para visitar Ladakh era desmentir a descoberta de Notovitch, um russo, do manuscrito até então desconhecido de uma versão tibetana da vida de Cristo entre os 12 e os 30 anos. O professor Douglas visitou Ladakh em 1895 para fazer as investigações necessárias. Mais tarde, escreveu que a obra de Notovitch era uma falsificação literária.[16] Pela força desse artigo, uma nova onda de condenação e insultos atingiu o russo. Desde então, a prática constante da Igreja tem sido localizar, comprar, confiscar e roubar antigos documentos que se referem à vida de Jesus no Oriente.[17]

Manuscritos da Ásia Central

A Ásia Central foi o berço de numerosas civilizações exóticas. Também foi a sede de vastos impérios. Houve um período em que muitas culturas — a grega, a budista, a islâmica — floresceram na região, que foi o local de nascimento de muitos profetas, filósofos e grandes homens. A vastidão e a riqueza de suas várias culturas podem ser provadas com uma só frase: que todos os grandes museus do mundo têm tesouros da Ásia Central, sem os quais essas instituições pareceriam pobres. É fato comprovado que os caçadores de tesouros ocidentais roubaram de templos, mesquitas, túmulos, cavernas e sítios da região centro-asiática caravanas inteiras de tesouros de valor inestimável. Entre os principais saqueadores, mencionam-se Aurel Stein, da Inglaterra, Albert von LeCoq, da Alemanha, Seven Hedin, da Suécia, Paul Pelliot, da França, Langdon Warner, dos Estados Unidos, e Otani, do Japão.

Em 1907, Stein saqueou milhares de manuscritos e documentos das cavernas de Tunhang. Esses manuscritos continham diversos alfabetos semíticos. É certo que alguns escritos em aramaico referiam-se a Jesus. Stein escondeu, intencionalmente, essa informação do mundo, para o bem do cristianismo, ao declarar que *"esses manuscritos encarnam os ensinamentos de Mani, que são quase o mesmo que os de Jesus Cristo"*.[18] Essa declaração, mesmo sendo uma meia-verdade, serviu de alerta à Igreja, que começou a empregar missões especiais na busca de documentos relacionados a Jesus, para destruí-los. Desse modo, grande parte das informações sobre Cristo foi destruída ou mantida oculta.

Obras persas

Há algumas obras raras de persas e árabes que oferecem informação valiosa sobre Jesus. Essas obras vêm do Irã, da Ásia Central e da Caxemira. Com relação aos caxemirianos, suas narrativas escritas, tanto antigas quanto modernas, estabelecem a descendência desse povo de uma das tribos de Israel. O mais destacado historiador da Caxemira foi o mulá Nadri, que começou seu *Tawarikh-i-Kashmir* no reino do sultão Sikander (1378-1416). O próximo historiador foi o mulá Ahmad, que escreveu seu livro *Waqaya-i-Kashmir*, em 1426. Nessas duas obras, afirma-se categoricamente que os habitantes da Caxemira são de linhagem semita. Outro livro que menciona esse fato é o *Hashmat-i-Kashmir*, escrito por Abdul Qadir, em 1748. Ele afirma que os habitantes da Caxemira são hoje filhos de Israel e que vieram da *Terra Santa*. Algumas das obras persas mais importantes e raras, que oferecem proveitosa informação sobre Jesus Cristo, são enumeradas a seguir:

Rauza Tus-Safa

Biografia de profetas, reis e califas, em sete volumes, escrita por Mir Mohammad no ano 836 A.H. (1417). Ela trata da odisseia de Jesus de Jerusalém até Nisibis.

Tawarikh-i-Kashmir

Essa é a famosa obra de autoria do mulá Nadri, o primeiro historiador muçulmano da Caxemira. Trata dos acontecimentos que levaram à declaração no segundo ministério em Caxemira, quando Jesus Cristo chegou à região e se declarou Filho de Deus, chamado de Masiah, e como o profeta enviado ao vale. Em seu *Tawarikh-i-Kashmir*, o mulá Nadri registra o seguinte:

> Nessa época, Hazrat Yuzu-Asaph, tendo chegado da Terra Santa a este Vale Sagrado, proclamou sua condição de profeta. Ele dedicou os dias e as noites a orações, e depois de alcançar esferas mais elevadas de virtudes espirituais declarou-se profeta aos caxemirianos.

Eu vi no livro dos hindus que esse profeta era, na verdade, Hazrat Issa, o Espírito de Deus, que na Caxemira havia assumido o nome de Yuzu-Asaph. Ele passou a vida nesse vale e, depois de sua partida, foi posto a repousar na localidade de Anzimar, em Srinagar. Também se afirma que a aura profética emana do túmulo desse profeta.

Posteriormente, Sahibzada Basharat Salim, de Srinagar, na Caxemira, que se afirma descendente de Hazrat Yuzu-Asaph, fez as seguintes observações sobre o *Tawarikh-i-Kashmir*, do mulá Nadri:

O livro persa Tawarikh-i-Kashmir, *do mulá Nadri, é um documento histórico autêntico com enormes e convincentes detalhes de nossa família, ou seja, a família do Sagrado Yuza Asaf. De fato, esse precioso documento histórico é propriedade de nossa família e estava na posse particular de meu reverenciado e falecido pai, Sahibzada Ghulam Mohiyuddisn.*[19]

Kamal-ud-Din

O *Kamal-u-Din*, também conhecido no persa como *Kashful Hairat* ou *Ikmal-ud-Din*, foi escrito pelo grande escritor e historiador oriental Al-Shaikh-us-Sadiq Abi-Jafar Muhammad, conhecido como Al Shaikh Said-us-Sadiq, que morreu em Korassan, em 962. Em seu famoso livro ele descreveu as viagens de Yuzu-Asaph. Essa importante fonte é considerada de grande valor pelos orientalistas ocidentais. O livro foi publicado pela primeira vez por Aga Mir Baqar, na editora Sayyid-us-Sanad Press, no Irã, em 1782, e posteriormente traduzido para o alemão pelo professor Muller, da Universidade Heidelberg. Al Shaikh us-Sadiq havia passado boa parte de sua vida viajando e coletando material para esse livro e as outras 300 obras de sua autoria.

Nesse livro é mencionada a primeira viagem de Jesus a Sholabeth, ou Ceilão, e a outros lugares. Também se menciona a segunda viagem do Senhor, que finalmente terminou na Caxemira. Há breve menção a suas declarações e ensinamentos, que são semelhantes aos de Jesus conforme citados nos Evangelhos. Aí também se diz que, ao sentir a morte

38   O Quinto Evangelho

se aproximar, Yuzu-Asaph chamou seu discípulo Tomé e lhe expressou o último desejo: o de que desse prosseguimento à missão do mestre. Orientou o discípulo que lhe preparasse um túmulo no mesmo lugar em que desse o último suspiro. Então, esticou as pernas em direção ao Ocidente e, mantendo a cabeça voltada para o Oriente, aguardou.

> *Então Yuzu-Asaph, depois de vagar por muitas cidades, chegou àquele país chamado Caxemira. Viajou pelo país de ponta a ponta e ali ficou, para passar o resto da vida, até que a morte o levou, e ele deixou o corpo terreno e foi levado em direção à luz. Mas, antes da morte, ele mandou buscar um de seus discípulos, de nome Ba'bad, para preparar um túmulo sobre seu corpo no próprio local da morte. Então, esticou as pernas em direção ao Ocidente, e mantendo a cabeça voltada para o Oriente, ele expirou. Que Deus o abençoe!*

Ahwal-i-Ahrliyan-i-Paras

Escrito em persa, por Agha Mustaffa, narra as parábolas de Yuzu-Asaph conforme registradas nas tradições persas. Menciona que ele chegou à Pérsia vindo do Ocidente, fez pregações ali, e muitos se tornaram seus devotos. Foi publicado em Teerã em 1909.

Tarikh-i-Azami

Khawaja Muhammad Azam, de Deedamari, é um dos famosos historiadores da Caxemira. Em 1827, completou sua história da Caxemira, conhecida como *Tarikh-i-Azami*. A obra foi publicada pela primeira vez em Lahore, em 1814. Ele escreve:

> *Ao lado do sepulcro (de Syed Nasir-ud-Din, em Khaniyar) há um túmulo. É muito conhecido entre o povo da localidade o fato de que ali jaz um profeta que veio para Caxemira em tempos antigos. É conhecido como o lugar do Profeta. Vi em um livro de história que ele veio de grande distância, depois de grandes tormentos.*
>
> *Afirma-se que um príncipe, depois de passar por muito suplício e perseverança, e por meio de devoção e orações, tornou-se mensageiro de Deus para o povo da Caxemira. Ao chegar ao país, ele convidou a população para*

sua religião e, depois da morte, foi posto a repousar em Anzmarah. Naquele livro, o nome do profeta é dado como Yuzu-Asaph. Anzmarah fica em Khanyar. Muita gente religiosa, e principalmente o guia espiritual do autor, o mulá Inayatullah Shaul, diz que, em visita ao túmulo, foram testemunhadas a graça divina e as bênçãos da condição de profeta.

Ain-ul-Hayat

Ibn-i-Muhammad Hadi Muhammad Ismail, autor de *Ain-ul-Hayat*, dedica um capítulo a Yuzu-Asaph sob o cabeçalho: *Descrição dos acontecimentos referentes a Yuzu-Asaph*, no qual ele menciona as diversas viagens dele e fornece detalhes de seus ensinamentos.

Ele foi a muitas cidades e pregou para o povo daquelas cidades. Por último, alcançou a cidade de Caxemira. Convidou seus habitantes à retidão e ali fixou residência até que a morte se aproximou dele, e seu Espírito Santo deixou o corpo terreno e foi descansar com Deus. Mas, antes da morte, ele chamou seu companheiro Ba'bad, fez um testamento, e o orientou a construir um túmulo para ele. Deitando-se com a cabeça no rumo do Oriente, esticou as pernas em direção ao Ocidente, e foi para o lugar da Eternidade.

Wajeez-ut-Tawarikh

Khwaja Nabba Shah, conhecido como Ghulam Nabi Khanyari, escreveu sua história da Caxemira em 1896, sob o título de *Wajeez-ut-Tawarikh*. Enquanto se refere ao túmulo de Sayyid Nasir-uddin, também descreve o túmulo de Yuzu-Asaph nos seguintes termos:

O túmulo de Syed Nasir-uddin fica em Mohalla Khanyar e é conhecido como Razabal. Também há o túmulo de Yuzu-Asaph, o Profeta. Ele era um príncipe que veio para este lugar. Por intermédio de orações e em razão de sua religiosidade, ele veio como mensageiro ao povo da Caxemira e pregou para eles. Consta que naquela época governava o rajá Gopadatta. Havia um buraco na parede do túmulo que dava para o Ocidente, por onde costumava emanar perfume de almíscar. Uma mulher foi render homenagem em companhia de uma criança pequena. A criança urinou e a urina entrou no buraco. A mulher enlouqueceu!

Tawarikh-i-Kashmir

Pir Ghulam Hassan Khuihami (1833-1898) foi um conhecido historiador da Caxemira que compilou sua monumental história da região em quatro volumes. O primeiro trata da geografia, o segundo, da história política, dos primórdios até 1896. O terceiro e o quarto volumes são dedicados à vida e à obra de santos, intelectuais e poetas dos tempos medievais e modernos. O volume III intitula-se *Tarikh-i-Aulia-i-Kashir*. Nele encontram-se referências ao túmulo de Yuzu-Asaph, nestas palavras:

> *Comenta-se que ali dentro jaz enterrado um Profeta que, em tempos antigos, foi criado para o povo da Caxemira.*

Pirzada Ghulam Hassan cita então Khwaja Muhammad Azam e diz:

> *Esse homem era um príncipe e, mediante orações profusas alcançou o estágio de profeta (Darja-i-Paighambari). Seu local de enterro está em Khanyar e é conhecido como Túmulo de um Profeta (Qabr-i-Paighambar).*

Hasmat-i-Kashmir

Em 1748 Abdul Qadir escreveu um livro em persa sobre a história da Caxemira, intitulado *Hasmat-i-Kashmir*. Nessa obra ele faz referência ao sepulcro de um profeta, oriundo do *Povo do Livro*, túmulo situado em Khanyar, Srinagar, Caxemira. O termo *Povo do Livro* é aplicado pelos muçulmanos aos seguidores do judaísmo e do cristianismo. Ele escreve:

> *O túmulo é descrito pelo povo local como sendo de um Paighambar-i-Ahl-i-Kitab (Profeta do Povo do Livro).*

O termo Ahl-i-Kitab significa o povo que foi abençoado com escrituras reveladas como a Sagrada Torá, a Bíblia Sagrada e o Sagrado Corão.

Waqiat-i-Kashmir

Bad-uddin Qasim (1741-1781) escreveu um livro em persa intitulado *Waqiat-i-Kashmir, Janat Nazir*. Quando se refere ao túmulo de Yuzu-Asaph, ele diz:

> *A declaração das pessoas de conhecimento é que um dos discípulos de Jesus está enterrado ali, e de seu túmulo emanam graça e bênçãos Divinas.*

Merece destaque o fato de que ele relaciona esse túmulo com um dos discípulos de Jesus, sem mencionar seu nome. Entretanto, é significativo que se refira ao fato de o Túmulo ter existido no tempo de Cristo.

Viagens na Ásia Central

De autoria de Meer Izzut-oollah, *Viagens na Ásia Central* foi traduzido para o inglês nos anos 1812-1813 pelo capitão Henderson, adido do Departamento de Relações Exteriores do governo da Índia. Foi impresso na Foreign Department Press, em Calcutá, em 1872. Meer Izzut-oollah realizou essa viagem à Ásia Central no dia 20 de abril de 1812 e deixou por escrito tudo o que ele próprio viu e ouviu.

O livro contém um relato de sua viagem a Bucara, com uma descrição diária, de Attock a Caxemira, da Caxemira a Ladakh, de Ladakh a Yarkand, de Yarkand a Kashgar e desse lugar para a China. Ele viajou de Kashgar a Samarcande, de Samarcande a Bucara, de Bucara a Balkh e dali a Cabul. O autor ofereceu um relato interessante e instigante das semelhanças entre budistas e cristãos. Entre outros temas, ele nos conta sobre a figura esculpida, representando Jesus Cristo, a Trindade e a Bíblia, que foi revelada aos tibetanos, numa língua que agora se tornou ininteligível. Hipólito fizera menção ao fato de Apocalipse e o *Livro de Elxai*, ou Elchasai, serem originários da terra do Seres, na Pártia. O termo Seres se refere à nação produtora de seda dos chineses ou tibetanos. Os dois livros mencionados seriam supostamente uma espécie de Evangelho chinês ou tibetano.

A crucificação narrada por uma testemunha ocular

O título acima foi publicado pela Indo-American Book Co., de Chicago, em 1907, como segunda edição na Supplemental Harmonic Series. Na introdução, afirma-se que a essência dada ao livro fora publicada ali inicialmente em 1873, porém havia sido retirada de circulação, e todas as cópias, juntamente com as matrizes, foram destruídas. Mas um exemplar foi parar nas mãos de um membro proeminente da maçonaria do estado de Massachusetts, e permaneceu com ele até 1907. O livro é uma tradução do manuscrito em latim pertencente à Fraternidade Maçônica da Alemanha. Por conseguinte, foi novamente publicado em 1907. A obra contém a tradução da carta escrita por um membro da ordem dos essênios a outro membro em Alexandria, sete anos depois da crucificação. Nela faz-se um relato de uma testemunha ocular da crucificação e o método pelo qual Jesus Cristo foi salvo da morte na cruz.

O Evangelho aquariano de Jesus Cristo

O Evangelho Aquariano de Jesus Cristo foi compilado por Levy H. Dowling antes de 1907, após muitos anos de estudo e meditação silenciosa. O Evangelho nos conta a história de Jesus Cristo e também fornece um relato completo do período passado por ele no Tibete, na Índia, na Pérsia, no Egito e na Grécia. Levy era um estudioso das religiões mundiais, e para seu Evangelho, possivelmente, tomou emprestadas informações das seguintes obras:

1. *Cruxifixion by an Eyewitness* [A crucificação narrada por uma testemunha ocular], 1873.
2. *Life of Saint Issa* [A vida de Santo Issa], 1890.
3. *The Unknown Life of Christ* [A vida desconhecida de Cristo], 1894.

Masih Hindustan Mein

Masih Hindustan Mein é uma obra resultante da pesquisa escrita em urdu por Mirza Ghulam Ahmad, o fundador dos Ahmadiyas no Islã. Esse tratado foi traduzido para o inglês do idioma urdu e recebeu o título *Jesus na Índia*. A obra original foi publicada em 1908. A principal tese exposta no trabalho de pesquisa é de que modo Jesus escapou da morte na cruz e sua posterior viagem à Índia em busca das tribos perdidas de Israel. A parcela mais importante do tratado lida com semelhanças entre o budismo e o cristianismo. Na opinião do autor, Jesus Cristo veio para a Índia após a crucificação e seus ensinamentos foram assimilados às escrituras budistas pelos seguidores daquela religião. Essa importante pesquisa versa sobre como Cristo escapou à morte e se recuperou dos ferimentos recebidos durante a crucificação, sua viagem em direção ao Oriente, em busca das tribos perdidas, e sua morte na Caxemira. Como fundador de uma nova seita no islamismo, o autor escreve com zelo religioso, que se mistura a suas crenças, aspirações e ensinamentos. Essa é a razão pela qual os argumentos produzidos nessa obra influenciaram sobremaneira o pensamento muçulmano e perturbaram o pensamento cristão.

Os portões da Índia

Os portões da Índia, de autoria do coronel Sir Thomas Holdich, foi publicado pela Macmillan and Co., Londres, em 1910. O autor investigou as rotas usadas pelos exploradores para penetrar na hinterlândia indiana. Ele afirma que, nos tempos antigos, uma grande variedade de povos ou tribos migrou ou foi deportada do Oriente Médio, através da Pérsia, para o noroeste da Índia. Além disso, afirmou que por séculos houve uma rodovia de fácil percurso da Mesopotâmia ao Afeganistão. O coronel afirma:

> *Assim foi que os povos da Ásia Ocidental — egípcios, israelitas, judeus, fenícios, assírios, babilônios e até gregos — foram transportados por grandes distâncias por terra, e à raça humana naquela parte do mundo foi dado um movimento que tem complicado infinitamente a ciência da etnologia. Não há uma só tribo importante dos povos de todo o interior da Índia que não tenha sido retirada de algum outro lugar. Vindos da Pérsia e da Média, da Ária e da Cítia, da Grécia e da Arábia, da Síria e da Mesopotâmia, eles chegavam, e sua chegada pode, em geral, ser rastreada historicamente, e suas tradições de origem ser comprovadas. Mas há um povo importante, que se intitulou*

Ben-i-Israel, que se proclama descendente de Kish, e adotou em seu código moral uma estranha mistura da lei mosaica e dos preceitos hinduístas, que celebra um festival com estranhas coincidências com a Páscoa, que odeia os judeus com um ódio tradicional, e para o qual ninguém conseguiu sugerir outra origem senão aquela alegada por eles, e alegada com veemência categórica. Esse povo governa o Afeganistão.

Qabr-i-Masih

Com base nos estudos etnológicos dos caxemirianos, Mufti Mohammad Sadiq escreveu um livro em urdu intitulado *Qabr-i-Masih*, publicado em 1936. Por ser um intelectual renomado, ele produziu atestações para provar a tese de que os caxemirianos são de origem semita. Sadiq se debruça detalhadamente sobre isso para mostrar palavras correlatas no hebraico e no caxemiriano. Pela apresentação de evidências conclusivas, ele mostrou que os caxemirianos adotaram os mesmos rituais, costumes e maneiras que são marca registrada dos judeus. O livro traz um capítulo sobre o túmulo de Yuzu-Aspah e a confirmação histórica para mostrar que Yuzu-Aspah é o nome dado a Jesus Cristo pelos caxemirianos.

Como o autor era missionário dos Ahmadiyas, seu livro está mesclado com suas crenças pessoais e seu pensamento. Contudo, o *Qabr-i-Masih* é uma obra muito útil, base de outra mais elaborada, de autoria de Khwaja Nazir Ahmad, que escreveu *Jesus in Heaven on Earth*, em 1952.

A conspiração da Páscoa

Em *A conspiração da Páscoa*, Hugh J. Schonfield deu uma interpretação original aos eventos da vida de Jesus Cristo. Para ele, Jesus era um ator que deliberadamente se propôs a cumprir as profecias contidas no Antigo Testamento, no tocante à vinda do Messias, e deliberadamente planejou se deixar crucificar. Entre alguns eruditos europeus há uma tendência a tecer essas histórias fantásticas em torno da vida de Cristo.

A cristologia do Novo Testamento

Os fundamentos da cristologia do Novo Testamento, de autoria de R. H. Fuller, é um excelente estudo do Jesus histórico à luz da mensagem e do testemunho do Cristo da pós-ressurreição. A obra busca associar os ensinamentos contidos no Evangelho às antigas Escrituras do judaísmo helenístico e a outros cultos de mistérios.

O Evangelho Nazareno Reescrito

Robert Graves e Joshua Pedro, em colaboração, fizeram um estudo objetivo dos ensinamentos de Jesus; o trabalho inclui parte dos livros apocalípticos originais que foram excluídos por ordem do bispo de Roma. Mas esses autores escreveram outro livro, intitulado *Jesus em Roma*, que trata do período pós-crucificação na vida de Jesus Cristo. Os dois livros foram queimados pelos jesuítas.

Asrar-i-Kashir

Escrito em urdu e publicado em 1964, o *Asrar-i-Kashir*, de autoria do Dr. Aziz Ahmad, é o primeiro estudo antropológico e etnológico da Caxemira. Trata-se de uma tentativa de realizar um estudo comparativo de rituais, costumes, arte, arquitetura, ornamentos e ritos dos israelitas e dos caxemirianos. O autor abordou inúmeros tópicos e, justamente por isso não conseguiu fazer justiça a cada assunto. Além disso, nos pontos para os quais não consegue encontrar autoridade ou referência, o autor pede ajuda de uma inspiração divina ou de um sonho e, assim, tenta provar seu argumento. Dessa forma, o trabalho realizado é defeituoso e incompleto. Entretanto, o livro é valioso, pois nos estimula a voltar a atenção para temas — linguística, etnologia, cultura — que permaneceram negligenciados até então.

Missão para Bocara

Missão para Bocara foi publicado originalmente em 1845. O judeu cristão e pastor da Igreja Anglicana, Joseph Wolf, nos revela que encontrou israelitas na Pérsia, no Curdistão, em Korasan, Kokand, Bocara e Samarcanda. A seu ver, os judeus de Bocara e Korasan eram bastante ignorantes de certos fatos históricos que envolviam os judeus; por exemplo, a história

46   *O Quinto Evangelho*

de Jesus. Segundo esse autor, aquilo provava a ascendência deles das dez tribos que jamais retornaram à Palestina depois do cativeiro na Babilônia.

Jesus não morreu na cruz

Na catedral de São João em Turim, Itália, há uma relíquia religiosa de importância mundial, que tem a reputação de ser a mortalha de Jesus Cristo. Esse tecido de linho tem 4,34m de comprimento por 0,99m de largura, e traz a imagem em negativo de um homem com ferimentos semelhantes aos recebidos por Jesus. O sudário, indiscutivelmente muito antigo, tem sua história conhecida desde 544, quando o bispo Eulálio declarou que o retrato encontrado em Edessa, em 540, era uma impressão que não fora feita por mãos humanas. Em 1898, quando essa relíquia sagrada foi novamente trazida a público na Itália, um fotógrafo chamado Secondo Pia fotografou-a em detalhes. Depois de revelar as placas de vidro no quarto escuro, ele descobriu o rosto impresso de uma pessoa crucificada que guardava muita semelhança com os retratos de Jesus. O fotógrafo mostrou o corpo com marcas de ferimentos, a marca de lança no lado direito e as manchas de sangue causadas pelos pregos. Desde então, cientistas, médicos e estudiosos têm surgido com suas descobertas contra ou a favor da crença religiosa dos cristãos.

Jesus não morreu na cruz, de autoria de Kurt Berna, escrito em alemão e publicado pela Verlag Hans Naber, de Stuttgart, Alemanha, foi lançado em 1952. Trata-se de um estudo científico do sudário de Turim, das marcas de queimadura, impressões corporais e manchas de sangue deixadas nele. Posteriormente, Berna chegou às seguintes conclusões:

a) O Santo Sudário é a mortalha original de Jesus Cristo.
b) Este, depois de removido da cruz, foi deitado sobre essa peça de linho.
c) Naquela ocasião, ele não estava morto, e as marcas de sangue no tecido mostram a existência de fluxo sanguíneo.

Jesus no Paraíso na Terra

Essa é uma pesquisa padronizada, realizada por Khwaja Nazir Ahmad, e publicada inicialmente por Woking Mission and Literary Trust, da mesquita de Woking, Inglaterra, em 1952. Desde então, surgiram muitas edições. O livro é bem-documentado e contém uma bibliografia exaustiva. Como o autor pertence à comunidade Ahmadiya, misturou as próprias crenças aos fatos históricos, no intuito de destruir a doutrina cristã. Ele afirma:

> A investigação em que estou a ponto de entrar pode resultar na aniquilação da maior e mais valiosa parte daquilo em que os cristãos se habituaram a acreditar, com referência a seu salvador, Jesus.

Malgrado tamanha falha, o livro contém valioso material de pesquisa sobre a vida desconhecida de Cristo. O material pertencente às dez tribos perdidas e suas conexões raciais com os afegãos e os caxemirianos constituem valiosa contribuição à pesquisa histórica.

O esfacelamento da cruz

Escrito por Mumtaz Ahmad Faruqui e publicado por Ahmadiyya Anjuman Ishaat-i-Islam, em Lahore, Paquistão, em 1973, *O esfacelamento da cruz* é, basicamente, um sumário do livro mencionado anteriormente, mas contém uma relação de estudos científicos realizados sobre o Santo Sudário de Turim. O autor reproduz no apêndice fragmentos traduzidos do livro *Jesus não morreu na cruz*, de autoria de Kurt Berna. Conforme sugere o título, Faruqui, que é membro da comunidade Ahmadiyya, está decidido a destruir as crenças cristãs.

Jesus morreu na Caxemira

Essa obra, de autoria de Andreas Faber Kaiser, surgiu pela primeira vez em espanhol, em 1976, sob o título *Jesus Vivo y Murió en Cashemira*, publicada pela ATE, em Barcelona, Espanha. Sua versão inglesa foi publicada por Gordon and Cremonesi, Londres, em 1977. O autor tentou compilar um conciso dossiê documental de tudo o que se conhece sobre a segunda vida de Jesus Cristo e seu falecimento na Caxemira. O principal objetivo do livro é trazer informação ao Ocidente sobre as questões relevantes com referência às crenças cristãs. No final, ele afirma:

48   *O Quinto Evangelho*

Está faltando a prova definitiva e por essa razão acredito que o túmulo em questão deveria ser aberto para investigação científica. Além disso, proponho que, no intuito de investigar a verdade de uma forma cientificamente objetiva, convoque-se um congresso mundial de estudiosos da Bíblia, budistas, orientalistas e especialistas em islamismo e história antiga. Somente assim será possível chegar a uma conclusão firme e imparcial.

O autor contava com todo o material de pesquisa sobre o assunto fornecido pelo Professor Hassnain, e reconhece em seu livro:

O professor Hassnain é autoridade em arqueologia e antropologia na Caxemira. Ele desenvolveu uma vasta pesquisa sobre a história de sua terra e seu povo, com bastante cautela e sinceridade. Ele é a única autoridade viva, depois de Khwaja Nazir Ahmad, a conduzir pesquisas sobre a Tumba de Jesus na Caxemira. Ele forneceu a mim todo o material de pesquisa e me ajudou a produzir este livro.

O Sudário de Turim

Nesse livro sobre o Santo Sudário, Ian Wilson reuniu todos os fatos históricos e científicos sobre a mortalha de Jesus Cristo, que está preservada na catedral de São João, em Turim, na Itália. Essa obra valiosa informa sobre a presença de sangue humano e grãos de pólen no tecido, o que mostra que, em algum momento, o sudário pode ter envolvido o corpo de Cristo. O autor levou 12 anos para investigar a verdade sobre a relíquia. Ele rastreou a história do sudário durante os dois últimos milênios.

A legitimidade do Messias Jesus

De autoria de Helmut Goeckel, a obra aborda uma quantidade de temas referentes à cristologia. O autor investiga a concepção de Messias no Antigo e no Novo Testamento. Feito o levantamento da história de várias religiões, a ascensão e queda do judaísmo são descritas minuciosamente. Essa obra contém um proveitoso capítulo sobre os essênios de

Qumran; em seguida, ocupa-se da vida de Jesus Cristo, seu ministério na Palestina e sua missão no Oriente. Também são discutidas as semelhanças entre o cristianismo e o budismo, e o livro se encerra com uma cronologia.

Os anos perdidos de Jesus

Pela primeira vez, a autora Elizabeth Clare Prophet reúne os depoimentos de quatro testemunhas oculares dos manuscritos tibetanos, fazendo uma descrição pormenorizada da peregrinação de Jesus Cristo de Jerusalém até a Índia. Com a meticulosidade de uma devotada discípula transformada em detetive, ela relata a instigante história da polêmica internacional surgida quando os manuscritos tibetanos foram descobertos pela primeira vez, em 1887, por Nicholas Notovitch. A autora reuniu os elementos que faltavam na vida pregressa de Jesus e revela que, dos 13 aos 29 anos, ele foi estudante e mestre na Índia. Segundo Prophet, Jesus já havia aprendido na Índia, entre os budistas, aquilo que posteriormente diria na Palestina.

O rei dos judeus

Esse livro, publicado em 1987 pelo Dr. Johan Forsstrom, é, na realidade, uma tese apresentada por ele para obtenção de grau na Universidade Ruhunu de Sri Lanka. O autor dedicou seu livro ao *budista hebreu Jeshua ou Jesus, que morreu em Srinagar, na Caxemira, no ano 110*. Segundo Forsstrom, a crucificação é uma história fictícia. Afirma que o crucificado foi outra pessoa, e que Jesus Cristo se casou e emigrou para a França. Segundo a obra, Jesus foi outra pessoa, que veio duas vezes à Índia e foi enterrado na Caxemira. O quarto e quinto capítulos do livro abordam os ensinamentos do budismo e dos essênios. O autor fustiga e difama o cristianismo, e sua parcialidade lhe ultrapassa o pensamento. O último capítulo oferece informações valiosas sobre temas como *budismo e pensamento grego, budismo e islamismo* e *budismo e vegetarianismo*. Igualmente importante é a informação oferecida sobre o falecido Basharat Saleem, que se proclamava descendente de Jesus Cristo. *O rei dos judeus* contém muitas informações sobre os livros dos essênios.

Salvando o Salvador

Abubakr Ben Ishmael Salahuddin é autor de *Salvando o Salvador*, obra publicada em 2001, em Illinois, nos Estados Unidos. No livro, examina-se a teoria da sobrevivência física de Jesus Cristo depois da crucificação e seu túmulo em Srinagar, Caxemira, Índia. Proclamando-se fervoroso muçulmano Ahmadi, o autor considera que deve afastar-se de suas crenças pessoais e ser justo e imparcial. A discussão é iniciada com a discrição de Jesus à luz das fontes islâmicas, tais como o Corão e o *Hadith*. Passa, então, a explicar as conexões dele com o budismo. Os autores Nicolas Notovitch e Khwaja Nazir Ahmad e as obras de ambos, *A vida desconhecida do Santo Issa* e *Jesus no paraíso na Terra* são citados. O capítulo 9 trata de importantes fontes orientais — documentos e manuscritos fornecidos pelo Professor Hassnain. Em *Salvando o Salvador*, Salahuddin tentou explorar essas íntimas crenças religiosas, que são essenciais aos seguidores das principais religiões do mundo. Nesse aspecto, o livro é, decididamente, contra a crença e o dogma dos cristãos e favorável às causas e atividades da comunidade Ahmadiya.

Jesus e Moisés

Jesus e Moisés estão enterrados na Índia, de Gene D. Matlock, foi publicado pela Authors Choice Press, de Nova York, em 2000. O livro resulta de uma longa e paciente pesquisa realizada pelo autor mediante o exame de todo o material disponível sobre a história bíblica.

Em 1980, Matlock recebeu "o maior choque de sua vida" ao descobrir na Índia a localização do rio bíblico "Cophen". Depois disso, resolveu se aprofundar nas pesquisas para descobrir o lar original dos hebreus na Índia. Baseando sua teoria nas semelhanças linguísticas entre o hebraico e algumas línguas indianas, o autor descobriu que a totalidade do território bíblico foi colonizada pelos indianos em eras pré-históricas. Sua teoria é de que Abraão, em inglês *Abraham*, chamado Brahma, o deus criador do hinduísmo, foi "o fundador de todos os mundos" e principais religiões, que incluem o judaísmo, o cristianismo e também o islamismo. As tribos perdidas de Israel nunca se perderam, mas voltaram à terra de origem. Nesse aspecto, ele descreve o clã dos Yadavas, que reivindicam ascendência hebraica. Muitos outros clãs e tradições indianos associados aos Khapirus têm seus homônimos em Israel. Os Yadavas da Índia passaram a ser conhecidos como os Yehudis da Palestina.

Muitos livros e diversas comprovações arqueológicas e linguísticas para descobrir as tradições e lendas sobre os grandes reis judeus Kish Saul, Davi e Salomão no Afeganistão, no Paquistão e na Índia, são citados.

Cristo: o livro das dúvidas e o livro da verdade

Markus von Friedland, um renomado erudito suíço, é autor das seguintes obras:

1. Christ — O que aconteceu depois do Calvário
2. Christ — O livro das dúvidas
3. Christ — O livro da verdade
4. Christ — Uma trilogia narrativa

Os livros citados tratam da vida de Jesus Cristo, antes e depois da crucificação; da vida de Tomé na Índia Meridional e das três vidas de Lars Andronikus Porsenna, um príncipe etrusco que acompanha Cristo em suas viagens.

Os anos ocultos de Jesus

O Dr. Hans Juergen Trebst publicou em 2005 sua pesquisa sobre o livro de Nicolas Notovitch *A vida desconhecida do Santo Issa*, em alemão e inglês, intitulado *Os anos ocultos de Jesus*. Sua obra é uma pesquisa genuína, até nos menores detalhes. O autor é equilibrado e imparcial até a última palavra.

CAPÍTULO DOIS

Gênesis

No princípio era o Verbo,
E o Verbo estava com Deus,
E o Verbo era Deus.
SÃO JOÃO

NO PRINCÍPIO, Deus criou o céu e a terra. Como a terra não estava visível, ele criou a luz, para separá-la da escuridão. Ele também ordenou que se fizesse um firmamento entre as águas, para separá-las. Portanto, a água foi reunida em um receptáculo, e a terra surgiu. Dessa forma, a terra e o mar foram criados. Depois de ter criado a vida animal, Deus fez o homem, à sua imagem.[1]

Esse texto é a história da criação repassada pelos antigos semitas. Toda a tarefa da criação foi realizada em seis dias, e o sétimo foi santificado para o descanso ou Sabá. Quando os homens começaram a se multiplicar e tiveram filhas, os filhos de Deus vieram a esta terra. Ao ver as filhas dos homens, os filhos de Deus sentiram amor por elas e as tomaram como esposas. Essas mulheres deram-lhes filhos, que eram seres humanos perfeitos, ou superseres. Uma possível interpretação da história do acasalamento dos filhos de Deus com as filhas dos homens é Deus ter encarregado os anjos de aprimorar o código genético da espécie humana que vivia nesta terra. Para explicar tal visão, vamos citar o Antigo Testamento:

Como se foram multiplicando os homens na terra,
E lhes nasceram filhas;
Vendo os filhos de Deus que as filhas dos homens
Eram formosas,
Tomaram para si mulheres as que, entre todas, mais lhes agradaram.[2]

Tais versículos mostram claramente que os filhos de Deus vieram a esta terra e fecundaram virgens. Os filhos de Deus não eram seres míticos, mas superseres. Além disso, eles não tomaram esposas de forma monogâmica, mas em uma espécie de poligamia. As palavras "as que, entre todas" denotam o fato de que essas filhas dos homens formaram muitos pares com esses super-homens, o que resultou na existência da atual raça humana. Para tal criação, era necessário formar genes perfeitos para a espécie humana. O Antigo Testamento elabora ainda mais essa hipótese, conforme se segue:

Então, disse o Senhor:
O meu Espírito não agirá para sempre no homem,
Pois este é carnal;
E os seus dias serão
Cento e vinte anos.
Ora, naquele tempo
Havia gigantes na terra;
E também depois,
Quando os filhos de Deus
Possuíram as filhas dos homens,
As quais lhes deram filhos;
Estes foram valentes,
Varões de renome,
Na antiguidade.[3]

Os versículos revelam que os gigantes haviam profanado as mulheres desta terra e Deus desejava restaurar os genes dos seres humanos. Ele enviou seus filhos para fertilizar as primeiras filhas da terra, gerando uma nova espécie de filhos, capazes de viver, aproximadamente, 120

54 O Quinto Evangelho

anos. Também está claro que Deus modificou a estrutura etária dos novos seres humanos, que ele descreveu como varões de renome.

Alguns estudiosos tentaram explicar essa ocorrência genética como algo místico, declarando que os casamentos entre os filhos de Deus e as filhas dos homens devem ser considerados mitológicos e que seu acasalamento deve ser denominado mescla espiritual. Essa explicação é absurda quando associada a um experimento científico como o aperfeiçoamento de um gene. Explicamos anteriormente que o propósito de enviar super-homens a esta terra era desenvolver o código genético dos seres humanos; para tanto, as relações entre os parceiros foram físicas, não espirituais, ainda mais quando o próprio Deus admite:

> *O meu Espírito não agirá para sempre no homem,*
> *Pois este é carnal.*[4]

Aqui, Deus se refere ao homem como carnal e a si mesmo como carnal, e "o Verbo" também abrange Deus no sentido carnal. Portanto, é claro que os filhos de Deus não eram seres espirituais ou de natureza efêmera; eram seres físicos mais poderosos que gigantes e mantiveram relações físicas com as mulheres deste planeta.

A explicação anterior parece estar de acordo com a moderna opinião científica. A única dúvida se refere aos filhos de Deus. Quem eram eles? Será que Deus, de fato, teve filhos? A resposta a esta pergunta pode estar relacionada com a existência, em outros planetas, de seres humanos ou super-homens que desceram a esta terra e partiram após terem fertilizado as filhas da terra. Para onde eles foram depois de produzir o que se chamou de *homens valentes* ou *varões de renome*? Ou faleceram aqui na velhice, aos 120 anos, ou voltaram para os outros planetas!

O globo

Considera-se que a distribuição atual dos continentes resulta de uma separação gradual das massas individuais de terra, ocorrida há milhões de anos. Houve um tempo em que a Ásia, África, América e Austrália eram unidas. Deus criou um firmamento no meio das águas, com a consequência de que as águas se reuniram em um único lugar, fazendo surgir as terras. Portanto, o Antigo Testamento dá indicações claras sobre a criação da Terra e a separação das diversas áreas, hoje conhecidas como continentes. Mesmo no presente, os cinturões orgânicos das altas cadeias de montanhas como os Himalaias e os Alpes são unilaterais e se estendem sobre a terra e sob os mares. Essas cadeias de montanhas cruzam os continentes e os mares da América do Sul, da África, da Arábia, da Índia, da Austrália e da Antártica.

Se ultrapassarmos o limite extremo da imaginação, veremos que o setor central das duas Américas ficava mais perto do Mediterrâneo. México, Espanha, Palestina, Ladakh, Coreia e Japão ficavam na mesma longitude. Portanto, houve um período em que o mundo era uma única extensão de terra. Isso poderia explicar a presença da história de Jesus Cristo nas tradições milenares do México, da Espanha, da Palestina, do Irã, do Ladakh, da Caxemira, da Ásia Central e do Japão. Em um passado remoto, talvez tenhamos conhecido Jesus em muitas terras, e sua presença nos dias de Herodes, no primeiro século da era cristã, talvez tenha sido apenas seu advento mais recente.

Dessa forma, tudo indica que temos de buscar outros filhos de Deus surgidos de tempos em tempos nos países mencionados. Houve apenas um Jesus ou houve muitos? Tudo isso é um mistério. Se Jesus veio a esta terra quando os continentes ainda não se haviam separado, então a tradição de sua existência no México, na Palestina, no Ladakh e no Japão pode ser facilmente explicada. Outra conclusão seria o fato de Jesus ter vivido em épocas anteriores, e renascido diversas vezes.

Quando Cristo nasceu, a região hoje conhecida como Oriente Médio estava dividida entre assírios, babilônios, persas, gregos e romanos. Todos esses povos tinham os próprios deuses e deusas. Todos os reis, profetas, juízes e professores desses povos eram considerados deuses ou representantes de Deus. Em outras ocasiões, esses deuses mundanos se consideravam filhos de Deus. Deus não só havia feito à sua própria imagem o homem conhecido como Adão, mas também criou uma mulher para ele. Quando Eva deu à luz o primeiro filho, declarou ter "recebido

56 *O Quinto Evangelho*

um homem do Senhor". Os homens começaram a se multiplicar e se dividiram em tribos, que migraram para várias partes da Terra e fundaram muitas culturas.

Durante pelo menos meio milhão de anos essas espécies humanas se espalharam por diversas partes do globo. Esses grupos de indivíduos se deslocavam de uma região para outra. Foi somente no período Paleolítico que eles abandonaram a vida selvagem e começaram a se estabelecer no Oriente Médio. Naquela região, o período Neolítico começou em 6000 a.C.[5]

Diversas culturas

É possível que nossos ancestrais tenham dado o primeiro passo há 20 milhões de anos, porém, há somente aproximadamente 500 mil anos o homem pode considerar-se fundador de algum tipo de civilização. Ele usava instrumentos de pedra e era canibal. Vivia em cavernas e fossos. O homem só saiu da caverna e começou a viver em aldeias em 8000 a.C. Esse foi o início da civilização no Oriente Médio e no Extremo Oriente. A urbanização foi iniciada em torno de 7000 a.C. e a cerâmica surgiu alguns anos depois. O aldeamento neolítico mais antigo que se conhece foi localizado em Jericó. Os primeiros agricultores que migraram para a Europa, norte da África e Índia, misturando-se com a população local, partiram do Oriente Médio.[6] O primeiro sistema de irrigação do mundo foi construído na Mesopotâmia, no ano 5000 a.C., e propagado para o Egito, Irã e outros países do Oriente Próximo. O termo caucasoide, relativo à região próxima ao Cáucaso, também empregado para a raça mediterrânea, se espalhava do Atlântico até a Índia. Como tal, ele abrangia Espanha, Turquia, Arábia, Irã, Armênia, Afeganistão e Caxemira. Desde que achados arqueológicos na Mesopotâmia e no Turcomenistão revelaram indícios desse caráter transasiático, é evidente que essa cultura guarda grande afinidade com a civilização do Indo. Também é fato que, no auge desse período, a cultura do Indo se propagou para muito além de seus limites e, como tal, podemos considerar que as civilizações localizadas no Egito, Irã, Afeganistão, Sind, Punjab, Caxemira, Ladakh, Tibete e Ásia Central são facetas da mesma cultura, embora com características especiais em cada região. De seu epicentro essa civilização se deslocou de região para região, deixando sua marca nas artes e na arquitetura. É por isso que hoje encontramos por lá objetos de interesse arqueológico similares ou paralelos em locais diferentes. No final do período pré-histórico emergiram culturas sedentárias no Egito, Núbia, Palestina, Síria, Armênia, Ásia Menor, Mesopotâmia e Irã. Todos esses países estavam sujeitos a ondas sucessivas de imigração e à ascensão e queda de muitos impérios.[7]

Está mais do que provado que o povo da Mesopotâmia emigrou para o noroeste da Índia no terceiro século antes de Cristo. Os esqueletos encontrados em Mohenjodaro e Harappa incluem a raça mediterrânea. Isso mostra que toda a região da Palestina até a Índia foi habitada pela raça que deve ter herdado a mesma afinidade cultural. Desse modo, quando dizemos que Jesus Cristo visitou o Oriente, essa não deve ser considerada uma afirmação única. Durante a era Mesolítica, as tribos tendiam a migrar do Ocidente para o Oriente, lado em que nasce o sol. O homem havia ansiado por encontrar a morada do deus Sol.

A civilização do Indo

A civilização do Indo cresceu por volta de 2000 a.C., com a fundação de Mohenjodaro e Harappa, no noroeste da Índia. Desde as épocas mais remotas esses povos haviam estabelecido relações comerciais e culturais com os habitantes do Afeganistão, Irã, Síria e Egito. Na verdade, eles eram uma projeção da civilização mesopotâmica. Portanto, é evidente que muito antes do advento de Jesus Cristo, a Índia tinha estabelecido relações com os países do Oriente Médio e da Ásia Ocidental.

Descobertas arqueológicas na Caxemira, Ladakh e Ásia Central guardam relação expressiva com as culturas egípcia, assíria e sumeriana. Embora nossas pesquisas sejam insuficientes, essas descobertas ainda são importantes para estabelecer a existência de ligações entre os semitas e os arianos em tempos pré-históricos.

Nos sinetes cilíndricos da Assíria encontramos sete pontos ou círculos ao lado do sol, da lua e da estrela de Vênus. Na mitologia, esses pontos ou círculos são descritos como deuses ou deusas. Encontramos em Mohenjodaro um sinete semelhante, conhecido como o selo das sete irmãs. Além disso, estabeleceu-se que muitos sinetes da civilização do Indo foram encontrados em escavações na Mesopotâmia. Sinetes com círculos também foram encontrados no Irã. Por um lado, esse fato revelaria algum tipo de ligação entre a Mesopotâmia e Mohenjodaro, e, por outro lado, entre o Irã e o Ladakh. O rio Indo flui do Ladakh e da Caxemira até o mar da Arábia. Na visão de hoje, considera-se que a civilização do vale do Indo fosse localizada no Ladakh, na Caxemira, no Afeganistão, no Punjab e no Sind. Essa civilização, que floresceu entre 2400 e 1700 a.C., situa-se entre as quatro civilizações mais conhecidas do mundo antigo.

Em Hoinar, Pahalgan, na Caxemira, o Departamento Estadual de Arqueologia localizou um sítio importante no qual foram encontradas placas de terracota mostrando dois animais de pé sobre as patas traseiras com os pescoços entrelaçados, formando um círculo. Esse motivo ocorre com frequência na arte asiática, do Egito até a Caxemira. Uma placa comemorativa do rei Nar-Mer, preservada no Museu Nacional do Cairo, mostra dois animais com os pescoços entrelaçados em círculo — o mesmo tema das placas de terracota encontradas em Hoi-Nar, na Caxemira. Terá havido alguma ligação entre Hoi-Nar e Nar-Mer no Egito? Cabe mencionar que o rei Nar-Mer se declarava de origem divina, como um deus encarnado.[8]

Motivos similares foram encontrados em jarros egípcios que mostram dois animais na mesma postura. Os dois motivos surpreendem pela exatidão e similaridade. Isso mostraria que artistas do Egito talvez tenham chegado à Caxemira algum tempo antes do século I.

Também em antiguidades tibetanas encontramos esses motivos, com dois animais que se defrontam, de pé sobre as patas traseiras. Trata-se de ocorrência comum na arte asiática, desde a Mesopotâmia até a Sibéria.[9]

As esfinges do Egito são conhecidas em todo o mundo, mas, por estranha coincidência, uma esfinge representando um leão com rosto humano é encontrada junto à tumba de Kepachen em Chonggye, no Tibete.[10]

Nos tempos pré-históricos, os egípcios adoravam o touro e a vaca. Em Mohenjodaro encontramos muitos sinetes e terracotas com motivos de touros. Os sumérios atribuíam as estátuas da deusa ao leão, uma mitologia imitada também no Oriente.[11]

Do ponto de vista etnológico, os povos do Irã, do Afeganistão e da Caxemira são um só. O domínio político do Irã sobre as regiões do noroeste da Índia começou com a conquista do Punjab por Dario, em 512 a.C. A região permaneceu sob essa influência até o século II a.C., quando os Kushanas alcançaram proeminência.

Durante esses quatro séculos a civilização e a cultura herdadas de Judá pelo Irã se infiltraram no norte da Índia. Foi nesse período que chegou à Índia a escrita Kharoshti dos hebreus. A influência do Irã sobre a arte e a arquitetura da região foi considerável. Até as efígies dos quatro leões na coluna de Ashoka, em Sarnath, e o famoso Dharma Chakra foram copiados das colunas de palácios de Persépolis, no Irã. É estranho, ainda, terem sido encontrados numerais da escrita Kharoshti em todos os azulejos desenterrados nos sítios arqueológicos de Harwan, Ahan, Kurhom, Hoi-Nar e Mattan, na Caxemira.

Contatos entre o Oriente e o Ocidente

Desde tempos imemoriais o Oriente e o Ocidente têm estado em contato. Além das rotas marítimas, havia rotas terrestres com fins comerciais e políticos. É fato histórico a ocorrência de migrações contínuas do Ocidente para o Oriente nos períodos antigo e medieval de nossa história, em uma busca por melhores recursos naturais de alimentos, água e madeira. São escassas as referências sobre as rotas utilizadas pelas tribos nômades em suas migrações. No entanto, sabe-se que houve ligações entre países do Oriente Médio e a Índia, o Afeganistão, a Ásia Central e o Tibete. Dario Histaspes colonizou o Afeganistão e parte da Ásia Central com gregos cativos e escravos de guerra. Também se sabe que muito antes da chegada dos europeus à Índia já havia comércio marítimo entre o Egito, a Síria e a Índia, e também navegação costeira.

Heródoto também menciona a existência de assentamentos gregos na Báctria seis séculos antes do advento de Jesus Cristo. Na Antiguidade, a Pérsia deportou sírios para a Assíria e, depois da queda da Suméria, em 721 a.C., as tribos de Israel foram forçadas à dispersão pela Ásia

60   O Quinto Evangelho

Central, Irã e Afeganistão. O transporte de gregos, israelitas, sumérios e assírios para o Extremo Oriente continuou durante muitos séculos. Os cassitas, conhecidos como Kash, Kish ou Kush, atravessaram a Pérsia, o Afeganistão e a Ásia Central, chegando à Caxemira. Em suas viagens, estabeleceram assentamentos aos quais deram nomes com os prefixos Kash, Kish ou Kush, e essas vilas, cidades e países ainda são conhecidos como Kashan, na Pérsia, Kashghar, na Ásia Central, e ainda as próprias regiões de Caxemira e Kishtawar. Cabe ressaltar que desde a Antiguidade existiu uma rodovia fácil da Arábia à Pérsia e daí ao Afeganistão e ao norte da Índia, até a Caxemira, o Tibete e as montanhas Pamir.

Deuses antigos

Segundo a tradição, Deus abençoou Noé e sua família e eles se multiplicaram, sendo toda a terra ocupada por seus descendentes. Membros dessa família se estabeleceram no fértil vale dos rios Tigre e Eufrates, onde construíram grandes cidades das quais partiam viajantes para o Egito, a Índia e outros países. Abraão, que era o deus de uma tribo, fez uma longa viagem até Canaã com *seu* próprio povo. Cruzando o Sinai, Abraão e seu povo foram para o Egito. Sara, esposa de Abraão, por ser muito bonita, foi levada ao palácio do faraó, que a conheceu.[12]

No entanto, depois de algum tempo, ela foi devolvida ao marido, que voltou para Canaã com sua tribo. Quando Abraão e Sara já tinham idade avançada, Deus visitou Sara e ela concebeu um filho.[13] Abraão tinha 100 anos quando sua esposa idosa lhe deu um filho, de nome Isaac. Como Deus conheceu Sara?

> *Apareceu o Senhor a Abraão*
> *nos carvalhais de Manre,*
> *e eis três homens de pé em frente dele:*
> *Então, lhe perguntaram:*
> *Sara, tua mulher, onde está?*
> *Ele respondeu: Está aí na tenda.*
> *E disseram:*

Sara, tua mulher, dará à luz um filho.[14]
Visitou o Senhor a Sara, como lhe dissera,
e o Senhor cumpriu o que lhe havia prometido.
Sara concebeu
e deu um filho a Abraão em sua velhice.[15]

Desses versículos, podemos inferir que Deus, em companhia de dois outros deuses, visitou a tenda de Abraão nas planícies de Manre. Todos três pareciam homens e Abraão preparou para eles três porções de finas refeições. Abraão tomou um novilho tenro e o entregou a um dos homens, que era jovem. Esse homem preparou o bezerro. Pronta a refeição, Abraão serviu-a aos visitantes, que a comeram.[16]

Depois de saborear um almoço delicioso, eles perguntaram sobre o paradeiro da esposa de Abraão, que os autorizou a olhá-la na tenda. Sara riu, perguntando como poderia conceber e gerar uma criança?[17] No tempo previsto, Deus visitou Sara, conforme disse, e cumpriu o prometido.[18] Ele a conheceu e ela deu à luz uma criança que foi chamada Isaac. Evidentemente, o Senhor que esteve com Sara era Iavé, por cuja graça ela conseguiu dar um filho a Abraão, na velhice deste.[19]

Esse é o segundo incidente relatado nas Escrituras Sagradas sobre o acasalamento dos filhos de Deus com as filhas dos homens. Em diversas mitologias constatamos que o deus celestial se uniu a Gea, a donzela terrena; Shiva, o deus dos céus, que traz a lua em uma das mãos, apaixonou-se por Parvati, a donzela montanhesa, filha dos Himalaias.[20]

Para alguns, esses filhos de Deus são seres sagrados, sábios e imateriais, em uma bela forma humana feita de intensa luz. Eles também são considerados manifestações diretas de Deus em forma humana. Como claramente revelado antes, não se pode considerá-los seres imateriais, pois se preparava um festim especial para eles, um dos quais se apressava a temperar o bezerro, então assado na manteiga, e a refeição, compartilhada por todos. Também eram conhecidos como anjos que visitavam a Terra para trazer aos homens as ordens de Deus. Talvez esses filhos de Deus fossem astronautas que visitaram a Terra em tempos pré-históricos!

Moisés, o legislador

Deus escolheu Moisés como seu agente para trazer a lei aos homens. Por profissão, Moisés era um pastor que cuidava das ovelhas do sogro, Jetro, um sacerdote de Midiã. Quando ele se aproximou da montanha de Deus, apareceu-lhe um anjo envolto em chamas de fogo, saído de uma sarça que começou a arder. Então, Deus se revelou a Moisés, declarando:

> *Eu sou o que sou;*
> *O Deus de vossos pais,*
> *O Deus de Isaac e o Deus de Jacó,*
> *Este é o meu nome eternamente,*
> *E assim serei lembrado de geração em geração.*[21]

Essa misteriosa sentença, "Eu sou o que sou", foi formulada de diferentes modos por diversos estudiosos, como vemos:

> *Ehyeh Aser Ehyeh.*
> *Ego Eimi Ho On.*
> *I-a-o-u-e.*
> *Ya-weh.*
> *I-a-v-e.*
> *Ye-uo.*
> *Yav.*
> *Yo.*
> [yod hay vuv hay: yhvh — Yahweh]

Conforme foi ordenado, Moisés e seu irmão Arão resgataram os Filhos de Israel da escravidão do faraó. Moisés os conduziu para fora do Egito, e depois de vagarem por algum tempo trouxe-os para o Sinai, onde Iavé deu a ele a lei para guiar o povo.

Moisés trouxe essas tribos à montanha de Deus para receberem "os fundamentos da unidade nacional e a constituição de sua comunidade religiosa". Em seu estado de exaltação, eles aceitaram prontamente as prerrogativas e os deveres da escolha divina que os constituíram como nação sagrada, o povo-sacerdote entre os homens, os guardiões dos interesses espirituais da humanidade.[22]

Os Dez Mandamentos

A comparação entre as duas versões dos mandamentos registradas no Êxodo e no Deuteronômio revelam que o número de mandamentos excedia os dez. Eis aqui a versão das Primeiras Escrituras:

1) Não terás outros deuses diante de mim.
2) Não farás para ti imagem de escultura.
3) Não adorarás imagens, nem lhes darás culto.
4) Não tomarás o nome do Senhor, teu Deus, em vão.
5) Lembra-te do dia de sábado.
6) Honra teu pai e tua mãe.
7) Não matarás.
8) Não adulterarás.
9) Não furtarás.
10) Não dirás falso testemunho contra teu próximo.
11) Não cobiçarás a casa do próximo.
12) Não cobiçarás a mulher do próximo.
13) Não cobiçarás coisa alguma que pertença ao próximo.[23]

Eis a versão do Deuteronômio:

1) Não terás outros deuses diante de mim.
2) Não farás para ti imagem de escultura.
3) Não adorarás imagens, nem lhes darás culto.
4) Não tomarás o nome do Senhor, teu Deus, em vão.
5) Guarda o dia de sábado.
6) Honra a teu pai e a tua mãe.
7) Não matarás.
8) Não adulterarás.
9) Não furtarás.
10) Não dirás falso testemunho contra teu próximo.

64 *O Quinto Evangelho*

11) Não cobiçarás a mulher do próximo.

12) Não desejarás coisa alguma do próximo.[24]

Esses eram os Mandamentos, estatutos e o juízo ensinados por Moisés a seu povo.

Iavé ordenou que os seguidores de Moisés não adorassem os deuses de nações estrangeiras. A idolatria foi proibida, mas o povo continuou a criar imagens de madeira, pedra ou metal para adorar. Os mandamentos davam ênfase à sacralidade do casamento e proibiam qualquer relação ilícita. Ordenava-se a todos trabalharem seis dias, mas deixarem livre o sétimo dia para pensar em Deus. Dessa forma, Iavé selecionou os seguidores de Moisés como seu povo especial, para divulgarem suas palavras pelo mundo. Tratava-se de uma classe sacerdotal como a dos brâmanes da Índia.[25]

O manual de orientação daquela nação recebeu o nome de Torá ou livro de instruções. Ele foi escrito sem vogais nem pontuação, para poder ser objeto de diversas interpretações. Foi lido para o povo, que o ratificou. As palavras originais de Iavé foram ocasionalmente suplementadas pelos sacerdotes, que também registraram na Torá a morte de Moisés. Naturalmente, esse acontecimento não poderia ter feito parte do Livro enquanto Moisés estava vivo. Diga-se, de passagem, que a invenção desses mandamentos foi atribuída ao rei Hamurabi da Babilônia (1700 a.C.). Moisés, que viveu em 1220 a.C. parece ter-se apropriado de muitos elementos do código de Hamurabi, cujo texto completo foi encontrado em Susa, inscrito em 21 colunas horizontais.[26]

Há controvérsia na questão de quem forneceu os mandamentos mencionados: terá sido Deus ou Iavé? Já mostramos que na vez em que se apresentou sob a forma de homem jovem, com dois companheiros, Iavé fecundou a mulher de Abraão, a qual encontrou nos carvalhais de Manre.[27] Um antropólogo observou que originalmente Iavé era o deus tribal de Canaã e que Moisés desposou a filha de um sacerdote que pertencia à Ordem de Iavé. Diz-se que aquele ajudou Moisés em seu embate com o faraó do Egito. Também consta que realizou muitos milagres e que, por seus esforços, o faraó e seu exército foram destruídos no mar. Talvez ele fosse o próprio Deus, ou Deus-encarnado, ou o filho de Deus ou o deus local. Também é conhecido como o deus da misericórdia, tal como Buda Avalokiteshvara. Os judeus atribuíram a Deus duas qualidades: misericórdia e poder.

Moisés unificou os Filhos de Israel em uma nação, tarefa em que foi auxiliado por Arão. Depois de ter conseguido retirar do Egito as tribos de Israel, aproximadamente em 1220 a.C., Moisés lhes deu a lei pela qual essas tribos aceitavam Iavé como seu deus. Assim, entre os povos dispersos, formou-se a unidade, pelo impulso religioso de um Deus em comum que os adotou eternamente como seus próprios filhos. Moisés ensinou às tribos como adorar, lançando, assim, as bases do monoteísmo espiritual.

Maria, a consorte

Moisés foi auxiliado por Arão porque Maria, a irmã dele, era a principal consorte de Moisés. Miriam é a forma arcaica do nome Maria, e com esse nome ela é mencionada no Antigo Testamento. Quando Moisés e seus seguidores cruzaram o mar, Maria tomou nas mãos um adufe e dançou com outras mulheres cantando:

> *Cantai ao Senhor,*
> *Porque gloriosamente triunfou*
> *E precipitou no mar*
> *O cavalo e seu cavaleiro.*[28]

Moisés fez dela a principal profetisa da nação, honra atribuída a uma mulher pela primeira vez na história. Até essa época, o privilégio de se tornar profeta era exclusivo dos homens. Moisés como profeta e Maria como profetisa tiveram a supremacia sobre o povo. Arão, no papel de principal sacerdote, promovia a hegemonia de ambos. No entanto, a ligação dos três não poderia durar muito, pois Moisés se apaixonou por uma mulher etíope. Consequentemente, Arão e Maria passaram a falar contra Moisés.[29]

Nesse ínterim, os amalequitas lideraram um ataque aos seguidores de Moisés, e este deu a Josué o comando da nação israelita. Por meio da interseção e das preces de Moisés, os amalequitas foram derrotados.

O Quinto Evangelho

Dessa forma, ele conseguiu fundar para as tribos de Israel não só um Estado, mas também uma religião.

A morte de Moisés

Quando Moisés tinha 120 anos, Deus lhe determinou:

> Sobe a este monte de Abarim,
> Ao monte Nebo,
> Que está na terra de Moabe,
> E vê a terra de Canaã,
> Que aos filhos de Israel dou em possessão.
> E morrerás no monte, ao qual terás subido,
> E te recolherás a teu povo,
> Como Arão, teu irmão, morreu no monte.
> Porquanto prevaricaste
> Contra mim no meio dos filhos de Israel,
> Pois não me santificaste
> No meio dos filhos de Israel
> Pelo que verás a terra defronte de ti,
> Porém, não entrarás nela.[30]

Por estas palavras podemos concluir que Deus se irritou contra Moisés por ter desobedecido à palavra divina e não havê-lo glorificado entre os israelitas. Assim, Moisés recebeu ordens de migrar até o monte Nebo, na terra de Moabe, e de morrer ali. De fato, era um esforço terrível para ele, que, sempre leal e obediente à vontade de Deus, partiu nessa última jornada. Tendo alcançado o local indicado, morreu de exaustão. Citamos o Antigo Testamento:

> Então, subiu Moisés das campinas de Moabe
> Ao monte Nebo, ao cimo de Pisga.
> Assim, morreu ali Moisés, servo do Senhor,
> Na terra de Moabe, segundo a palavra do Senhor.
> Este o sepultou em um vale, na terra de Moabe,
> Defronte de Bete-Peor;

E ninguém sabe, até hoje, o lugar de sua sepultura.
Tinha Moisés a idade de 120 anos quando morreu;
Não se lhe escureceram os olhos, nem se lhe abateu o vigor.[31]

O relato, embora sucinto, é muito significativo. Pela primeira vez no Antigo Testamento o tempo e o espaço foram reduzidos a ponto de tornar difícil entender a odisseia trágica ordenada a Moisés. Aos 120 anos, sua visão não era precária, nem sua energia natural havia declinado. Pela descrição anterior, evidencia-se que ele viajou por terra e mar para alcançar o lugar de seu destino final. Um exame detalhado da programação dessa viagem deixa claro que ele rumou para uma cidade com palmeiras, depois seguiu para Segor ou Zoar; daí para Jericó, de onde prosseguiu em direção ao interior.

A partir dali, foi preciso atravessar terras descampadas e desérticas e toda a região de Judá até o mar mais remoto, ou seja, o mar da Arábia. Após cruzar as terras de Menassés e Efraim, seguiu para Neftali. Deste lugar, ainda cruzou o Dan e o monte Fasga, também conhecido como Pisga. Ao chegar ao topo do monte Nabo, também conhecido como Nebo, Moisés exalou o último suspiro e morreu. Foi enterrado na terra de Moabe, em frente a Bete-Peor.

É evidente que para encontrar o local de seu túmulo ele fez uma longa viagem para Moabe, junto a Betpur, e morreu ali. Também se afirma categoricamente que até hoje ninguém sabe onde se encontra esse túmulo. Muitos estudiosos tentaram em vão localizar todos os países em que Moisés esteve. Alguns chegam a admitir a futilidade de procurar esses países e locais, pois eles eram desconhecidos.[32]

O estranho é que alguns nomes de locais próximos ao túmulo de Moisés podem ser encontrados no vale da Caxemira, de acordo com os mapas publicados pela organização científica Survey of India. Voltaremos a falar a esse respeito no final do capítulo.

As seitas

É necessário fornecer alguns detalhes sobre as seitas ou comunidades religiosas que viviam na Palestina antes do advento da era cristã. A de maior

68 *O Quinto Evangelho*

destaque era a dos hebreus, que restauraram o templo de Jerusalém e formaram uma sociedade estruturada e um movimento religioso dirigido por sacerdotes conhecidos como os sacerdotes de Jeová. Entre eles, os mais poderosos eram os levitas, que formavam uma casta hereditária especial, no topo da hierarquia religiosa. As outras castas sacerdotais eram conhecidas como zadoquitas e aronitas, cujos poderes parecem ter sido delegados por Zadoque e Arão. Os judeus acreditavam em um deus único, de quem se esperava que cuidasse do mundo e o salvasse da destruição. Eles estavam divididos em tribos e seitas. Depois do censo imperial realizado no ano 6 ou 7, os judeus entenderam claramente a condição de súditos dos romanos. Entre eles, contudo, os zelotes incitavam o povo em nome da religião. A maioria era composta pelos fariseus, que contavam com o fim do domínio romano por intervenção divina. Entre eles havia uma seção dos batistas, que aguardavam a chegada do Messias em um futuro próximo. Os saduceus pertenciam à aristocracia clerical que se aliou ao governo. Diferia deles a Ordem dos Essênios, que viviam em aldeias próprias, tinham conhecimento secreto sobre os anjos e outras questões místicas, faziam abluções frequentes e usavam roupas brancas.[33]

Os essênios professavam uma disciplina mais severa e eram muito unidos. Selecionavam os filhos de outros homens e os instruíam segundo os próprios padrões. Devotados à obra dos antigos autores, tinham a capacidade de controlar a dor pelo uso da vontade.[34]

Os hebreus

A Palestina foi ocupada pelas tribos neolíticas em torno do ano 4000 a.C. Esses povos antigos viviam em cavernas. Mais tarde, a região foi ocupada pelas tribos de Canaã, da Arábia do Norte, da Babilônia, da Armênia e do Egito. Essas ondas de novos ocupantes continuaram até 1446 a.C., quando Moisés voltou do Egito. Os cananitas chamavam as tribos armênias de habirus, nome posteriormente mudado para hebreus. Dessa forma, as primeiras tribos judaicas vieram a ser conhecidas como povo hebreu, o mesmo nome que designou a língua falada por eles. Todas essas tribos foram reunidas em uma só nação por Moisés, que lhes deu uma religião. Consolidada sua posição, os hebreus atacaram o Egito, incendiando e saqueando muitas cidades, mas tiveram a supremacia quebrada pelos hititas por volta de 1293 a.C. Mais tarde os hebreus passaram a ser conhecidos como judeus, denominação que persiste até hoje.

Os judeus

O termo judeu foi derivado de Judá, ou seguidor do judaísmo. A palavra é pronunciada da seguinte forma em diversas línguas:

Judaeus — latim
Loudaios — grego
Yhudai — aramaico
Yhudi — hebraico
Yahud — árabe
Yahudi — urdu
Yehud — caxemiri

Observe-se, a propósito, que na Caxemira, em tempos passados, todo nome tinha Ju ou Jiu por prefixo.

Os filhos de Israel

Os israelitas ou filhos de Israel são conhecidos no Oriente como Bani-Israel. Com suas esposas legais e concubinas, Jacó teve 12 filhos, dos quais derivaram as 12 tribos de Israel. Duas divisões se definiram, segundo a descendência de Lia ou de Raquel. Dessa forma, Ruben, Simeão, Levi, Judá, Issacar e Zebulon se consideravam filhos de Lia, enquanto José e Benjamim eram filhos de Raquel. A linhagem das concubinas, vista como inferior, era composta por dois grupos, o primeiro formado por Gade e Aser e o segundo por Dã e Naftali. No entanto, todos se sabiam filhos do mesmo pai.[35]

Eles disputaram entre si a posse da terra santa, até que Josué os dividiu em dois grupos e os estabeleceu na Palestina dividida. Saul os reuniu e Salomão lhes deu prosperidade. Porém, por causa das lutas internas, eles, mais uma vez, se dividiram, e duas tribos se perderam. Subsequentemente, as dez tribos restantes foram escravizadas por diver-

70   *O Quinto Evangelho*

sos reis, o que as espalhou por terras diferentes. Também se misturaram a outras nacionalidades e perderam a identidade. Somente alguns remanescentes permaneceram na Palestina. Assim, o destino das dez tribos tornou-se um mistério.[36] Daí ter-se tornado missão dos profetas hebreus localizá-las e trazê-las para a terra santa.[37]

No século 6 a.C. os judeus foram perseguidos e obrigados a fugir para a Síria e a Babilônia. Nos anos seguintes, a maioria foi aprisionada. As perseguições aos judeus continuaram por muitos séculos: eles foram mortos, feitos prisioneiros ou obrigados a fugir. Durante o período dos reis indo-gregos, a maioria dos judeus, que dominavam muitas artes, migrou para o Afeganistão, a Báctria e a região montanhosa de Gilgit, no Paquistão. Nos períodos posteriores, eles se disseminaram por várias terras, pois haviam percorrido grandes distâncias. Diz-se que alcançaram Gaznah e o país de Cuxe, onde corre um rio.[38]

Eles também chegaram às imediações da Caxemira e se estabeleceram em Hazara, situada no sudoeste da Caxemira. Há informações seguras sobre as tribos de hebreus de Hazara, que se ocupavam principalmente do comércio.[39] Diversos autores atestaram a existência de judeus nos países da Ásia Central.[40]

Os hebreus no Egito

A história de assentamentos hebreus no Egito é muito antiga; remonta à época em que migraram para aquela terra e trabalharam como agricultores, no período em que os hicsos dominaram o Egito. Moisés os reuniu e induziu a saírem do Egito. Ramsés II os fez trabalhar em construções. Em torno do ano 1230 a.C. os hebreus se revoltaram contra os egípcios. Nos dias de Davi, conquistaram a hegemonia na região hoje conhecida como Israel. Davi estabeleceu acampamento em Jerusalém, que se tornou para eles um centro político e religioso.[41] Sob Salomão, os hebreus construíram a capital em Jerusalém, com vilarejos, mercados e o famoso templo. No entanto, mais tarde, dividiram-se em dois grandes grupos e, como resultado, os egípcios saquearam Israel e destruíram o templo de Jerusalém. No período seguinte sofreram incontáveis agruras e foram levados como escravos para terras estrangeiras. Em torno de

590 a.C., os hebreus foram empregados como mercenários por Psamético do Egito, e forçados novamente a sair daquele país.

Os hebreus na Pérsia

Em 539 a.C. os babilônios foram derrotados por Ciro, o Grande. Os judeus comemoraram essa derrota, pois haviam sofrido nas mãos dos babilônios, que incendiaram o templo de Jerusalém. A maioria dos judeus fora levada à Babilônia para o trabalho escravo na agricultura. Além de libertá-los da escravidão, Ciro permitiu que voltassem à Palestina, autorizando-os a estabelecer um Estado e construir o templo em Jerusalém, sob a proteção do imperador. Tendo alcançado a liberdade e ascendido socialmente, muitos se estabeleceram na Pérsia como ricos mercadores. Então, começaram a se deslocar para o leste, e foram até a Ásia Central. Contudo, consideravam Jerusalém seu centro espiritual, onde Menaém estabeleceu o Estado vassalo da Judeia. Considerando que ele se tornara muito poderoso, os persas depuseram Menaém em torno de 485 a.C. Cabe mencionar que Ciro, o Grande, era estimado como um salvador pelos judeus, que o transformaram em um deus em seus textos. Contudo, os judeus não só influenciaram os zoroastristas da Pérsia, mas também foram influenciados por doutrinas estrangeiras, o que resultou em um código ético e religioso misto, uma feliz combinação dos pensamentos judaico e zoroastrista. Foi durante esse período que a arte e a arquitetura persas chegaram à Palestina e os judeus construíram casas grandes e luxuosas na região. Porém, no período posterior, a reação prevaleceu entre os judeus e, sob a direção de Ezra, o clero logrou estabelecer entre eles a ortodoxia. Ezra proibiu o modernismo e as ideias estrangeiras, chegando a obrigar os judeus a abandonarem as esposas persas. Como resultado, os judeus da Palestina ficaram completamente isolados dos israelitas de outras terras.

A divisão de Bani-Israel

Bani-Israel e sua queda começaram com a morte de Salomão, após um reinado de 40 anos. Este foi sucedido por seu filho, Roboão. Várias tribos de Bani-Israel se reuniram para apresentar suas exigências ao novo rei, que as rejeitou com desprezo.

Revoltadas, dez dessas tribos declararam Jeroboão seu soberano, e denominaram Israel seu Estado; as duas únicas tribos que permaneceram fiéis a Roboão chamaram Judeia seu reino. Nessa época, teve início a divisão entre os filhos de Israel. Os dois reinos lutaram entre si muitas vezes e se destruíram. O reino da Judeia foi derrubado pela Babilônia em 597 a.C.; o reino de Israel foi arruinado pelos assírios em 721 a.C. Depois da destruição, as dez tribos restantes foram submetidas ao cativeiro e se estabeleceram em Khurasan, no Irã e em Sind.[42]

Os judeus na Grécia

Em torno do ano 600 a.C. as tribos judaicas entraram em contato com os gregos, adotando a arquitetura e as artes gregas. Durante esse período os judeus se desentenderam entre si e se dividiram em muitas seitas. Em 323 a.C. Alexandre, o Grande, conquistou o Egito, e os judeus egípcios lhe prestaram toda assistência, pelo que receberam muitos privilégios. Eles viram em Alexandre seu libertador, reunindo-se a seu exército como mercenários. Quando Alexandre passou pela Palestina e pela Síria, os judeus dessas regiões se apressaram a recebê-lo. O jovem grego marchou para a Pérsia, que foi conquistada sem dificuldade. Ele deu continuidade às suas vitórias com a invasão do que fora território persa na Índia. Quando Alexandre alcançou o rio Beas, suas tropas se recusaram a seguir adiante. Ele, então, deixou algumas guarnições sob o comando de gregos para zelarem por seus domínios orientais.[43] Dessa forma, os mercenários judeus se estabeleceram não só no noroeste da Índia, mas também em outras regiões.

Em torno do ano 260 a.C. a Torá foi traduzida para o grego. Graças ao contato com os gregos, os judeus se espalharam pelo litoral nordeste do mar Mediterrâneo.

Os israelitas no Afeganistão

Os báctrios e os citas são tribos antigas que se estabeleceram na região hoje conhecida como Afeganistão. Os sumérios, persas, armênios e afegãos pertencem à mesma raça dos caucasoides do Mediterrâneo. Contudo, entre os afegãos, predominam os armeneides. É fato histórico que o Afeganistão foi um país importante, atravessado desde a Antiguidade pelas rotas para a região da Pérsia, da Ásia Menor, da Caxemira e da Ásia Central. Na verdade, a palavra afegão vem do termo armênio *Aghvan*, que significa "os montanheses". Isso estabelece uma conexão histórica entre os afegãos e os cativos sírios da Armênia.[44]

A genealogia de algumas das tribos afegãs recua até os profetas hebreus e alguns declaram descender da tribo israelita de Kish, o que mostraria que os afegãos são remanescentes das dez tribos perdidas de Israel. Tanto a Assíria quanto a Pérsia implantaram colônias no Afeganistão com cativos da Síria, que eram judeus. Por essa razão, algumas tribos do Afeganistão ainda se denominam *Bani Israel*, os filhos de Israel. Sua conversão ao islamismo se deu durante a ocupação.[45]

Entre as tribos da Afeganistão encontramos nomes que indicam a conexão com os gregos desde os tempos pré-históricos. Mas foi durante a invasão de Alexandre que os gregos não só se fixaram em várias partes do Afeganistão mas também estabeleceram seus reinos na região. É interessante observar que, segundo consta, 70 sacerdotes israelitas se fixaram em Herat, no Afeganistão. Alguns profetas israelitas estão enterrados em Balkh. O famoso viajante Ibn-i-Betuta menciona em especial o sepulcro de Ezequiel naquele lugar. Samuel, outro profeta dos judeus, está sepultado ao lado da estrada que leva de Hamadan a Khurasan. Outro profeta israelita está sepultado em Rang-barang, perto de Bajoor, no Afeganistão.[46]

Interessante é que os afegãos conservam até hoje seus nomes tribais e os utilizam como sobrenome. Destacam-se entre essas tribos os clãs *Amma-zye, Davood-zye, Abrahim-zye, Shemoo-zye, Yusuf-zye, Ayub-khel, Haroon-khel, Issa-khel, Ishaq-khel, Mysa-khel, Sulaiman-khel, Yayah-khel, Yakoob-khel, Yunus-khel* e *Zakaria-khel*.[47] Todos esses clãs têm uma genealogia ancestral com a linhagem até Jacó. Esses registros de direitos também estão preservados nos arquivos tributários de cada região do Afeganistão, de Chitral e de Peshawar.

Os afegãos se intitulavam *Bani-Israel* ou filhos de Israel. Eles afirmam ter migrado para Ghore e Bamean durante o reinado de Nabucodonosor. Em torno de 633, foram convertidos ao islamismo graças aos

74   *O Quinto Evangelho*

esforços de Khalid ibn al-Walid. Pelos serviços prestados a ele nas guerras contra os infiéis, os afegãos foram honrados com o título de Butan, hoje mudado para Pathan.[48] Alguns afegãos afirmam descender de Cuxe e Can e se intitulam *Bani-Israel*. Seu código moral inclui elementos da lei moisaica.[49]

Os judeus na Índia

Há uma teoria segundo a qual os semitas, à semelhança dos arianos, também se originaram na Índia e migraram para o Ocidente. Observa-se, ainda, que a extraordinária persistência da comunidade judaica tem sua origem no sistema de castas dos indianos, em que os brâmanes nunca se misturam a outras pessoas, nem permitem a outros fazerem parte de sua casta. No entanto, não se pode negar que, nos tempos antigos, houve muito tráfego entre o nordeste da Índia e o Oriente Médio. Mesmo no presente, existem aldeamentos hebreus na costa ocidental da Índia, e em Mumbai, Cochin, Kerala e Tamil Nadu. Em Kerala, os judeus estão divididos em brancos e negros. Os dois grupos não se misturam; pelo contrário, desprezam-se, cada um afirmando pertencer ao seguidores originais do judaísmo. Vieram para Kerala há 2 mil anos e o rei lhes concedeu terras. Um de seus chefes, Joseph Rabban, recebeu o título de *Srinadon Moplah*.[50]

Pesquisas recentes revelaram a existência de remanescentes de *Bani Israel* na Birmânia, em Nagaland e na Caxemira. A comunidade pachtun que vive em Gutli Bagh, Ganderbal, na Caxemira, afirma descender dos filhos de Israel. Dizem que migraram do Afeganistão, onde vivem as outras tribos de *Bani Israel*. No passado, foram seguidores de Moisés, e posteriormente se converteram ao islamismo.[51]

Estamos informados de que as duas primeiras tribos deportadas para o Afeganistão eram as de Gade e Ruben. Isso ocorreu quando Assurnazirpal reinava na Assíria. Talvez essa migração tenha acontecido durante a última década do século VIII a.C. Das duas tribos mencionadas, os rubenitas prosseguiram até Hazara e a Caxemira, enquanto os gaditas fixaram-se permanentemente no Afeganistão. No presente, os descendentes dos gaditas são conhecidos como gaddrani. De acordo com outra fonte, a deportação dos judeus para o Afeganistão continuou a ocorrer de forma organizada até o reinado de Nabucodonosor (539 a.C.).[52] É interessante saber que, na Caxemira, este rei é conhecido como *Bakhatnasser*, e muitas histórias estão associadas a esse nome. Entre os habitantes da Caxemira, o indivíduo excessivamente vaidoso e desonesto é chamado de *Bakhatnasser*.

As tribos de Israel que sofreram perseguições se instalaram nas áreas montanhosas e nos vales da Caxemira e de Hazara, Gilgit e Chitral. A maioria adotou de tempos em tempos outras religiões, tornando-se budistas, saivitas ou muçulmanos. Muitos autores observaram que, pelas feições e conduta, elas mostram que são descendentes da raça ancestral de Israel.[53]

Missionários cristãos atestaram que os habitantes da Caxemira são descendentes dos hebreus.[54] Também foram encontradas provas da existência de literatura judaica: relata-se que um missionário cristão obteve na Caxemira um antigo manuscrito da Torá escrito em hebraico.[55]

No século XIX, outro escritor dirigiu um acordo imobiliário no vale da Caxemira. Ele afirma que a maior parte da população da região pertence à raça semita. As características faciais das mulheres, em geral, se assemelham às das judias. A impressão é de que os habitantes da Caxemira são apenas as tribos perdidas de Israel.[56]

Caxemira

O vale da Caxemira é conhecido por seus habitantes como Kasheer, por ser o local em que se instalou uma raça conhecida como Caxe ou Cuxe, de origem semita. Esse povo fundou as cidades de Kash, Kashan e Kashgar. Kash é uma cidade em Bukhara, Kashan fica no Irã e Kashgar está localizada no Turquistão chinês.

Desde os tempos antigos a Caxemira é conhecida como um paraíso terrestre. Afirma-se que muitos pacientes atacados por febre ou problemas estomacais recuperaram a saúde bebendo água de suas fontes. Ocasionalmente, mulheres estéreis conseguem engravidar ali. Deus Todo-Poderoso concedeu muitas bênçãos a essa terra, e por essa razão a Caxemira é denominada a terra abençoada. As Escrituras Sagradas do Oriente aclamam a region como a terra da bem-aventurança. Também é fato histórico que muitos profetas e santos de todo o mundo visitaram a Caxemira.[57]

Kashur significa a morada do povo Kashur, e também designa aqueles que comem carne. Os indianos acreditam que a Caxemira, por seus santuários situados no vale, também é conhecida como o Jardim de Salomão, que dizem ter sido povoado por Salomão no ano 100 a.C.[58]

Durante a invasão de Alexandre, algumas tribos judaicas, para se salvarem, se espalharam pelos vales montanhosos dos Himalaias. Elas também cruzaram o Afeganistão, chegando à Caxemira e ao Tibete[59] trazendo suas relíquias religiosas. Cláudio encontrou na Caxemira uma cópia antiga da Torá escrita sobre couro, com 15 metros de comprimento.[60]

A tribo de Cuxe

Cuxe era filho de Cam e neto de Noé.[61] Ele fundou a tribo Caxe ou Cuxe, que se fixou no Oriente. Essa tribo fundou Kash, uma aldeia perto de Bagdá. Esse povo batizou rios, montanhas, cidades e países com o nome de seu ancestral Caxe ou Cuxe. Na Mesopotâmia, eles fundaram um reino, fato atestado pelo rio Kashan, naquele país. Kashmar, um vilarejo próximo a Nishapur, no Irã, também foi fundado por eles. Essa tribo também prosseguiu em direção à Ásia Central, fundando muitos aldeamentos: Kash-mohra, uma aldeia em Merv; Kash, uma aldeia em Bokhara; Kash-band e Kash-ania, aldeias em Samarkand, foram assentamentos da tribo na Ásia Central. Na Mesopotâmia, a tribo fundou as cidades Kash-an, Kash-af e Kashi. Também se dirigiu ao Afeganistão, fundando Kash-ar, Kash-hil, Kash-ek e Kash-u. As montanhas Hindu-Kush também foram nomeadas em homenagem a eles, que ainda fundaram ao sul dessa cadeia de montanhas um assentamento conhecido como Kash-mor.

Em suas memórias, o fundador da dinastia Mogul na Índia, Babar, assinalou que a etimologia da palavra Caxemira se deriva da tribo Caxe ou Cuxe, que habitou o vale.[62] A tribo se fixou na região hoje conhecida como Kash-tawar, no distrito de Doda, na Caxemira. Cruzando as montanhas Pir-Panjal, esses povos se espalharam pelo vale da Caxemira. Levam o nome da tribo: Kush-tawar, no distrito de Pulwama, Kash-nag, um regato no distrito de Anantnag, e a vila de Isae-kush. Esses povos foram conduzidos ao vale por seu líder, Kash-yapa, de cujo nome, segundo uma antiga tradição, o nome Caxemira é derivado. Contudo, essa ideia carece de comprovação linguística, dado o caráter prodigioso de toda a história de Kash-yapa e sua prole.[63] Se Kash-yapa tivesse drenado as águas do vale e encontrado seus descendentes em qualquer parte do vale, sua capital teria sido chamada Kash-yapa-nagar ou Kash-yapa-pur, de acordo com a etimologia daquele período. Segundo as pesquisas geológicas mais recentes, estabeleceu-se que o vale da Caxemira foi um lago há milhões de anos; graças à atividade vulcânica, suas águas escoaram por um estreito desfiladeiro em Baramulla.[64]

Contudo, não se pode negar que a tribo Kush ou Cuxe estabeleceu seu reino no vale. A história registra alguns de seus reis, como Utpa-la-Kusha e Hirneya-Kusha.[65] Este também é citado como herói de um conto de fadas no *Katha-sarit-sagara*, uma antiga coletânea de lendas e contos da Caxemira, em sânscrito, que também registra o pai do herói, Kanaka-Kusha, como um dos reis da Caxemira. A tribo Caxe ou Cuxe não foi a única tribo semita a se estabelecer no vale; ainda existe comprovação histórica da dispersão de outras tribos israelitas pela região. As tribos mencionadas no Antigo Testamento e as que conservaram seus nomes na Caxemira também são mencionadas em outros escritos.[66] O Livro de Esther fala de um rei cujos domínios iam da Índia à Etiópia e cujo reino consistia em 127 províncias. Ele afirma:

> *Passou-se nos dias de Assuero, o que reinou sobre 127 províncias, desde a Índia até a Etiópia, que, naqueles dias, assentando-se o rei Assuero no trono de seu reino, que está na cidadela de Susã, no terceiro ano de seu reinado, deu um banquete a todos os seus príncipes e servos; a elite da Pérsia e da Média e os nobres e príncipes das províncias estavam diante dele, que então mostrou as riquezas da glória de seu reino e a dignidade de sua excelsa grandeza, por muitos dias, por 180 dias.[67]*

Esse relato estabelece contatos muito antigos entre a Índia e o Oriente Médio. Durante o reinado de Assuero, os judeus se instalaram por todo o império, o que fez Hamã, o novo ministro da Corte, queixar-se de que esse povo se dispersara entre os habitantes de todas as províncias do reino.[68]

O *Nila-mata-Purana* é um antigo texto sânscrito que trata das lendas relacionadas à origem da Caxemira e de seus habitantes, locais sagrados e rituais. Ele faz referência às seguintes tribos que se estabeleceram no vale da Caxemira, quando as águas do lago baixaram:

1) Nagas, os adoradores do dragão, aparentados com o cita-medo Zohak.
2) Pishacas, as tribos que viviam entre as montanhas Hindu-kush e Kapisa, o atual Cafiristão.
3) Darvas, os filhos de Dara, descendentes de Judá.
4) Abessueros, a tribo de Assuero, o imperador.
5) Gandharas, o povo de Gandhara.
6) Juhundaras, as tribos de Ghazni.
7) Sakas, os citas.
8) Caxas, os descendentes de Cuxe, filho de Noé.
9) Tanganas, as tribos da Ásia Central.
10) Mandavas, os descendentes de Mandu.
11) Madras, tribos da milenar Sakala.
12) Antagiris, as tribos da montanha.
13) Yavanas, os estrangeiros ou jônicos.

Nesta lista, os darvas, os abessueros e os caxas são, em princípio, tribos judaicas. A tribo dos abessueros, de nome derivado do imperador Assuero, merece um comentário especial: esse foi o famoso povo que ajudou os assacanis ou assakenoi a oferecerem resistência aos gregos. Alexandre, o Grande, manteve no poder o dirigente da tribo com o título de Sátrapa.[69] É evidente que, tal como a tribo Cuxe, os abessueros alcançaram uma posição destacada na Caxemira.

O advento do Buda

De acordo com as crônicas budistas preservadas no monastério de Hemis, no Ladakh, houve muitos budas antes da vinda do Buda *Sakyamuni* a este mundo. Ele é mencionado como o rei de 3 mil mundos de seres sofredores. De acordo com aquelas crônicas, há Budas que são supremos e que têm poder sobre a transmigração.[70] Os poderosos do mundo estariam divididos em duas categorias: os reis Budas e os reis não Budas. Os primeiros vêm a este mundo para servir à humanidade e salvar os homens dos sofrimentos. O Buda Sakyamuni era o filho de Deus e sua mãe era a melhor e mais pura das filhas dos homens. Ela era virgem quando deu à luz o Buda.[71] Por diversas vezes ele foi tentado pelo diabo, mas não sucumbiu às tentações. Quando isso ocorreu, ele estava jejuando por 40 dias. O Buda realizou muitos milagres e fez sermões notáveis para as multidões. Ele falava por parábolas e explicava as questões espirituais por meio de analogias físicas.[72] Ele mostrou o caminho para chegar à perfeição das virtudes e, dessa forma, alcançar o *nirvana*, a eterna bem-aventurança.

Logo depois de sua morte a liderança da comunidade caiu nas mãos de Sriputra, que agiu tal qual Paulo em relação aos ensinamentos originais do Cristo. Sriputra deu ênfase à visão ortodoxa, o que resultou em uma cisão da Sangha, a ordem monástica budista. O primeiro conselho budista para resolver as diferenças de opinião foi realizado em Rajagarha. O segundo conselho ocorreu aproximadamente 100 anos depois, em Vashali, porém sem muito êxito. Os budistas se dividiram em duas grande seitas, conhecidas como theravadins e sarvastivadins.

O terceiro conselho Budista foi realizado em Pataliputra, no século III a.C. Foi convocado por Ashoka, o Grande, para resolver as diferenças entre as escolas ortodoxa e progressista. Ashoka prestou ao budismo um valioso serviço enviando missionários para as regiões adjacentes à Índia, a leste e a oeste. Durante seu reinado, o budismo foi implantado não só na Índia, mas também na região central do Tibete, na Birmânia, na Tailândia, no Afeganistão, na Pérsia e na Caxemira. Descobrimos que uma missão budista originária do rio Ganges, na Índia, alcançou a Corte de Ptolomeu II Filadelfos (285-246 a.C.), em Alexandria. Esse rei era um patrono da cultura e obteve os livros sagrados dos hebreus para tradução. Em sua Corte, a missão budista da Índia não só foi bem-recebida, como também foi patrocinada por ele, muito interessado em leis e escrituras antigas.[73]

A população judaica de Alexandria residia em um quarteirão compacto no norte da cidade. É provável que a missão budista da Índia tenha sido instalada junto à comunidade judaica. Os theravadins influenciaram a tal ponto a ordem dos essênios que estes ficaram conhecidos como "terapeutas". Filo de Alexandria diz que os terapeutas eram os essênios que, por vontade própria, se recolhiam à solidão e que, por amor ao bem e às coisas celestiais, dedicavam tempo a estudar a religião e a natureza. "Eles vivem em diversos pontos da Palestina e do Egito. Neste último país a maior congregação deles ficava nas vizinhanças da cidade de Alexandria."[74] É certo que a ligação entre os budistas indianos e as comunidades do Egito e da Palestina datam do século III a.C.

O próximo evento importante na história do budismo é a conversão de Menandera, rei de uma dinastia bactriana de origem grega. Em uma discussão ocorrida nas vizinhanças da Caxemira, o rei foi derrotado por Nagasena, famoso filósofo budista caxemiriano. A partir daí, os indo-gregos parecem ter aceitado as doutrinas do budismo.[75] No primeiro século, os cuxanos se destacaram como principal dinastia reinante no norte da Índia, incluindo o Afeganistão. O rei Kanishka convocou o quarto conselho budista na Caxemira. A partir daí, o *Mahayana* ou budismo progressista, partindo da Caxemira, propagou-se para a Ásia Central e se espalhou pela China e pela Coreia, e daí para o Japão. É exatamente nesse período que encontramos na Caxemira uma pessoa santificada que teria vindo de uma terra distante, alegando ser conhecida como *Ishvera-putra*, ou o filho de Deus, e *Kanyagharba*, ou nascido de uma virgem. Retomaremos esse tema nas páginas subsequentes.

Características judaicas

Muitos estudiosos assinalaram que os caxemirianos fazem seus túmulos à moda das tumbas judaicas. Essas sepulturas são chamadas *Mosai* e estão orientadas de leste para oeste. Na Caxemira, os membros da tribo Gujjar, muçulmanos, se denominam descendentes de Israel. Sua maneira de vestir, assim como de usar os cabelos, é característica do estilo judaico. O remo empregado pelos barqueiros caxemirianos, utilizado até hoje, tem a forma de um coração. Esses remos são usados apenas na Palestina e na Caxemira, e em nenhum outro país do mundo. Os barqueiros caxemirianos se declaram descendentes do profeta Noé. A arquitetura antiga da Caxemira mostra que as escadas para as edificações sempre partem do Ocidente, o que não acontece na arquitetura milenar induísta, muçulmana ou budista.

No monastério de Aish Muqam encontra-se o bastão de Moisés, que era chamado de Asai-Sharif ou o venerável cajado.

A sepultura de Moisés

As circunstâncias da morte de Moisés estão envoltas em mistério.[76] De sua sepultura, pouco se sabe, só que o profeta foi enterrado no vale de Moabe, em frente a Bete-peor, situada em uma terra distante no Oriente. Acredita-se que ele tenha sido sepultado no monte Nebo, à vista do vale de Lolab, em Bandipur, na Caxemira. Dispõe-se de algum material histórico para mostrar que ele visitou a Caxemira. Algumas cidades e colinas ainda são nomeadas em sua homenagem. Também afirma-se que Moisés esteve na Caxemira em seus últimos dias.[77] Ele foi enterrado no monte Nebo, em Bandipur. Sua sepultura é visitada por muitos devotos caxemirianos.[78] De acordo com alguns, o profeta esteve na Caxemira para pregar a palavra de Deus.[79] Os judeus acreditam que Moisés desapareceu e foi para a Terra Prometida, em uma região distante ao leste.[80]

É surpreendente que cinco locais mencionados em conexão com a Terra Prometida — Bete-peor, Hesbun, Pisga, monte Nebo e o vale de Moabe — existam até hoje na Caxemira. De acordo com estudiosos ocidentais, todos esses locais permaneceram sem identificação. Mas o mapa da organização Survey of India revela que todos eles podem estar situados na área de Bandipur. Bete-peor era antes conhecida como Behatpur, na Caxemira, e hoje se chama Bandipur.[81] Hashbon agora é conhecida como Hashba, Pisga como Pish, Moabe como Mowu e Nebo tem o nome Nabo ou Nil-toop.[82] Todos os locais citados existem na área em que se encontraria a sepultura de Moisés.

Como já assinalado, Moisés era um profeta e recebeu de Deus ordens de não entrar na Palestina e ir morrer no monte Nabo ou Nebo.[83]

Sobe ao monte Nebo, e morrerás no monte; porém, não entrarás na terra que aos filhos de Israel dou em possessão.

82   *O Quinto Evangelho*

Ele tinha de obedecer a essa ordem; portanto, foi para a Caxemira. As pessoas acreditaram nele, e sua sepultura é conhecida como o santuário do "Profeta do Livro".[84]

O assentamento judaico

Depois de estabelecidos na Caxemira, os judeus fundaram muitas povoações e cidades, algumas das quais existem até hoje. Por muitos séculos, prosseguiu a imigração, para a região, de grupos judaicos que também continuaram a adotar as religiões locais. No entanto, houve uma época em que os caxemirianos impediram essa infiltração, e só autorizavam a entrar no vale um ou dois judeus por ano.[85]

Dessa forma, não é estranho que muitos nomes de locais encontrados na Torá e na Bíblia também existam na Caxemira. Convidamos você a observar a relação a seguir, que mostra povoações ainda existentes:

Ashma	Ashma
Ashar	Ashew
Astera	Astore
Babal	Babel
Balpor	Balpura
Benatpore	Bandipor
Karan	Karan
Mattan	Mattan
Nabo	Nabo
Dore	Dore
Haroon	Harwan
Pisga	Pis
Uri	Uri
Gólgota	Gilgit

Os judeus conservam hábitos como o culto diário, orações regulares, estudos intensivos e leis alimentares conhecidas como Kashrut. Na sinagoga, insistem em manter separados os homens e as mulheres. Também não permitem o uso de música durante cerimônias religiosas. O mesmo ocorre com os caxemirianos, que são muito rigorosos em relação a estudos intensivos, orações regulares, normas alimentares e separação entre homens e mulheres durante as preces. Nenhuma música instrumental é executada nas reuniões religiosas.

O impacto da imigração judaica

A imigração judaica causou grande influência sobre a língua, os costumes e o comportamento dos caxemirianos. Este livro não tem por objetivo entrar em detalhes sobre as semelhanças entre israelitas e caxemirianos, mas apenas dar uma visão geral do impacto da influência judaica nos próximos parágrafos.

Há muitas palavras do hebraico no idioma falado atualmente na Caxemira. A proporção foi definida como 9% — e essas palavras hebraicas continuam em uso.[86] Os hebreus influenciaram a linguagem da Caxemira durante quase 2 mil anos.[87] As primeiras tribos judaicas a chegarem à região, vindas da Ásia Central, falavam o aramaico e, aos poucos, esta se tornou a língua falada na Caxemira.[88]

O idioma caxemíri

As tribos aborígines que habitaram o vale da Caxemira quando este emergiu das águas desenvolveram a própria língua, que pode ser chamada de caxemíri original. Porém, com a chegada de tribos como os cassitas arianos, o idioma sofreu transformação. Contudo, as pesquisas revelam que as palavras, expressões e os provérbios originais do caxemíri são uma mistura de muitas línguas como o aramaico, o hebraico, o sânscrito e o persa.[89] Os cassitas eram uma etnia dos arianos e seus feitos estão envoltos em mistério. Ouvimos falar deles como os kish do Antigo Testamento. Eles se estabeleceram como governantes da Babilônia em torno de 1780 a.C., e chamaram sua capital de Kish.[90] Fundaram na Pérsia um povoado denominado Kashan. Depois de cruzar as montanhas Hindokush, fundaram Kashgar, na Ásia Central. Ao cruzarem o rio Indo, estabeleceram-se em Kishtawar e na Caxemira. Essas tribos cassitas também foram chamadas de semitas, que migraram para o noroeste da Índia e se fixaram na região. Encontramos vestígios das escritas brahmi e kharosti na Caxemira sob a forma de inscrições, tabuletas de argila e os numerais. Na verdade, esses dois alfabetos derivam do alfabeto aramaico, dominante na Mesopotâmia no século V a.C. Por essa razão, o idioma caxemíri de nossos dias contém 30% de persa, 25% de árabe e 45% de palavras do sânscrito e de outras línguas, inclusive o hebraico.[91]

Da mesma forma, na Caxemira, muitas cerimônias como as de nascimento, casamento e morte são as mesmas que predominam na Palestina. Nas duas nacionalidades, o período de purificação da mulher supera um mês. O costume do casamento levítico é característica comum a judeus e caxemirianos. Em ambos os povos, o luto pelos mortos é fixado em 40 dias. Até mesmo o caixão de defunto tem o mesmo formato. Os judeus sempre orientam suas sepulturas no sentido leste-oeste, e túmulos com essa característica foram encontrados na Caxemira, com inscrições em hebraico.

Os judeus e os caxemirianos compartilham alguns hábitos alimentares, como consumo de peixe defumado e uso de óleo somente para cozinhar.

Lingam: a pedra sagrada

Entre os pandits da Caxemira, a adoração do Lingam, a pedra sagrada, é uma rotina diária. Em todo santuário encontra-se uma pedra sobre a qual diariamente colocam-se flores, incenso, água e óleo. Para os pandits, a pedra é o falo de Shiva, um símbolo da criação. Todo pandit devota grande reverência a certas rochas e pedras colocadas em lugares sagrados. No Antigo Testamento, a pedra recebe muitos nomes, como Jegar, Galeede e Mispa.[92]

Em muitos pontos do Antigo Testamento menciona-se a cerimônia da unção das pedras sagradas, como vemos na seguinte passagem:

> *Tendo-se levantado Jacó, cedo, de madrugada,*
> *Tomou a pedra*
> *Que havia posto por travesseiro*
> *E a erigiu em coluna,*
> *Sobre cujo topo entornou azeite.*[93]

Na antiga Canaã, a religião do povo era o mesmo tipo de politeísmo praticado pelos shivitas da Caxemira. Como em Canaã, toda fonte, lago, monte ou cidade tem seu possuidor divino ou demoníaco. Em ambos os países, esses possuidores são masculinos e femininos. Em Canaã, são conhecidos como Baal ou Baalat, ao passo que na Caxemira são chamados de Deva ou Devi. Os caxemirianos chamam os possuidores demoníacos pelo nome Beru. Na Antiguidade, tanto em Canaã quanto na Caxemira, era comum a adoração do sol e da lua.

Os templos dos dois países tinham imagens esculpidas e estátuas. Também é significativo que todo templo tivesse um pilar de pedra, conhecido como *Mizpah*, em Canaã, e Lingam, na Caxemira. Os pandits da Caxemira continuam a adorar esse pilar de pedra nos dias atuais. Deve-se observar que na Canaã da Antiguidade as manifestações sexuais da vida estavam sob a proteção da deusa Astarte. Em ocasiões festivas, havia música e dança em frente ao altar da deusa, e homens e mulheres participavam de orgias. Na Índia, a deusa Astarte ainda é adorada como Kumari ou Durga. Os indianos acreditam que Shiva e Durga são os promotores da criação e por isso são representados pelos símbolos do Lingam (o falo) e Yoni (a vagina). Entre os kaulas e os shaktas, a adoração de Shiva e Durga é praticada pelo consumo de carne e vinho e por meio de orgias. A magia e a feitiçaria eram comuns tanto em Canaã quanto na Índia. Com o advento dos seguidores do judaísmo, muitas dessas práticas cessaram, mas um ponto significativo é a existência de paralelos entre a Caxemira e a Canaã dos tempos remotos.

A história hebraica registra que, na ausência de Moisés, os filhos de Israel começaram a adorar um bezerro. Entre os indianos, a tradição de venerar a vaca persiste até nossos dias. Depois de ocuparem Canaã, os judeus não conseguiram deixar de adotar algumas das antigas práticas religiosas. Eles cederam a algumas formas de idolatria e criaram imagens para adoração em forma de touro ou serpente.[94] Entre os hinduístas da Índia, em geral, e entre os pandits da Caxemira, é prática comum a adoração do touro e da serpente de Shiva. Enquanto os seguidores do hinduísmo nutrem um fascínio especial pelo Shank, os do judaísmo atribuíram grande importância ao Shofar. Em todas as ocasiões festivas e cerimônias religiosas os hinduístas tocam o Shank, um instrumento de sopro feito de uma concha. Por outro lado, os judeus tocam o Shofar, que é um chifre de carneiro. É prática usual tocar o Shofar todas as manhãs na sinagoga, na hora das orações. Da mesma forma, nos templos da Caxemira toca-se o Shank todas as manhãs na hora da recitação de *Bhajans* ou orações. Tanto os judeus quanto os indianos tocam esses instrumentos no momento mais importante de suas orações. É uma estranha coincidência que ambas as comunidades tenham uma oração especial para a chuva por ser uma bênção sobre a face da Terra.

Entre os hindus, Dewali é o festival das luzes, ao passo que os judeus têm um festival similar conhecido como Chanucá, durante o qual são acesas lamparinas de óleo. Ambos os festivais comemoram vitórias.

No mês de Visakh, os pandits da Caxemira realizam um festival. Esse dia é considerado favorável para beber e comer comidas especiais. Ele ocorre na primeira quinzena de abril e se assemelha ao festival judaico de Pessach, celebrado no início da primavera. Por ocasião do Pessach, os judeus comem um tipo especial de pão.

Devemos mencionar outro festival dos pandits da Caxemira conhecido como Til-Ashtami, observado no oitavo dia do 11º mês lunar do ano. Enquanto se acendem lâmpadas e se derrama arroz sobre elas, o principal sacerdote verte óleo sobre a pedra sagrada, chamada de lingam. Essa cerimônia é semelhante à cerimônia judaica em que o tabernáculo é ungido com óleo.

Jesus na Caxemira

Nas próximas páginas trataremos de informações sobre a vida de Jesus Cristo que mostrarão sua viagem à Caxemira em busca das tribos perdidas de Israel. Não só na Caxemira se acredita que Cristo esteve no vale após ter deixado Jerusalém; em toda a Ásia Central, assim como no Ladakh e no Tibete, há uma crença arraigada de que Jesus viajou por esses países.[95]

Portanto, não é coincidência o fato de existirem nesses países muitas cidades e aldeias com nomes associados ao nome dele. Antes de tudo, é preciso mencionar que, na Caxemira, Jesus é conhecido como Yuzu, Yusu ou Issa. A seguir, temos alguns dos lugares associados a seu nome:

Ishabar, ou o lugar de Isa.
Ishmuqam, ou o sítio de Isa.
Yus midan, ou a terra de Yusu.
Yusmarg, ou o jardim de Yusu.
Yusnag, ou a fonte de Yusu.

Todos esses sítios são visitados pela população local e por turistas que passam pela Caxemira. Podemos ainda mencionar que em hebraico Jesus é chamado Yusu.

As antigas crônicas da Caxemira nos dizem que há dois mil anos vivia ali o famoso santo Isana, capaz de trazer os mortos de volta à vida. Isa significa Cristo, porque assim ele é conhecido no leste. Esse santo Isana salvou da cruz o príncipe de Arias e lhe deu vida. Essa é a mesma história bíblica da crucificação, como registrada na história antiga da Caxemira.

É uma estranha coincidência que Cristo tenha encontrado o rei da Caxemira algum tempo antes de 78. A conversa entre eles é reproduzida em um manuscrito do ano 115.[96]

Pode parecer estranho para os cristãos saber que Jesus Cristo proclamou-se profeta na Caxemira e morreu ali. No entanto, também existe em Khanyar, na cidade de Srinagar, na Caxemira, uma sepultura com uma pedra gravada com a impressão dos pés de Jesus.

Todas essas questões serão tratadas nas próximas páginas. Neste ponto, basta dizer que a pesquisa conduzida até o momento estabeleceu duas visitas de Jesus Cristo à Índia: a primeira, aos 13 anos, e a segunda, como um homem de 40 anos. Reproduzimos a seguir a tradução de um poema em caxemíri encontrado sobre o túmulo de Jesus Cristo:

Eis a Sepultura,
Tão renomada e esclarecedora:
O Santuário do Profeta.
Quem se curvar diante dela
Receberá luz e consolação.
A tradição determina:

Havia um príncipe,
Grande, sábio e piedoso:
Ele recebeu o Reino de Deus;
Era devotado ao Todo-Poderoso,
Foi instruído a se tornar Profeta,
O verdadeiro guia dos devotos.
Aqui está a Sepultura desse Profeta,
Conhecido como Yuzu-Asaph.[97]

CAPÍTULO TRÊS

O filho de Deus

Antes de existir qualquer coisa, havia Cristo com Deus.
São João

ANTES DA PROPAGAÇÃO DO CRISTIANISMO havia na região muitos cultos de mistérios, além do judaísmo. É natural, portanto, esses cultos poderem ser denominados a base do cristianismo. Por outro lado, havia os cultos imperiais, originários do Oriente e que penetraram no Ocidente depois da conquista de Alexandre. Esses cultos de mistérios tiveram origem na Índia, no Irã, na Mesopotâmia, no Egito e na Grécia. Embora tenham afetado o cristianismo de forma limitada, ainda assim não se pode negar que formaram a base do pensamento e da mitologia cristãos. O budismo também começou como um culto iniciático, atribuindo muita ênfase a *mukti*, ou salvação da alma. Daí o uso do termo "salvador" para Jesus Cristo ter origem no pensamento budista.

O mitraísmo do Irã também começou como religião de mistério, e o mesmo aconteceu ao maniqueísmo e ao mandeísmo da Pérsia. Deve-se mencionar que o maniqueísmo foi bastante influenciado pelas doutrinas budistas do *nirvana* e do *pari-nirvana*. Mani, o fundador dessa religião, designou 12 apóstolos, como Jesus Cristo, para propagar suas doutrinas. A influência da mitologia indiana se reflete nos textos dos últimos apóstolos, quando narram acontecimentos sobre a preexistência de Jesus Cristo e sua reencarnação neste planeta.

Preexistência de Jesus Cristo

A crença na preexistência de Cristo significa adesão ao cristianismo. João alude à preexistência dele quando diz:

> No princípio era o Verbo,
> E o Verbo estava com Deus,
> E o Verbo era Deus.
> Ele estava no princípio com Deus.[1]
> E o Verbo se fez carne
> E habitou entre nós,
> Cheio de graça
> E de verdade.[2]

Desses versos depreende-se que Jesus existiu no princípio com Deus. Mais tarde ele se fez carne e habitou entre nós, cheio de graça e de verdade. O sentido ficaria claro se substituíssemos o Verbo por Jesus, desta forma:

> No princípio era Jesus,
> E Jesus estava com Deus,
> E Jesus era Deus.
> Ele estava no princípio com Deus.
> E Jesus se fez carne
> E habitou entre nós,
> Cheio de graça
> E de verdade.

Isso tornaria Jesus Cristo igual a Deus e interconectado a Ele. Ao mesmo tempo, mostraria que Jesus, que era Deus, chegou a esta terra sob a forma de homem e habitou entre nós com graça e verdade. A vida de Jesus neste mundo foi a vida terrena de Deus. Isso significaria, ainda, que Deus encarnou na forma de ser humano. Menciona-se, ainda, que

Jesus desceu do céu e ascendeu a ele. Ele vivia antes com Deus no cosmos, para o qual ascendeu.

> *Se, tratando de coisas terrenas,*
> *Não me credes,*
> *Como crereis,*
> *Se vos falar das celestiais?*
> *Ora, ninguém subiu ao céu*
> *Senão aquele que de lá desceu,*
> *A saber, o Filho do Homem que está no céu.*[3]

Aqui, Jesus nos convida a acreditar em sua ascensão e descida celestial. Não há razão para descrermos dele, porque se trata de uma alegoria espiritual. Antes de sua ascensão, dois homens de trajes brancos disseram:

> *Varões galileus,*
> *Por que estais olhando para as alturas?*
> *Esse Jesus*
> *Que dentre vós foi assunto ao céu*
> *Virá do modo*
> *Como o vistes subir.*[4]

Nessa epístola proclamou-se o advento celeste de Cristo. Ele era Deus, veio a esta terra e partiu: tal é o acontecimento mitológico relatado em Timóteo:

> *Aquele que foi manifestado na carne*
> *Foi justificado em espírito,*
> *Contemplado por anjos,*
> *Pregado entre os gentios,*
> *Crido no mundo,*
> *Recebido na glória.*[5]

A preexistência de Jesus Cristo foi, ainda, asseverada por Pedro quando afirmou que Cristo foi predestinado antes da fundação do mundo, mas tornado manifesto para nós nestes últimos tempos.[6]

Alguns especialistas sugeriram que a teoria da encarnação é uma adição posterior feita pelos apóstolos. Mas a própria lei de preexistência e encarnação foi dada no Evangelho de João, parte antiga e importante da Bíblia Sagrada. A encarnação de deuses e deusas tem sido o dogma básico de praticamente todas as religiões do mundo. Não admira que as doutrinas de preexistência e encarnação de Jesus como Deus também encontrassem seu lugar de direito na mitologia cristã.

Explicação

Os conceitos de Deus encarnado, filho de Deus e Messias encontram raízes na antiga mitologia do Egito. A história registra que, no Egito, os faraós eram considerados seres divinos ou deuses. Tal é também o caso na mitologia indiana. Na Assíria, um rei era considerado filho de Deus. Em Israel, até os anjos eram denominados filhos de Deus, que tinham intercurso com mulheres humanas.[7] No Antigo Testamento, a expressão "Filho de Deus" é usada como título para Abraão, Moisés e outros profetas. Mas nenhum profeta do Antigo Testamento reivindicou para si a posição de Deus ou Deus encarnado. Isso não foi característico só de Jesus. A ideia da encarnação é o pivô da mitologia indiana e é provável que Cristo se houvesse familiarizado com ela em sua primeira viagem à Índia. Ele próprio, em três lugares da Bíblia, afirma que é o filho de Deus.

Nome

Depois de seu advento, Jesus Cristo passou a ser conhecido por vários nomes e títulos:

Deus: Timóteo acredita que Jesus Cristo era Deus, que se manifestou na carne e veio à Terra.[8]

Filho de Deus: O próprio Jesus acreditava ser filho de Deus. Em seu discurso para o rei de Caxemira ele disse que era conhecido como o filho de Deus.[9] Jesus se dirige a Deus como Abba, que significa Pai.[10] Nos Evangelhos, ele menciona Deus como pai inúmeras vezes.

Filho do Homem: Jesus Cristo é chamado o Filho do Homem 19 vezes no Novo Testamento.

Immanuel: Ele é mencionado como Immanuel, termo que se refere ao futuro rei que trará paz e prosperidade ao povo.[11]

Jesus: Esse nome ocorre frequentemente no Novo Testamento. Por vezes, ele é mencionado como Jesus de Nazaré ou Jesus Cristo.

Josué: Um de seus nomes mais antigos era Josué, mas os Evangelhos evitam mencioná-lo por esse nome porque Josué[12] já existe no Antigo Testamento, o que criaria confusão.

Jesus: Em aramaico, Jesus é chamado Jesu.

Yusu: Em todas as traduções do Novo Testamento ao urdu o nome de Jesus é como Yusu.

Yuzu: Em persa, Jesus é chamado Yuzu ou Yuz.

Issa: Em árabe, Jesus é conhecido como Issa.

Iesus: Entre os gregos, ele era conhecido como Iesus.

Cristo: Nos Evangelhos, Jesus é muitas vezes chamado de Cristo. O termo deriva do hebreu *Masiah*, que significa o ungido.[13] O próprio Jesus garantiu que ele era o Cristo.[14]

Senhor: Em sua vida terrena, Jesus também foi referido como o Senhor. Mas ele se ressentia do título honorífico quando perguntou: "Por que me chamais 'Senhor, Senhor', e não fazeis o que vos mando?"[15]

Messias: Jesus também era conhecido como o Messias, pois viajou para o Oriente — e esse termo significa viajante.[16] No Oriente, também significa curandeiro, pois Jesus era capaz de curar os enfermos. No Evangelho de João, esse termo ou título foi usado duas vezes. No período pré-cristão, os judeus esperavam dois Messias: o líder temporal e o líder espiritual, de escalão hierárquico mais ou menos equivalente.

Nazareno: Segundo Mateus, quando Jesus veio habitar na cidade chamada Nazaré, foi chamado o Nazareno.[17] Em consequência disso, os cristãos primitivos eram conhecidos como nazarenos.[18]

É interessante notar que, na língua da Caxemira, os cristãos são chamados nasara ou nasarene, o que equivale a nazareno. Após sua detenção pelo governador romano, Paulo foi acusado de sedição entre todos os judeus e foi chamado de o chefe da seita dos nazarenos. Assim, é evidente que, no final do primeiro século, os cristãos eram chamados de nasarenes ou nazarenos entre os judeus de várias partes do mundo. Talvez tenha sido seu título, o mesmo que *nazir* em árabe, que significa "aquele cuja meta é levar a humanidade para a senda correta". Nessa conotação, Jesus Cristo era certamente um mensageiro de Deus que fez seu advento em Israel. *Nazar* em árabe significa "um sinal" e deriva da palavra do hebraico *netzor*. Por outro lado, com referência a Nazaré, que também significa "a torre de atalaia", é possível que o lugar tenha sido associado a Qumran, que continha muitos monastérios dos essênios.

O uso do nome Jesus é uma invocação de cura, enquanto o nome Josué vem da língua sumeriana.[19] Segundo Mateus, Jesus deve ser chamado de nazareno, pois veio morar em uma cidade chamada Nazaré. Essa cidade existiu na parte central da Palestina, situada entre 32º-40º e 35º-30º.

O nome "Cristo" é uma tradução da palavra grega *Christos*, que significa Messias, ou ungido.

Os manuscritos encontrados em Qumran nos informam que deveria haver dois Messias esperados: o clerical e o monárquico. A descrição é a seguinte:

> *E o sacerdote,*
> *E o ungido,*
> *Virão com eles, pois é o líder*
> *De toda a congregação de Israel.*
> *Então virá*
> *O Messias de Israel,*
> *Perante o qual se sentarão*
> *Os chefes das tribos,*
> *Todos os chefes da congregação,*
> *Os sábios de Israel,*
> *Cada um segundo o próprio lugar na hierarquia.*[20]

O texto indica que o Messias de Israel tem grande prestígio, pois diante dele terão de se sentar os líderes das congregações. É interessante observar que em caxemiriano os cristãos também são chamados kri ou chri. Esse termo pode ter sido aplicado a eles como derivado de Christos ou Kyrios dos gregos e egípcios. Pode significar Senhor ou Deus, termo aplicado aos reis no período antigo de nossa história.

Yuzu-Asaph

Na Caxemira, Jesus é conhecido como Yuzu-Asaph, e também Juzu-Asaph. A palavra Yuz ou Juz representa Yusu e Jesu, e Yuzu-Asaph e Juzu-Asaph representam Josué, o nome original de Jesus. É necessário assinalar que Josué foi um importante profeta e lugar-tenente de Moisés.[21] Asaph (Josué) compôs diversos salmos do Antigo Testamento.[22] No reinado de Akbar, o Grande, famoso imperador mongol da Índia, Jesus Cristo era conhecido como Yuzu Kristo. Em um dos poemas escritos por Faizi, o poeta da corte dos mongóis, Jesus Cristo é referido como:

> *Ai ke nami too; Yuzu Kristo*
> Vós, cujo nome é Jesus Cristo.

A razão pela qual Jesus passou a ser conhecido como Yuzu-Asaph na Caxemira foi explicada em uma de suas histórias antigas. O mulá Nadri escreve:

> *Nas antigas escrituras do hinduísmo descobri que foi Jesus, o Espírito de Deus, quem assumiu o nome de Yuzu-Asaph.*[23]

Igualmente, uma inscrição no interior do templo conhecido popularmente como Takhat-i-Sulaiman, em Srinagar, na Caxemira, contém os seguintes versos:

> *Neste período Yuzu-Asaph proclamou seu ministério; ano 54. Ele é Yusu, o profeta dos filhos de Israel.*

Assim como o nome José representa Yosaf no Oriente, o nome Jesus pode ser transliterado como Yusu. O estudo dos Manuscritos do Mar Morto revela que Asaph ou Ya-Asaph era um nome místico de Jesus Cristo.[24]

Belém

Considerando que Jesus era o filho de Deus, seu local de nascimento tornou-se objeto de polêmica. Mateus e Lucas dizem que ele nasceu em Belém, enquanto Marcos menciona Nazaré como seu local de nascimento.[25] É evidente que a controvérsia foi criada pelos compiladores no Novo Testamento. No período considerado, a região era dividida em três partes, conhecidas como Samaria, Galileia e Judeia. Mateus afirma positivamente que Jesus nasceu em Belém durante o reinado de Herodes.[26] Marcos menciona a Galileia como a terra natal de Jesus, e é significativa sua afirmação de que o profeta só não encontra louvor na própria terra. Lucas aponta Nazaré, uma cidade da Galileia, como o local de residência de Maria quando os anjos enviados por Deus a visitaram.[27] Ele menciona que Jesus nasceu em Belém:

> *Todos iam alistar-se,*
> *Cada um à sua própria cidade.*
> *José também subiu da Galileia,*
> *Da cidade de Nazaré, para a Judeia,*
> *À cidade de Davi, chamada Belém,*
> *A fim de alistar-se com Maria, sua esposa,*
> *Que estava grávida.*
> *Estando eles ali, aconteceu completarem-se-lhe os dias*
> *E ela deu à luz seu filho primogênito,*
> *Enfaixou-o e o deitou numa manjedoura.*

João não se pronuncia sobre a questão, mas dá certas evidências de que Jesus pertencia à Galileia.

> *Dar-se-á o caso de que também tu és da Galileia?*
> *Examina e verás*
> *que da Galileia não se levanta profeta.*
> *Não diz a Escritura*
> *que o Cristo vem da descendência de Davi*
> *e da aldeia de Belém,*
> *donde era Davi?*

*Assim, houve uma dissensão entre o povo
por causa dele.*[28]

Também se falava de Jesus como Jesus da Galileia ou Jesus de Nazaré.[29] A antiga Nazaré não deixou vestígios. Em relação à aldeia moderna, ela está situada mais acima na colina, a 365 metros acima do nível do mar, com seu aglomerado de casinhas de adobe, uma das quais pertencente a José, o carpinteiro.[30] É óbvio que devemos localizar Belém e Nazaré na região.

A Belém conhecida como Nosiriyyah estava situada na Galileia, no vale de Esdrasion. Nazaré também era uma cidade da Galileia, cerca de 11 quilômetros distante de Belém. Portanto, Jesus pertencia efetivamente à Galileia, e é correta a referência a ele como Jesus da Galileia. Também é fato que pertencia a Nazaré, pois seus pais viviam lá, e nessa condição é correta a referência a Jesus de Nazaré.

Jesus nasceu em Belém, distante da cidade onde viveu. Embora se considere discutível seu local de nascimento, parece desnecessário fazer disso uma questão relevante. Tudo nos leva a crer justificadamente que os copistas dos Evangelhos não viam ali uma querela, e não se pode questionar a sinceridade de seus propósitos.

José e Maria

Mateus e Lucas forneceram duas genealogias de Jesus e elas contêm algumas discrepâncias, além de alguns equívocos. A genealogia de Jesus foi dividida por Mateus em três segmentos de 14 nomes cada um. Ele não só omitiu alguns outros nomes mencionados no Antigo Testamento, como ainda cometeu um erro grave na última divisão, em que menciona apenas 13 nomes, de Jeoiaquim a Jesus. Evidentemente, deve-se censurá-lo por essa séria omissão. Assim, Mateus dá um total de 41, em vez de 42 gerações. No entanto, ele é bastante franco ao declarar José como legítimo pai de Jesus, no ponto em que menciona os nomes de Cristo em sua terceira divisão, dizendo:

*E de Jacó nasceu José, marido de Maria, de quem nasceu Jesus, que é
chamado Cristo.*

98   *O Quinto Evangelho*

Deve-se ponderar a razão pela qual Jesus pode ter se acreditado Filho de Deus, e com que autoridade, se Mateus menciona o nome dele como emergindo da terceira divisão da genealogia. Mas, se tal for o caso, então o número de gerações seria reduzido a apenas 12, pois uma geração já fora esquecida por esse apóstolo.[31]

Deve-se observar que Lucas também fala de Jesus como o filho de José.[32] Ao mesmo tempo, ele também fala de Adão como Filho de Deus. Quando Mateus e Lucas declaram José o marido de Maria e o pai de Jesus, é difícil conciliar essa afirmativa com a teoria do nascimento virginal. Esse problema será retomado mais adiante, depois de completada nossa visão da genealogia de Jesus Cristo.

A tradição de compilar genealogias entre os judeus da Palestina era muito comum naquela época. Essas compilações podiam ser genuínas ou fictícias, mas ambas atendiam a um propósito. Tendo em vista o costume mencionado, ao analisar a genealogia de Jesus chegamos à conclusão de que as genealogias do Evangelho não foram compiladas com base na descendência biológica, mas sim em atenção aos requisitos das profecias mitológicas. É por essa razão que os dois apóstolos, pouco depois da menção de José como pai de Jesus, apresentam o assunto da concepção virginal.

A genealogia preparada por Lucas procede em ordem ascendente, remontando de Jesus a Adão, e contém 77 nomes. Ademais, Lucas faz de Deus o ancestral de Jesus. Assim, Mateus e Lucas prepararam, pelo visto, genealogias divergentes. Mas também é certo que os dois apóstolos tentaram estabelecer a linhagem davídica de Jesus Cristo.

Enquanto a linhagem de José foi rastreada pelos Evangelhos, nenhuma informação exaustiva está disponível sobre Maria. Ela era filha de Joaquim com a mulher deste, Hannah.[33] Sua prima Isabel era casada com Zacharias. Ela pertencia à família de Aarão.[34] Zacarias era um alto sacerdote que vivia distante de qualquer das cidades principais da Galileia. Foi por insistência dele que José se casou com Maria e, do templo, a levou para a própria casa. Jesus nasceu de Maria quando esta contava 14 anos.[35] Surgiu, então, uma polêmica, em que se alegava que Maria se casara durante a preparação do véu do templo e, portanto, não deveria ter qualquer relação carnal com o marido.

Diz a tradição que Jesus nasceu na família de José, que trabalhava como carpinteiro em Nazaré. Maria, mãe de Jesus, havia sido prometida a José, e acredita-se que Jesus nasceu de uma virgem. Trata-se de fato histórico os ancestrais de Jesus terem vindo da Assíria, terra de origem da religião zoroastrista. Abraão e os profetas posteriores, inclusive Moisés, teriam erguido o judaísmo sobre a base dessa religião primitiva. Os essênios também teriam construído sua filosofia sobre formas primitivas dos rituais zoroástricos. Portanto, José e Maria tinham no sangue esses ingredientes primitivos.

Nascido de uma virgem

A questão do nascimento virginal passou à discussão pública, causando constrangimentos e dúvidas. O questionamento não vem apenas de não cristãos, mas também de cristãos autênticos, e alguns classificaram como absurdo e inacreditável o nascimento virginal. Essa questão também perturbou Lucas, que relata a seguinte história:

Havia um sacerdote judeu, Zacarias, cuja mulher, Isabel, também pertencia ao clero. Eles não tinham filhos. Um dia, quando Zacarias estava queimando incenso dentro do santuário, um anjo veio lhe dizer que a esposa teria um filho. Ele continuou no templo por alguns dias, e depois voltou para casa. Não tardou que sua mulher engravidasse. No mês seguinte, Deus enviou o anjo a outra virgem, noiva de um homem chamado José.

> *E, entrando o anjo onde ela estava, disse:*
> *Alegra-te, muito favorecida!*
> *O Senhor é contigo:*
> *Bendita sejas entre as mulheres.*[36]

Pouco habituada a semelhantes abordagens, Maria ficou perturbada com as palavras, imaginando o que poderia significar aquela saudação do anjo. Quando resolveu sair, o anjo, que queria que ela ficasse, lhe disse:

Maria, não temas;
Porque achaste graça.
Eis que conceberás
E darás à luz um filho,
A quem chamarás pelo nome
De Jesus.[37]

Para tranquilizá-la, o anjo disse ainda:

Este será grande!
E será chamado Filho do Altíssimo;
Deus, o Senhor, lhe dará o trono
De Davi, seu pai:
Ele reinará para sempre
Sobre a casa de Jacó,
E seu reinado não terá fim.[38]

Agora, Maria estava plenamente influenciada pelo anjo, mas, por ser inocente, manifestou surpresa ante a ideia de que poderia ter um filho, pois era virgem. Mas o anjo, que a essa altura a havia dominado, disse:

Descerá sobre ti o Espírito Santo,
E o poder do Altíssimo
Envolver-te-á com sua sombra.[39]

Lucas fala em termos alegóricos ao descrever o encontro inteiro que o anjo teve com Maria: "a essa altura a havia dominado" e "lançado uma sombra" sobre ela. Agora, o anjo acalmou-a dizendo:

O ente santo
Que há de nascer de ti
Será chamado Filho de Deus.

Após o contato com o anjo, Maria talvez tenha ficado aflita sem saber de que modo poderia convencer seus pais — mas o anjo lhe garantiu que daquela mesma forma a prima dela, Isabel, havia concebido um fi-

O filho de Deus 101

lho em idade madura e que estava com 6 meses de gravidez. Em consequência, Maria declarou que, por ser uma serva do Senhor, estava disposta a fazer o que o anjo quisesse.[40]

Dias depois, Maria foi para a casa onde vivia Isabel. Ao ouvir o cumprimento de Maria, o bebê de Isabel saltou dentro do ventre, e a mãe exclamou em voz alta:

> *Bendita és tu entre as mulheres,*
> *E bendito o fruto do teu ventre!*[41]

Maria permaneceu na casa de Zacarias por três meses. Durante esse período, Isabel a tranquilizava, dizendo:

> *Porque serão cumpridas as palavras*
> *Que lhe foram ditas da parte do Senhor.*

Casamento

Os compiladores dos Evangelhos, por motivos óbvios, estão interessados, principalmente, no Cristo crucificado e, dessa forma, oferecem pouca informação sobre José, Maria e o casamento deles. Portanto, temos de procurar a informação requerida em outras obras que a Igreja Católica descartou como "textos não originais". A árvore genealógica de José traçada por Mateus mostra que ele pertencia à família de Davi. Igualmente, um pouco de informação sobre a genealogia de Maria é trazida em Lucas. Seu verdadeiro nome era Míriam ou Mari. Seu nascimento, também miraculoso, é mencionado como segue:

Joaquim e sua mulher, Ana, viviam em Nazaré. Não tinham filhos, o que os entristecia. O Evangelho de Tiago, também conhecido como o protoevangelho *Jacobi*, oferece a seguinte informação sobre o nascimento de Maria.

Rubem, o sacerdote, disse a Joaquim que este não estava qualificado a apresentar oferendas no templo porque não dera prole a Israel. Joaquim, aflito, informou à sua mulher, que ao ser lembrada de sua condição infértil, se lamentou.

Ai de mim,
Com que eu pareço?
Não sou como os pássaros no céu,
Pois os pássaros do céu
São fecundos perante vós,
Ó Senhor.

Naquele momento, um anjo desceu do céu e disse que ela seria abençoada com um filho. Ana prometeu ao anjo que, se fosse abençoada com um filho, levá-lo-ia a servir no templo, como oferenda a Deus.

Assim, devido à vontade divina, Ana deu à luz uma filha, que foi chamada Míriam. Quando a menina tinha 3 anos, foi levada ao templo e confiada ao sacerdote Zacarias. Ela permaneceu no templo até os 12 anos, quando o anjo enviado por Deus a visitou. Ela discutiu a questão com Isabel, que a felicitou, dizendo que Deus a havia favorecido. Agora Zacarias, em conformidade com o costume judeu, convocou os homens solteiros da comunidade e declarou:

Que cada um traga um cajado,
E aquele a quem o Senhor assinalar,
Sua esposa ela será.[42]
E José deixou de lado o enxó
E correu a encontrar os arautos,
E quando se reuniram,
Foram procurar o sumo sacerdote,
Os cajados foram lançados
Na fonte ao lado do templo.
Quando o cajado de José emergiu,
Uma pomba desceu voando
E pousou ao lado dele.

Assim, conforme ordenou Deus, Maria foi selecionada para esposa de José por um sinal divino. Por ser um homem de princípios austeros, José queria romper o compromisso.[43] Mas ele foi acusado de incontinência e questionado por que razão se esquecera do Senhor.

> *E José se encheu de pranto,*
> *E o sacerdote declarou:*
> *Eu te darei a beber*
> *A água da convicção do Senhor:*
> *E ela fará manifestos teus pecados*
> *Diante de teus olhos.*[44]

O sacerdote fez José beber a água benta e o mandou para as montanhas. Mas ele voltou inteiro porque o pecado não apareceu nele. Por isso, não foi condenado, e sim solicitado a levar Maria para sua casa. Então, ele levou Maria para a casa dele em júbilo, glorificando o Senhor de Israel.[45]

Paulo, o principal expositor do dogma cristão, fala da descida de Jesus da seguinte forma:

> *Jesus Cristo, nosso Senhor,*
> *o qual, segundo a carne,*
> *veio da descendência de Davi.*[46]
> *Deus enviou seu Filho,*
> *nascido de mulher,*
> *nascido sob a lei.*[47]

Com relação ao nascimento de Jesus, Paulo faz as seguintes observações:

a) Jesus foi feito segundo a carne.
b) Jesus nasceu de uma mulher.
c) Jesus nasceu sob a lei.

As observações de Paulo mencionadas tornam-se claras se consultarmos o que diz Jesus sobre o divórcio. Quando os fariseus vieram inquiri-lo sobre a lei, ele respondeu:

> *Desde o princípio da criação,*
> *Deus os fez homem e mulher.*
> *Por isso, deixará o homem a seu pai e mãe*

E unir-se-á à sua mulher
E serão os dois uma só carne
De modo que já não são dois,
Mas uma só carne.[48]

A afirmativa de que Jesus nasceu sob a lei e segundo a carne atesta a concepção de Jesus na forma natural, ou seja, pela coabitação de homem e mulher; e, no caso de Jesus, não podiam ser outras pessoas senão José e Maria.

O filho de Deus

Segundo a lei, a relação conjugal entre um homem e uma mulher é estabelecida por ocasião do noivado. Também se sabe que a coabitação no período do noivado ao casamento não era proibida, e eles podiam ter relações íntimas logo após a cerimônia inicial. A festa de casamento podia ser realizada mais tarde. A única condição que podia ser defendida por ambos era que, por ocasião do noivado, o noivo estava obrigado a pagar "indenização" ao pai da noiva. Tão logo se realizava o pagamento, a transação do casamento estava completa e o marido tinha plenos poderes sobre a mulher. Segundo a tradição leiga, o noivo tinha o privilégio e a obrigação de coabitar com a esposa tão logo concluído o contrato de noivado.[49]

A teoria mitológica do nascimento virginal proposta pelos apóstolos Mateus e Lucas não encontra corroboração nos Evangelhos de Marcos e João. Tampouco encontramos qualquer referência a ela nas epístolas. Desse modo pode-se argumentar que com "nascimento virginal" os compiladores dos Evangelhos quiseram dizer "nascimento miraculoso", sem qualquer sofrimento físico para a mãe. Era o nascimento divino, porque Deus queria encarnar por intermédio da pessoa de Jesus. Assim, segundo entendemos, nunca deve ser tomada no sentido literal a versão de que o anjo de Deus tenha vindo a Maria. No máximo, foi uma espécie de sonho ou uma ilusão que ela teve por ocasião de sua visita a Isabel.

Também é fato que a concepção do nascimento divino foi muito popular durante o século II e, para satisfazer o ego dos crentes, certas

O *filho de Deus* 105

inserções e alterações foram feitas nos Evangelhos. O resultado prático foi aumentar ainda mais a confusão.

A versão dos essênios

Os essênios tinham uma versão diferente sobre o nascimento de Jesus. A passagem a seguir explica o ponto de vista deles:

> *Vou contar a vocês sobre a linhagem desse homem, que amava todos os homens, e pelo qual sentimos a mais elevada estima, para que possam ter pleno conhecimento dele. Desde a infância, foi educado por nossa irmandade. De fato, ele foi vaticinado por um essênio que a mulher confundiu com um anjo. Essa mulher era dada a muitas fantasias, investigando o sobrenatural e os mistérios da vida, e sentia profundo interesse e prazer por coisas que não conseguia explicar. Nosso irmão admitiu para nós sua participação nessas coisas, e convenceu a Irmandade a secretamente buscar e proteger a criança. E José, que era um homem de grande experiência na vida, e de profunda devoção para com a verdade imortal, foi influenciado por intermédio de um mensageiro de nossa Ordem a não abandonar a mulher, nem perturbar sua fé na sacralidade de sua experiência, e a ser um pai para a criança até nossa Irmandade admiti-lo como noviço.*[50]

A passagem aponta para o advento de Jesus por intermédio de rituais místicos observados pelos praticantes de tantra. Em vários tratados dos tantras indianos, Shakti e Shakta realizam o sagrado *Mythuna*, que pode ser denominado o coito celestial. A versão anterior cria a impressão de que Jesus era filho de um essênio que Maria julgou ser um anjo. Se essa versão for correta, então podemos supor que o sumo sacerdote da Ordem visitou Maria, e José foi persuadido a ser o pai da criança por alguns anos. Isso estabelece uma forte conexão entre os essênios e Jesus.

Quando José descobriu que sua noiva já estava grávida, quis abandoná-la. Porém, ele foi influenciado por um mensageiro especial do chefe dos essênios a não abandoná-la, nem perturbar sua fé.

Como José era dedicado aos essênios, concordou em ser o pai da criança até ser aceito na Ordem como noviço. Isso significa, então, que

106 *O Quinto Evangelho*

Jesus foi protegido pela Ordem dos Essênios durante a vida inteira e também na ocasião da crucificação. Essa questão será discutida em capítulos posteriores.

Segundo a tradição cristã, Jesus teria sido concebido de maneira singular, em que foi contornado o processo natural de fertilização. Um anjo desceu do céu à terra e colocou a palavra de Deus na vulva de Maria. O resultado prático é que, de Maria, nasceu um bebê resultante dessa união divina. Assim, Jesus foi designado como o filho de Deus. Esse termo era só uma metáfora, mas depois assumiu sentido real. No passado, os judeus haviam se considerado os filhos de Jeová, e todos os seres humanos eram chamados filhos de Deus. Também é significativo notar que, no judaísmo, a designação o filho de Deus também era usada para os anjos, que costumavam praticar coito com as mulheres humanas.

> *E aconteceu quando os homens começaram a se multiplicar sobre a terra e suas filhas nasceram, e os filhos de Deus, ao verem que as filhas dos homens eram formosas, fizeram delas suas esposas.*[51]

No Antigo Testamento, um pai terreno foi eliminado no caso de Isaac. A ideia da concepção virginal também está contida nas Escrituras.[52] Não eram só os anjos que visitavam as virgens nesta terra, mas o próprio Deus visitou Sara em sua solidão. "Visitou o Senhor a Sara, como lhe dissera, e cumpriu o que lhe havia prometido."[53]

Noé também nasceu da mesma forma miraculosa. O Gênesis apócrifo descoberto entre os Manuscritos do Mar Morto informa que, quando a esposa de Lameque foi fecundada por um anjo, ele expressou desconfiança e declarou que ela lhe havia sido infiel.[54] Mas ela o repudiou, dizendo que o anjo sagrado a havia tomado.

A maior dificuldade surge quando descobrimos que Marcos não menciona o nascimento virginal. É estranho que João também silencie sobre a questão. Ademais, Paulo não relata essa história. Pelo visto, na época deles, não existia a convicção ou eles não acreditavam no nascimento de uma criança sem os três elementos exigidos para a criação: o homem, a mulher e a energia criadora. Em Marcos, só uma vez Jesus é apresentado como o

Filho de Davi.[55] Mas Jesus certamente chamava a Deus seu pai. Em um estágio posterior de sua vida, quando o rei da Caxemira lhe indagou quanto à sua linhagem, Jesus replicou que era conhecido como o filho de Deus.[56]

A ordem cronológica dos Evangelhos é dada como segue:

Marcos 65-70
Mateus   85
Lucas   90-95
João   110[57]

No entanto, as fontes mais antigas são as Epístolas de Paulo, pois ele foi um dos contemporâneos de Jesus. Por que ele silenciou sobre o tema? Paulo nasceu em Tarso e foi educado sob Gamaliel. Depois de sua conversão em Damasco, foi para Jerusalém e encontrou Pedro e Tiago, os irmãos de Jesus. Para ele, seria possível estar informado sobre o nascimento virginal de Jesus. Segundo Paulo, Cristo nasceu em uma família judaica, sob a lei, e tinha irmãos.[58] É significativo que Marcos, o primeiro apóstolo, e João, o quarto, também não façam menção alguma ao nascimento virginal. Esse tópico jamais surgiu para discussão nas Epístolas, o que motiva a seguinte pergunta: quem inventou a história do nascimento virginal, e por quê?

Alguém tentou resolver o enigma afirmando que Deus baixou do altíssimo céu e se tornou um homem na pessoa de Jesus Cristo. Se optamos por acreditar na encarnação de Deus, como acreditam os hinduístas, então, não haveria necessidade de Deus ser concebido no útero de Maria, pois ele viria diretamente à Terra sem qualquer ajuda de uma mulher. Entre os judeus, o rei era saudado como o filho de Deus:

Eu lhe serei por pai,
E ele me será por filho.[59]

No entanto, entre os egípcios, o rei era realmente um deus; os assírios acreditavam que o rei era o filho de Deus. Também foi interpretado que Jesus era filho de Deus no sentido espiritual, e não no sentido literal da expressão. Esse título lhe foi conferido após o batismo, quando foi indicado para desempenhar um papel importante, como profeta de Deus. Dessa for-

108 *O Quinto Evangelho*

ma o nascimento de Jesus por intermédio de uma virgem expressou a origem transcendental dele.[60] Isso finalmente nos leva à Suméria, situada na extremidade dos rios Tigre e Eufrates, a qual desenvolveu uma rica civilização por volta do ano 4000 a.C. Acredita-se que o Jardim do Éden estava situado ali, e a região era considerada a Terra de Deus.[61]

Mitologia sumeriana

Alguns dos mitos sumerianos nos falam de deuses que desceram à Terra, fecundaram as mulheres e depois voltaram para as estrelas. O deus do ar, Enlil, impregnou a donzela terrestre, Meslamtaea, com o sêmen divino.[62]

Posteriormente, os sumerianos estabeleceram sua hegemonia sobre os acádios e elamitas e influenciaram a vida cultural de todas as bacias fluviais até o nordeste da Palestina.

Os arqueólogos já descobriram na região um nível muito elevado de civilização sumeriana, sob a forma de arquitetura clássica, textos literários, tábuas de argila e selos cilíndricos. Alguns dos selos foram interpretados de modo a provar que o código genético dos seres humanos foi aperfeiçoado por esses visitantes extraterrestres.

Talvez tivéssemos solucionado o mistério do nascimento virginal de Jesus se, em 400 a.C., os censores de Roma não tivessem destruído os manuscritos existentes dos cultos misteriosos. Depois de alguns séculos, os compiladores cristãos jogaram fora os outros manuscritos e produziram o atual Novo Testamento. Consequentemente, o Livro de Enoque foi rejeitado como profano. Ele nos diz os nomes dos anjos que se acasalaram com as virgens da terra.

Cronologia

Como Jesus teria nascido em condições sobrenaturais, sua data de nascimento criou muita confusão. Para entender sua missão, os estudiosos tentaram descobrir a cronologia de sua vida. Conforme sustentamos logo no início, o advento de Jesus foi um ato de Deus e deve ser posto no mesmo patamar da criação deste planeta. Se acreditarmos que Jesus era o Verbo divino, então também devemos acreditar que ele existiu antes da criação deste universo. É por essa exata razão que João fala do Verbo que estava com Deus.

No princípio era o Verbo,
E o Verbo estava com Deus,
E o Verbo era Deus.
Ele estava no princípio com Deus.[63]

Além disso, sobre o advento de Jesus Cristo, ele afirma:

E o Verbo se fez carne
E habitou entre nós,
Cheio de graça
E de verdade.

Pela mesma razão, Lucas cita Deus como ancestral de Jesus.[64] Apesar das pesquisas, ainda não atingimos um estágio em que pudéssemos reunir informações sobre o Jesus dos tempos pré-históricos do qual se fala em antigas mitologias. Não temos opção senão continuar nossa pesquisa sobre a vida e a missão do filho de Deus que nasceu na Palestina e é conhecido como Jesus de Nazaré, assim como analisar esse próprio Jesus no quadro referencial de textos históricos.

Tanto Lucas quanto Mateus datam o nascimento de Jesus no período em que reinou Herodes, o rei da Judeia, cujo governo durou de 39 a.C. a 4 a.C. Lucas oferece mais uma indicação:

Quando Quirino era governador da Síria,
José também subiu para a cidade de Belém,
A fim de alistar-se com Maria, sua esposa.
Estando eles ali,
Ela deu à luz o seu filho primogênito.[65]

Cirênio, mais conhecido como Quirino, foi para a Síria como legado no ano 6; mas, por meio de uma inscrição romana descoberta na Antioquia, sabemos que ele também foi para aquele país em missão militar em 7 a.C., sob as ordens de Augusto.[66] Segundo Lucas, o senso mencionado se realizou aproximadamente no ano em que Jesus nasceu. Portanto, temos de datar o nascimento de Jesus Cristo por volta de 7 a.C.

110 *O Quinto Evangelho*

Os cristãos celebram o Natal entre 24 e 25 de dezembro, pois acreditam que Jesus nasceu no dia 25 de dezembro do ano 0. Essa data foi fixada arbitrariamente pelo monge cita Dionísio Exiguus, no ano 533. Como ele não era um bom matemático, esqueceu-se de inserir o ano zero entre o ano 1 a.C. e 1. Historicamente, os romanos costumavam celebrar no dia 25 de dezembro de cada ano o nascimento de Mitra, ao qual reverenciavam como o Salvador da humanidade. Também denominavam aquele dia *Dies Natalis Invicti*, o aniversário do invicto. Tratava-se de um importante festival romano que foi encampado pelos primeiros cristãos para ser o aniversário de Jesus Cristo.[67]

O Natal

É preciso admitir que Jesus Cristo não nasceu no dia 25 de dezembro, já que os Evangelhos não mencionam nem essa nem qualquer outra data. Assim, tornou-se muito difícil nossa tarefa de fixação da data de seu advento a este mundo. Também se deve mencionar que, segundo os romanos, o sol nasceu no dia 25 de dezembro. O Talmude previu que o Messias vindouro nasceria sob o signo de Peixes, cuja constelação zodiacal também é conhecida como Peixes e ocorre no meio do mês de junho. Não se pode negar que o advento de Jesus Cristo havia sido previsto em antigas Escrituras, e estava sendo aguardado ansiosamente pelos judeus. Segundo Lucas, Jesus nasceu na estação em que "os pastores moram no campo e montam guarda aos rebanhos à noite". Registros feitos por meteorologistas mostram que durante o mês de dezembro a Palestina está sujeita às geadas, e os rebanhos só são levados ao pasto entre os meses de maio e novembro.[68]

Deve-se ter em mente que o advento de Cristo a este mundo ocorreu em condições anormais e sobrenaturais. Maria teria sido fecundada no mês de dezembro e ele teria nascido em junho, depois de um intervalo de sete meses. Observe-se que o cálculo dos meses de junho a dezembro ou de dezembro a junho resulta em sete. O aparecimento da Estrela dos Magos tem sua origem no número 17, e, desse modo, o advento de Jesus Cristo pode ser fixado no dia 17 de junho do ano 7 a.C. Naquela época, deve-se notar que, além da Estrela dos Magos, duas outras estrelas, notadamente a Estrela de Hórus e a Estrela de Belém, estão conectadas com o advento de Jesus Cristo. A Estrela de Hórus também é conhecida como a Estrela dos Três Reis, que guiou os sábios orientais a localizarem o deus menino recém-nascido. A Estrela de Belém foi o terceiro cometa que apareceu em 6 ou 7 a.C.

Cometas, estrelas e raios flamejantes não só impressionaram os seres humanos, como ainda têm significado especial para astrólogos e astrônomos. Seu aparecimento tem sido associado a importantes ocorrências no mundo, registradas em obras de astrônomos indianos, egípcios, gregos, tibetanos e chineses. Se a posição das estrelas for calculada de forma retroativa com a mesma precisão, é possível localizar exatamente o momento da aparição ou a conjunção de várias estrelas, conhecidas e desconhecidas. Vieram à luz as observações registradas por antigos astrônomos chineses, que falam da aparição de cometas e conjunções das estrelas conhecidas.

Os magos do Oriente tinham visto uma estrela e receberam um sinal sobre o nascimento de seu Buda encarnado. Durante séculos a informação oferecida por Mateus sobre essa estrela extraordinária atraiu a atenção dos astrônomos. Johannes Kepler foi o primeiro a observar, em 1603, uma conjunção de Saturno e Júpiter na constelação de Peixes. Feitos os cálculos astronômicos, ele registrou o mesmo acontecimento no ano 6 a.C. e, assim, datou o nascimento de Jesus no ano 7 a.C. Mas cabe ao especialista alemão Schnabel o crédito pela descoberta de uma anotação sobre a posição dos planetas na constelação de Peixes que estabelece o ano como 7 a.C. Além disso, descobriu-se que essa conjunção estelar ocorreu três vezes em determinado ano. Foi vista na Palestina no dia 29 de maio do ano 7a.C.[69] Essa estrela é designada como cometa Halley, que sempre volta a aparecer depois de um intervalo de 76 anos, e foi visto pela última vez em 1986.

A visita dos magos

Mateus associa o nascimento de Jesus à visita a Jerusalém dos sábios vindos do Oriente. Pela primeira vez estabelece-se uma conexão entre Jesus e o Oriente, conexão que teve efeitos de longo alcance na vida dele.

112 *O Quinto Evangelho*

Isso será examinado nas páginas seguintes, mas, neste momento, vamos retornar a Mateus:

> *Tendo Jesus nascido em dias do rei Herodes,*
> *Eis que vieram uns magos*
> *Do Oriente a Jerusalém.*
> *E perguntavam:*
> *Onde está o recém-nascido rei dos judeus?*
> *Porque vimos sua estrela no Oriente*
> *E viemos para adorá-lo.*[70]

Quando Herodes ouviu esse relato, ficou perturbado. O anúncio do nascimento de um rei colocava sua soberania em risco. Ele reuniu todo o alto clero e exigiu dos sacerdotes saber o nome do lugar em que o futuro redentor poderia ter nascido. Então, mandou chamar os magos do Oriente e os instruiu a buscar pela criança e informá-lo a seu respeito.

Depois dessa entrevista, os magos partiram novamente e, quando viram a estrela parada em cima de Belém, tiveram uma alegria sem limites. Ao entrar na casa em que se encontravam o bebê e sua mãe, os magos se prostraram diante da criança, a quem reverenciaram. Então, abriram seus tesouros e lhe deram ouro, incenso e mirra. Mas eles voltaram para as próprias terras; não atravessaram Jerusalém para informar a Herodes. Aqueles astrólogos do Oriente foram chamados os magos do Oriente.

Quem eram aqueles sábios que depois de venerar a criança partiram para os próprios países por outros caminhos? Alguns eruditos expressaram objeção com respeito aos magos e à estrela. Alguns chegaram até a negar a existência dessas pessoas, conhecidas como contempladores da lua ou das estrelas. A arqueologia provou que havia indivíduos que eram observadores da lua ou das estrelas. Muitas relíquias de tabuinhas e outras antiguidades gravadas por eles foram desenterradas no Oriente. Tabuinhas de argila mostrando as luas, o sol e as estrelas foram encontradas na Caxemira, na Suméria, na Ásia Central e na China. Desse modo, entendemos ser indubitável a existência dos Magos. Os japoneses são observadores dos astros e sentem prazer especial em observar a lua e as estrelas durante horas. É interessante notar que os magos foram mencionados no *Bhavishya-maha-purana*, um manuscrito caxemiriano do século II. Os magos como seita proeminente existiram na China, na Ásia Central, na Caxemira, no Irã e na Suméria, em épocas pré-históricas. As tabuletas de argila com motivos lunares localizadas em Harwan, na Caxemira, estão preservadas no Museu Governamental, em Srinagar. A migração de uma estrela do leste para oeste foi questionada. Será que os magos só viajaram durante a noite, quando as estrelas estão visíveis? Essas perguntas são irrelevantes, o que se explica nos parágrafos seguintes.

> *Onde está o recém-nascido rei dos judeus?*
> *Porque vimos a sua estrela no Oriente*
> *E viemos para adorá-lo.*[71]

O texto mostra que os Magos do Oriente vieram em busca do recém-nascido, pois tinham visto a estrela dele no céu.

> *Ao entrarem na casa,*
> *Viram o menino com Maria, sua mãe.*
> *Prostrando-se, eles o adoraram;*
> *E, abrindo seus tesouros,*
> *Entregaram-lhe suas ofertas:*
> *Ouro, incenso*
> *E mirra.*[72]

Essas palavras evidenciariam que os sábios do Oriente eram hinduístas ou budistas, que veneravam Jesus como seu *avatar*, ou deus. Em segundo lugar, eles lhe fizeram oferendas, segundo o próprio costume.

> *Sendo por divina advertência prevenidos em sonho*
> *Para não voltarem à presença de Herodes,*
> *Regressaram por outro caminho*
> *À sua terra natal.*[73]

114 *O Quinto Evangelho*

É significativo que esses magos mantivessem segredo e voltassem para seus países por outros caminhos. Naturalmente, durante os dias de Herodes, existiam muitas ligações de comunicação entre o Oriente e o Ocidente. E essas pessoas tinham vindo de um país distante.

Deve-se recordar que, muito antes do advento do cristianismo, o budismo já havia penetrado no Irã, na Síria, no Jordão e no Egito. Eles tinham juntado pequenos grupos de adeptos nessas regiões e construído pequenos mosteiros, conhecidos como *navviharas*, ou as novas *viharas*. Esses lugares vieram a ser conhecidos depois como *nav-bahars*. Também é fato histórico que uma missão budista do Oriente foi bem-recebida na Corte de Ptolomeu Filadelfo, em algum momento do século III a.C.[74]

A afirmativa anterior revela claramente que muito antes do nascimento de Jesus Cristo os budistas da Índia viviam na região. Desde seu advento, o budismo começou a influenciar o Oriente e o Ocidente. Ele não só se tornou popular no Oriente, como começou sua marcha triunfante em direção ao Ocidente, por intermédio de Alexandre, o Grande, que havia conquistado uma vasta região do globo que se estendia da Grécia ao Punjabe. Após a morte dele, o budismo penetrou na região, pouco a pouco. Durante o reinado de Ashoka, o Afeganistão inteiro, o Baluquistão e o sul do Iraque foram convertidos ao budismo. O zelo missionário dos monges budistas levou a religião deles até Alexandria, cobrindo o Irã, a Mesopotâmia e a Judeia. Achados arqueológicos da civilização budista foram localizados em vários lugares da região.

O futuro Buda

A veneração dos *devas* e dos *bodhisatvas* é a cerimônia religiosa favorita de hinduístas e budistas. Os *devas* ou *devatas* são equivalentes aos deuses ou aos deuses encarnados, ao passo que o termo *bodhisatva* representa os futuros Budas. Eles acreditam na encarnação de deuses e no advento de futuros Budas ou iluminados. No mundo inteiro os hinduístas são renomados pela proficiência de sua astrologia, desde tempos ancestrais, e seus astrólogos são capazes de predizer o futuro. Os budistas aguardam o futuro Buda, pelo qual sempre estão buscando.

O *filho de Deus* 115

Os budistas do Tibete e de Ladakh empregam o tantra na busca de futuros budas. Com essa finalidade, seus sacerdotes realizam um estudo detalhado dos signos cósmicos. A sucessão do lama encarnado é uma questão complicada, e um remanescente da crença na transmigração das almas. Por vezes, após o falecimento do lama, um grupo especial de sacerdotes sai em busca do recém-nascido, em todas as direções. A criança deve ser examinada em minúcias. Objetos pessoais do falecido lama, como incenso, água benta e uma xícara, são colocados diante do bebê, juntamente com presentes. Esses artigos são misturados a outros, e se o bebê tocar os pertences do falecido, os sacerdotes declaram-no, então, a reencarnação do lama, e lhe rendem homenagem. Essas ocasiões auspiciosas são muito festejadas. Na busca ao Buda encarnado, os sacerdotes recorrem à consulta de obras de astrologia e também à ciência oculta dos números.

Segundo a mitologia budista, quando morre um lama, sua alma é infundida em outro bebê, e essa encarnação é perpetuada involuntariamente, por intermédio da força do carma. A posição do bebê encarnado é muito elevada, sagrada e respeitada.[75] Ele é denominado Bodisatva ou o futuro Buda.

Isso esclareceria amplamente a hipótese de que os budistas já tivessem estudado as estrelas e se inteirado do nascimento de Jesus, e que tivessem vindo de terras longínquas do Oriente para venerá-lo. Ao ver o bebê, prostraram-se diante dele e o adoraram como budistas. Também lhe ofereceram presentes e outros artigos, como ouro, incenso e mirra.[76] Depois de haverem estabelecido a identidade da criança como futuro Buda, eles voltaram por outra rota aos próprios países. Conforme o costume dos lamas budistas, eles retornariam e levariam a criança para ser venerada. Agora é possível reconstruir as lacunas na vida de Cristo. Basta dizer que depois de Jesus retornar do Egito, os magos voltaram e levaram-no para a Índia, de onde, passados muitos anos, ele retornou e proclamou seu ministério na Palestina. Mais adiante discutiremos extensamente esse tópico.

A versão budista

É interessante divulgar a versão budista em relação ao nascimento de Jesus Cristo. A seguir a citamos:

Naquela época, chegou o momento em que o Juiz todo-misericordioso elegeu tornar-se encarnado em um ser humano. E o Espírito eterno, permanecendo no estado de completa inação e de suprema beatitude, despertou e se destacou do Ser Eterno por um período indefinido, para mostrar, sob o disfarce da humanidade, os meios de autoidentificação com a divindade e de obtenção da eterna felicidade. E para demonstrar, por meio do exemplo, como os homens podem atingir a pureza moral, e, pela separação de sua alma de sua espiral mortal, os graus de perfeição necessários à entrada no reino do céu, que é imutável, e onde reina eternamente a felicidade. Pouco depois, uma criança maravilhosa nasceu na terra de Israel, o próprio Deus falando pela boca dessa criança sobre a fragilidade do corpo e a grandeza da alma. A criança divina começou, desde os primeiros anos, a falar sobre o Deus único e indivisível, exortando as almas dos extraviados ao arrependimento e à purificação dos pecados de que eram capazes. Veio gente de todas as partes para ouvi-lo, e todos se maravilhavam com as palavras saídas de sua boca infantil. Todos os israelitas concordavam em que o Espírito Eterno habitava naquela criança.[77]

Protegido pela Ordem dos Essênios

Durante a vida de Moisés surgiu, entre seus seguidores que alegavam amar e venerar a Deus em pureza de coração, uma ordem distinta. Eles acreditavam que a alma era imortal e que, neste mundo, nada acontecia sem a vontade de Deus. Viviam no deserto e aspiravam levar uma vida reta e honesta. Eram extremamente respeitados pelo povo, pois mostravam grande carinho pelas crianças, às quais davam grande valor, e ensinavam diversos tipos de conhecimento e ciências, moral e religião. Após o nascimento, Jesus foi posto sob a proteção da Ordem dos Essênios por um membro daquela seita. Foram eles que deram proteção a José e Maria.[78]

No templo

A cerimônia de circuncisão de Jesus foi realizada oito dias após seu nascimento. Expirados os dias de purificação, seus pais foram ao templo em Jerusalém. Também levaram a criança ao templo, onde Simeão, o sacerdote, ao vê-lo, declarou-o o Messias prometido. Diante da surpresa dos pais, Simeão os abençoou e disse:

> *Eis que este menino*
> *Está destinado tanto para ruína*
> *Como para levantamento de muitos em Israel;*
> *E para ser alvo de contradição*
> *Também uma espada traspassará*
> *A tua própria alma;*
> *Para que se manifestem*
> *Os pensamentos de muitos corações.*[79]

Naquele instante, Ana, uma profetisa, entrou no recinto e também deu graças, por causa da criança.

O Massacre

Jesus nasceu em uma época na qual o fervor messiânico estava em ascensão. A terra em que ele nasceu havia sido subjugada pelos romanos, dos quais os judeus queriam se livrar. Eles acreditavam que Deus podia intervir em seu favor, e delegaram ao Messias a salvação deles.

> *Em sua extrema aflição,*
> *O povo se lembrou de seu grande Deus;*
> *Eles imploraram sua graça*
> *E rogaram a Ele que os perdoasse;*
> *E nosso pai, em sua inesgotável misericórdia,*
> *Escutou-lhes as preces.*[80]

Os judeus haviam aguardado ansiosamente o nascimento do Messias prometido, e viviam de profecias. Muitos adivinhos haviam declarado que o prometido "santíssimo" governaria o povo de Israel e que seria o rei dos judeus. Naturalmente, os governantes ansiavam por encontrar a criança e matá-la.

Esse era o contexto no momento em que Jesus nasceu. A profecia alegava que o próximo rei dos judeus nasceria em Belém. Herodes man-

118 *O Quinto Evangelho*

dou espiões a cada casa, e tentou, de todas as maneiras, encontrar a criança miraculosa.

José teve um sonho perturbador sobre seu filho ser levado à Corte de Herodes. Sentindo-se muito alarmado, partiu para o Egito durante a noite.[81] Na época, Jesus mal havia completado 2 anos. Herodes se sentiu insultado e, em sua ira, ordenou a matança de todas as crianças de 2 anos. Isso resultou no assassinato em massa de crianças inocentes. Foi um dia de grande luto para os pais cujos filhos haviam sido massacrados. Eles choraram e lamentaram, e alguns fugiram para outras terras. Naquela época, muitos membros da Ordem dos Essênios viviam na fronteira com o Egito, e um deles deu guarida a José e Maria durante a fuga.[82]

A fuga para o Egito

Os Evangelhos não oferecem informação sobre a estada da Sagrada Família no Egito. Entretanto, registros apócrifos apontam inúmeros lugares onde Jesus permaneceu com seus pais no Egito. Segundo antigas tradições dos coptas, eles se hospedaram nos mosteiros Wadi-el-Natrun, Mataria e Al Moharrak.[83] Na Idade Média, o jardim de Mataria era famoso por suas frutas e flores, que não eram encontradas em nenhum outro lugar do Egito. Esse jardim também era conhecido como "Jardim Herbário".[84] Nesses mosteiros viviam membros da Ordem dos Essênios que, segundo Filo de Alexandria, totalizavam 4 mil almas.[85] Eles levavam vida simples de místicos, pesquisavam as virtudes curativas das ervas, raízes e pedras.[86] A aldeia de Mataria se situa na margem direita do Nilo e foi ali que a Sagrada Família conseguiu refúgio, sob a proteção dos essênios. No presente, há no Jardim Herbário a Igreja da Sagrada Família, que também tem a figueira de tronco oco. Segundo uma lenda dos coptas, Jesus e seus pais se esconderam no oco do tronco para se salvar dos perseguidores. A informação fornecida pelos essênios sobre a permanência da Sagrada Família é reproduzida a seguir:

Como já assinalado, durante a fuga para o Egito, José, Maria e Jesus foram protegidos e guiados pelos essênios. Primeiro, foram conduzidos como hóspedes para sua moradia perto das encostas do monte, onde os romanos haviam construído um templo dedicado a Júpiter. Por terem sido apresentados às congregações dos essênios, eles aprenderam sua forma de venerar e também a cerimônia de comer o pão consagrado e beber o vinho sagrado. Na ocasião da apresentação, José foi colocado no semicírculo de homens à direita, e Maria, entre as mulheres, à esquerda. Todos eles comeram do pão, beberam do vinho sagrado e entoaram os hinos santos. Aqui, pela primeira vez, depois da cerimônia, José renunciou para sempre a qualquer direito sobre Jesus. Depois disso, ele foi introduzido aos sinais secretos da Ordem, por meio dos quais ele podia fazer conhecer pelos outros membros em suas viagens. Agora, José e Maria se misturavam livremente com os membros da Ordem em vários assentamentos. O casal instruiu Jesus em conhecimento e sabedoria. Os mais velhos entre os essênios amavam-no e protegiam-no, e ele se tornou bem-versado nas Escrituras. Quando na Galileia o perigo dos romanos se acabou, José foi para Nazaré e de lá voltou a Jerusalém.[87]

O retorno do Egito

Herodes morreu em 4 a.C. e Arquelau subiu ao poder como o próximo rei dos judeus. José resolveu voltar a seu local de nascimento, com sua mulher e Jesus. A essa altura Jesus era alfabetizado, instruído e versado na profissão do pai. Por ter aprendido o ofício paterno, ele era capaz de fabricar ferramentas de madeira para a agricultura.[88]

Era costume visitar Jerusalém todos os anos, em companhia dos pais. Dessa forma, ao retornarem do Egito, a primeira coisa que eles fizeram foi uma peregrinação ao templo sagrado de Jerusalém. Jesus se maravilhou em participar da Festa da Páscoa e em conhecer os rituais realizados pelos sacerdotes. Maduro em sabedoria e conhecimento, ele se absorveu nas discussões religiosas e também estudou os escribas.

Os essênios

Em uma casa de Alexandria que pertenceu aos essênios, foi encontrado um pergaminho antigo com detalhes sobre a crucificação de Jesus Cristo. Esse documento apareceu, inicialmente, nos Estados Unidos em 1873, sob o título de *Testemunha ocular*.

Desde então, tem havido muito interesse pelos essênios, o que nos permite saber mais sobre eles. Josefo descreveu a seita como uma irman-

120 *O Quinto Evangelho*

dade secreta que se opunha aos fariseus e aos saduceus. Realizavam seus encontros longe das cidades, em seus monastérios, conhecidos como as casas brancas. Usavam roupas brancas e se interessavam pelas propriedades curativas de ervas e pedras. Um ramo deles, conhecido como os Terapeutas, vivia em comunidades mistas, mas observava o celibato. Os monges e as freiras dessa ordem viviam separados, mas se encontravam a cada sete semanas depois da ceia e cantavam hinos e dançavam até o dia raiar.[89] Outro ramo era conhecido como os Elquesaítas ou adoradores do sol, que viviam principalmente nas margens orientais do mar Morto.[90]

Flávio Josefo menciona as três seitas de fariseus, saduceus e essênios que viviam no Egito, na Síria e na Palestina nos tempos antigos. Ele chama aos essênios "a mais perfeita de todas as seitas da Palestina". Os membros dessa Ordem adotaram os ensinamentos de não violência e desfrutavam de alta reputação moral entre os judeus. Eram vegetarianos e não acreditavam no sacrifício de animais vivos. Todos esses fatos nos levam a acreditar que os essênios eram os budistas da raça ocidental, que mantinham segredo sobre sua identidade. A história registra que pouco depois do advento de Alexandre, o Grande, em solo indiano, os missionários budistas fizeram sua aparição no Egito.[91] Também somos informados de que uma parcela dos essênios era conhecida como os Terapeutas. Sabemos que 200 anos após a morte de Buda ocorreu a primeira grande cisão entre os budistas, e eles se dividiram em duas seitas: os Teravada e os Sarvastivada.[92]

Tanto Eusébio quanto Allegro falam sobre as duas divisões entre os essênios e os nomeiam como os Terapeutas e os Elquesaítas, que podem ser identificados com os *teravadins* e os *sarvastivadins* entre os budistas.

Afirmamos anteriormente que, em sua longa permanência no Egito, a Sagrada Família ficou sob a proteção dos essênios. Jesus foi criado como uma criança normal entre as moitas balsâmicas do Jardim Herbário em Mataria. Além de receber muito amor de seus pais refugiados, também teve o carinho e a atenção dos essênios. Os "santos", como eram chamados, se dedicavam ao estudo, à contemplação e à meditação. Durante seus anos de formação, Jesus lhes seguiu o exemplo. Ele lia e refletia sobre a sagrada literatura e as práticas místicas daquelas pessoas. Ele se encantava com os festivais judeus da Páscoa, de Pentecostes e do tabernáculo.

O filho de Deus 121

A única história que Lucas relata sobre Jesus é que, aos 12 anos, ele ficou tão perdido em seus pensamentos que não conseguiu imaginar a angústia de seus pais.[93] Antes de prosseguirmos no exame dessa história do Evangelho precisamos recordar que Jesus gostava muito de ler os Salmos de Davi e as palavras mordazes de Salomão. Quando completou 17 anos, havia estudado por inteiro as Escrituras e fixado cada palavra na memória.[94]

Jesus perdido e achado

A única narrativa dos anos intermediários é dada por Lucas, quando este nos conta como Jesus foi perdido e achado pelos pais. Ele diz:

> *Quando ele atingiu os 12 anos,*
> *Subiram a Jerusalém,*
> *Segundo o costume da festa.*
> *Terminados os dias da festa,*
> *Ao regressarem,*
> *Permaneceu o menino Jesus*
> *Em Jerusalém,*
> *Que seus pais o soubessem.*
> *Pensando, porém, estar ele entre os companheiros de viagem,*
> *Seguiram caminho por um dia*
> *E, então, passaram a procurá-lo*
> *Entre os parentes e os conhecidos;*
> *E, não o tendo encontrado,*
> *Voltaram a Jerusalém,*
> *À sua procura.*
> *Três dias depois,*
> *Eles o acharam no templo,*
> *Assentado no meio dos doutores,*
> *Ouvindo-os e interrogando-os.[95]*

Os versículos acima mostram que Jesus foi perdido pelos pais aos 12 anos. A partir dessa época e até os 29 anos de idade não há informação disponível na Bíblia sobre ele. Onde passou esses 17 anos de sua vida é um mistério que ainda precisa ser solucionado.

Jesus protegido

Os essênios deram uma versão diferente do incidente do templo, transcrita a seguir:

> Quando Jesus conversava com os escribas a respeito de coisas sagradas, suas doutrinas ofendiam profundamente os fariseus em Jerusalém. Sabiam que ele era da Galileia, e lhe votavam o mesmo desprezo votado a todo o povo da Galileia. Quando a criança divina havia falado publicamente no templo, os essênios ficaram apreensivos sobre os perigos que ameaçavam o menino. Sabiam que os fariseus, secretamente, estavam decididos a expulsá-lo da sinagoga dos Soferim. E assim foi que Jesus ficou separado dos pais na grande cidade, que, àquela altura, estava cheia de gente vinda de todo o país por causa da Páscoa. Por fim, no quarto dia, Jesus foi novamente encontrado pelos pais, segundo informação dada pelos essênios.[96]

Ocorrências posteriores

José e Maria voltaram a Nazaré com os outros filhos. Estavam perturbados, mas Jesus dissera a eles que não estava interessado na profissão de carpinteiro e que, em vez disso, gostaria de adotar a profissão de sacerdote e servir a Deus.[97] O trecho citado anteriormente revela que aos 12 anos Jesus estava plenamente versado nas Escrituras, das quais sabia algumas de cor. Onde ele havia aprendido tudo aquilo? A resposta, conforme sugerido antes, é que seus pais tinham vivido com ele no Egito, onde o garoto fora instruído por professores essênios. Mais adiante é provável que tivesse estudado em Qumran, onde os centros de aprendizagem dos essênios já estavam abertos aos adeptos. Trata-se de um fato histórico que ele era hostil aos fariseus. Mas por quê? Isso pode relacioná-lo aos essênios.

Como os fariseus, os essênios seguiam meticulosamente a lei mosaica, o sabá, a pureza ritual. Eles também professavam a crença na punição divina para a imoralidade e os pecados. Mas, de forma diferente dos fariseus, os essênios negavam a ressurreição do corpo e se recusavam a participar da vida pública. Com raras exceções, evitavam a veneração no templo, satisfeitos em levar uma vida ascética de trabalho manual em reclusão. O dia inteiro do sabá era reservado a preces e meditação sobre

O filho de Deus 123

a Torá. Os qualificados para serem membros da Ordem eram instados a jurar devoção a Deus, justiça para os homens, ódio à falsidade, amor à verdade e obediência fiel a todos os outros princípios da seita.[98]

Jesus passou a maior parte do tempo em Jerusalém, que dista menos de 32 quilômetros de Qumran. De vez em quando, ele visitava os ascetas dali, com os quais discutia questões filosóficas. Josefo registra que, na infância, Jesus era notado por sua erudição e quando tinha apenas 14 anos era frequentemente consultado pelos sumos sacerdotes e doutores de Jerusalém. De toda parte vinha gente para ouvi-lo, e os ouvintes se maravilhavam com as palavras saídas de sua boca infantil.[99] É certo que ele foi levado pelos essênios quando ainda flexível e capaz de aprender, e deles recebeu formação em tradicionais Escrituras do judaísmo. Os essênios odiavam o jugo romano e, no intuito de fornecer apoio moral ao [próprio] movimento, treinaram um grupo de predicadores, dentre os quais João, que vaticinou com frequência:

> *Eu, na verdade, vos batizo com água,*
> *Mas vem o que é mais poderoso do que eu,*
> *Do qual não sou digno*
> *De desatar-lhe as correias das sandálias;*
> *Ele vos batizará com o Espírito Santo.*

Eles o haviam preparado para o estabelecimento do reinado messiânico.

Os Evangelhos não se pronunciam sobre a vida de Cristo que precedeu seu ministério.

Iniciação

Os essênios disseram a Jesus que avisasse José de que havia chegado o momento de cumprir o voto feito no Egito: o de renunciar a seu direito sobre Jesus. Quando voltou para casa, Jesus contou tudo a José. No momento combinado, à noite, eles viram elevar-se da montanha o sinal de fogo. Imediatamente, dirigiram-se para lá, onde foram recebidos pelos mensageiros dos essênios, vestidos de túnicas brancas. Jesus permaneceu com os essênios durante um ano, período no qual foi iniciado na Ordem. Na primeira cerimônia, mostraram a ele como entrar na assembleia, cujos participantes se sentavam em quatro grupos separados. Enquanto fazia o primeiro voto, todos colocaram a mão direita sobre o peito, com a mão esquerda pendendo ao lado do corpo. Aquilo significava que só os puros de coração veriam o que é sagrado. Ele, então, jurou indiferença aos tesouros da Terra, ao poder e à fama do mundo, e concordou em manter segredo.

Após o juramento, foi levado a uma caverna solitária, onde deveria permanecer por três dias e três noites. Findo o prazo, vestiram-no com uma túnica branca, e em seguida o instruíram em relação às provações e disciplinas pelas quais teria de passar. Depois de um ano, decorrido o período de provas e autoexame, realizou-se a cerimônia final. Conduzido à câmara secreta de veneração, ele foi admitido à Ordem na qualidade de membro. Agora estava livre para sair pelo mundo pregando ou realizando curas.[100]

José e Jesus

O Novo Testamento nos informa sobre as duas pessoas que levavam o mesmo nome de José; uma é José de Arimateia e a outra, José, o marido de Maria.

A genealogia de José é dada a seguir:

> *Abraão gerou a Isaac;*
> *Isaac, a Jacó;*
> *Jessé gerou ao rei Davi;*
> *E o rei Davi, a Salomão;*
> *Azor gerou a Sadoque;*
> *Sadoque, a Aquim;*
> *Matã, a Jacó,*
> *E Jacó gerou a José,*
> *O marido de Maria.*[101]

José era carpinteiro de profissão, e trabalhava em Jerusalém.[102] Noivo de Maria, ele havia prometido tomá-la por esposa no devido tempo. Segundo Mateus, ela estava prometida a José, que a desposou quando já tinha concebido Jesus.[103] José, então, se casou com Maria e, depois de algum tempo, levou-a para sua casa. Quando descobriu que ela estava grávida, pensou em expulsá-la. Em seguida, o anjo do Senhor lhe apareceu em sonho, dizendo:

> *Não temas receber Maria, tua mulher,*
> *Porque o que nela foi gerado é do Espírito Santo.[104]*

Depois de ter-se casado com José, Maria deu à luz outros filhos, que foram considerados irmãos e irmãs de Jesus.[105]

O povo de Nazaré considerava irmãos de Jesus os seguintes:

> *Tiago*
> *José*
> *Judas*
> *Simão.[106]*

Os Evangelhos só mencionam os irmãos de Jesus, sem dar os nomes de suas irmãs, às quais aludem assim:

> *E não vivem aqui entre nós suas irmãs?[107]*

Ademais, é preciso assinalar que Jesus tinha um irmão gêmeo, Judas Tomé, que também é chamado Dídimo.[108]

Segundo o Evangelho, José fugiu para o Egito com sua mulher e Jesus. Depois da morte de Herodes, um anjo se aproximou de José em sonho e lhe recomendou levar a criança e a mãe para a terra de Israel.[109] Por conseguinte, ele retornou a Nazaré junto com Maria e Jesus. A partir desse estágio, José não é mais mencionado, de forma significativa, em parte alguma. Também é relevante que ele nunca menciona Jesus como seu filho, e Maria só o descreve como o pai de Jesus.[110] Não se pode negar que Jesus nunca se dirige a ele como seu pai.

Só na morte de José menciona-se que Jesus teria feito a seguinte lamentação:

> *Nem um só membro dele será quebrado,*
> *Nem um só cabelo de tua cabeça será mudado,*
> *Nada de teu corpo irá perecer:*
> *Ó, meu pai José![111]*

Outro dado importante não pode ser ignorado: afirmou-se anteriormente que também pode haver a suposição de que Jesus fosse, na realidade, filho de um essênio, e que devesse ser entregue à ordem aos 12 anos. Quando ele visitou Jerusalém com os pais, o sacerdote essênio o reconheceu, e Jesus ficou com seu pai verdadeiro no templo. Quando sua mãe lhe disse:

> Filho,
> Por que fizeste assim conosco?
> Teu pai e eu, aflitos,
> Estamos à tua procura.

ele respondeu:

> *Por que me procuráveis?*
> *Não sabíeis que me cumpria estar na casa de meu Pai?*
> *Não compreenderam, porém,*
> *As palavras que lhes dissera.*
> *Sua mãe, porém, guardava todas*
> *Estas coisas no coração.[112]*

Os versículos anteriores podem ser explicados desta forma: Jesus teria encontrado seu verdadeiro pai terreno. Quando a mãe lhe disse que ela e seu pai estavam buscando por ele, Jesus estranhou que o estivessem procurando; será que não queriam que fizesse o trabalho de seu verdadeiro pai? Quando Jesus lhes falou assim, eles não o entenderam. Ninguém entendeu, exceto a mãe, que manteve em segredo o significado de suas palavras. Ou seja, que ele não deveria fazer o trabalho de um carpinteiro, que era a profissão de José: Jesus tinha de ser pregador.

Diário de viagem

Um dos episódios mais importantes e interessantes da vida de Jesus Cristo é o relato de sua sede de viajar. Por que ele abandonou a casa dos pais depois da Páscoa? Foi o espírito de aventura que o moveu a sair de Jerusalém? Ou será que ele foi procurar os monges budistas? Jesus já sabia que os magos do Oriente tinham vindo à sua procura quando ele era um bebê. Dessa forma, não admira que sentisse no coração o anseio de se mudar de um lugar para outro.

O fato histórico é que, no período considerado, os membros da Sangha, ou Ordem, budista tinham partido em atividades missionárias para locais tão distantes quanto Alexandria. Também é fato estabelecido que os essênios haviam travado contato direto com os adoradores do sol no Irã e na Ásia Central. Jesus havia sido membro da Ordem dos Essênios, e já tinha entrado em contato com místicos e monges da região ocidental da Ásia. À luz desses fatos, deveríamos tentar encontrar os detalhes de suas viagens iniciais aos países vizinhos. Infelizmente, não dispomos de material suficiente para reconstruir a história completa.

Jesus cresceu e se fortaleceu em espírito, cheio de sabedoria, e a graça de Deus estava sobre ele.[113] Quando contava 13 anos, muitos ricos e nobres desejaram tê-lo como genro.[114] Seus pais costumavam visitar Jerusalém todo ano, na festa da Páscoa. Quando já haviam cumprido os dias, voltaram, mas Jesus permaneceu em Jerusalém. Os pais andaram um dia inteiro procurando-o entre parentes e conhecidos, mas não conseguiram encontrá-lo.[115]

Depois de mencionar esse incidente, os Evangelhos se calam sobre a vida de Jesus, até ele ter completado 29 anos. O que lhe aconteceu por quase 17 anos ficou envolto em mistério. Para poder completar a história de vida dele temos de buscar informação em outras fontes. Na antiga edição da Bíblia, Lucas afirma:

> O menino crescia
> E se fortalecia em espírito.
> E viveu nos desertos até o dia
> Em que havia de manifestar-se a Israel.

128   *O Quinto Evangelho*

Mas a nova edição da Bíblia faz Lucas dizer:

Crescia o menino
E se fortalecia,
Enchendo-se de sabedoria;
E a graça de Deus estava sobre ele.

Está claro que a frase: "E viveu nos desertos até o dia em que havia de manifestar-se a Israel" foi transformada em: "Enchendo-se de sabedoria; e a graça de Deus estava sobre ele." A afirmativa de que Jesus esteve no deserto até retornar indica claramente que ele deixou o país naquela época.

Jesus na Índia

Jesus secretamente deixou seus pais e, junto com mercadores de Jerusalém, dirigiu-se à Índia, "para aperfeiçoar-se na palavra divina". Ele passou de lugar em lugar e viveu em paz com as pessoas da casta inferior. Quando as pessoas da casta elevada queriam ensinar a ele, Jesus se recusava a lhes ouvir os discursos. Ele acreditava que aqueles "que privavam seus irmãos das bênçãos comuns deveriam ser, eles próprios, espoliados delas". Jesus foi para as montanhas do Himalaia, e quando tinha 29 anos, voltou a Israel.[116] Essa informação sobre sua estada temporária na Índia consta dos manuscritos tibetanos encontrados em 1925 por Nicolas Roerich.

Outro importante texto oriental nos dá a idade exata de Jesus quando viajou pela primeira vez em direção ao Oriente. Nele se lê:

Jesus tinha 13 anos quando partiu para os países orientais.[117]

Parece-nos que Jesus viajou duas vezes entre a Índia e a Palestina, antes e depois da crucificação. No Evangelho dos Hebreus, somos informados de que ele foi à Assíria, e daquele país prosseguiu ao país dos caldeus e daí para a Índia. Nesses países, realizou muitos milagres.[118] Na época, a Assíria se encontrava sob a casa real de Adiabene, e seu rei, Ezad, havia estendido a própria influência desde Nisibis até Kharax, no golfo Pérsico. Josefo fixa a data de sua ascensão ao trono de Adiabene em 36. Ele foi, portanto, contemporâneo de Jesus. Também se deve mencionar que tanto Ezad como sua mãe, Helena, foram enterrados em Jerusalém. Ora, naquela época, a rota comercial para a Índia passava na Babilônia para Kharax, que era um ponto de encontro de mercadores do Extremo Oriente. É provável que Jesus, após sua partida de Jerusalém, tenha chegado a Damasco, de onde começava a rota para a Babilônia, e depois tenha seguido para Kharax, na confluência dos rios Tigre e Eufrates. No Hino da Alma, dos Atos de Tomé, o príncipe declara que passou pela Babilônia à esquerda e chegou a Mesene, um local de encontro de mercadores orientais situado à beira-mar.[119] Parece-nos que Jesus também seguiu essa mesma rota em sua primeira viagem à Índia.

Segundo lendas indianas, a raça judaica teve origem na Índia há muitos séculos. Depois de partir da Índia, eles migraram em direção ao Ocidente. A extraordinária persistência da raça judaica como a raça eleita pode ter sido sua base no sistema indiano de castas. Assim como os brâmanes indianos se consideram superiores a outras castas, os judeus também se consideram o povo eleito. Os judeus indianos da atualidade também não se misturam com outros povos — e a ação pode ser sua lembrança subconsciente do sistema de castas no país de origem. Essa lenda converge com a lenda de que Jesus também veio visitar a Índia depois que se perdeu no templo, por volta dos 13 anos. Embora ele permanecesse em cada lugar por um período muito curto, ainda assim aprendeu sobre a teoria hinduísta da reencarnação e, depois de voltar a seu país natal, afirmou que era filho de Deus. O sutra conhecido como *Natha Namavali* também afirma que Jesus, chamado de Isha Natha, chegou à Índia aos 14 anos, e que depois de muita concentração entendeu que Shiva era um grande deus.[120]

A volta de Jesus

Jesus tinha 29 anos quando chegou à terra de Israel. Durante sua ausência os pagãos haviam submetido os israelitas a sofrimentos atrozes, deixando-os desesperados.[121] Para entender a condição em que se encontravam, precisamos voltar ao ano 63 a.C., quando terminou abruptamente a independência espiritual e política de Israel. Foi o ano em que entrou na Palestina com seu exército.[122] O general romano Pompeu assolou Jerusalém e invadiu o templo, sendo recebido pelos fariseus como um libertador. Porém, mais tarde, todos se desiludiram e houve uma série de revoltas frustradas. Em 37 a.C. os romanos colocaram no trono Herodes de Idumea, que foi um tirano, mas embelezou o templo e construiu muitos edifícios magníficos. A última parte de seu reinado foi tumultuada pela deslealdade da família. Como os conflitos continuaram mesmo após sua morte, os romanos adotaram a prática de colocar governadores militares.[123]

Durante o período, os judeus ficaram divididos em muitas seitas, como os fariseus, os saduceus e os essênios. Seus sacerdotes os mantinham em uma febril expectativa do Messias, capaz de restaurar o poder político do povo. Foi nessa época que o profeta João começou a pregar no deserto de Judas, dizendo:

> *Arrependei-vos,*
> *Porque está próximo o reino dos céus.*
> *Porque este é o referido*
> *Por intermédio do profeta Isaías:*
> *Preparai o caminho do Senhor.*[124]

O nascimento de João

Pouco se sabe sobre João Batista, exceto que era filho de um sacerdote chamado Zacarias, e que nascera de Isabel de forma miraculosa. Isabel, já sabemos, era prima de Maria, e ambas eram confidentes uma da outra. Zacarias havia sido informado pelo anjo:

> *Zacarias, não temas,*
> *Porque tua oração foi ouvida;*
> *E Isabel, tua mulher, te dará à luz um filho,*
> *A quem darás o nome de João.*
> *Em ti haverá prazer e alegria,*
> *E muitos se regozijarão com seu nascimento.*
> *Pois ele será grande diante do Senhor,*
> *E será cheio do Espírito Santo,*
> *Já do ventre materno.*

Por ser de idade avançada, Zacarias matutava como Isabel poderia conceber. Mas o anjo lhe garantiu ter sido enviado por Deus para falar com ele, que deveria manter a conversa em segredo.[125]

Os filhos de Deus

Conforme a vontade de Deus, o mesmo anjo fecundou Maria durante a permanência desta na casa de Zacarias, na cidade de Judá. Ele também informou a ela que sua prima Isabel havia concebido, daquela mesma forma, um filho, em sua idade provecta, e que já tinha seis meses de gravidez. Consequentemente, Maria foi ao encontro de Isabel, que a saudou dizendo:

Bendita és tu entre as mulheres,
E bendito o fruto do teu ventre![126]

Instada por Isabel, Maria ficou na casa de Zacarias por três meses, e depois se casou com José. É possível estabelecer, portanto, as seguintes semelhanças entre Jesus e João:

a) As mães os conceberam por vontade divina.
b) O Espírito Santo se apossou de Isabel e de Maria.
c) O poder do Altíssimo pairou sobre as duas.

Obviamente, tanto Jesus como João foram filhos de Deus, e ambos tinham de cumprir a missão que lhes designara a vontade divina.

Educação

Desde o primeiro dia de seu advento neste planeta, João rendeu graças a Deus e todos se maravilharam. Ele cresceu aos cuidados de Isabel e Zacarias, o qual, por ser sacerdote, proporcionou ao filho uma boa educação. Como este deveria seguir a profissão de clérigo, recebeu dos pais o treinamento nas cerimônias do templo, e Zacarias lhe ensinou as Escrituras. João também entrou em contato com um grupo de santos conhecidos como essênios, que também lhe ensinaram suas Escrituras. Juntamente com Jesus, João foi admitido na Ordem dos Essênios nos primeiros anos da juventude, em Jutha, nas proximidades do castelo de Masada.[127] Com o passar do tempo, ele se tornou uma pessoa devota, inteligente e destinada a cumprir uma missão.

Ele cresceu e se fortaleceu em espírito, e viveu nos desertos até o dia em que começou a pregar.[128] .

Profecia

Zacarias profetizou que, na pessoa de João, o Senhor Deus havia criado um redentor para o povo de Israel, para que pudesse ser salvo de seus inimigos.

Dirigindo-se à criança, ele disse:

> *Tu, menino,*
> *Serás chamado*
> *Profeta do Altíssimo,*
> *Porque precederás o Senhor,*
> *Preparando-lhe os caminhos.*[129]

O povo tinha plena expectativa de que o Messias viesse a qualquer instante, e seu advento seria precedido pelo profeta Elias. Dessa forma, todos acreditavam sinceramente que Elias havia chegado na pessoa de João.

A pregação de Elias

As palavras "viveu nos desertos" podem ser interpretadas como João ter procurado santos para sua orientação espiritual. Os santos não podiam ser outros senão os essênios, que haviam estabelecido pequenas colônias no deserto, com seu quartel-general nas cavernas de Qumran. Foi durante esse período que a palavra de Deus se apoderou de João e ele começou sua missão, a partir da Jordânia. Ele pregou o batismo de arrependimento para a remissão dos pecados.[130] Pregou nos desertos, dizendo:

> *Arrependei-vos,*
> *Porque está próximo*
> *O reino dos céus.*[131]

O profeta João pregou entre o povo, os publicanos e os soldados. Ao povo pediu que cada um compartilhasse seus pertences, dizendo que aquele que tivesse duas túnicas repartisse com quem não tinha sequer uma. Dos publicanos desejou que não cobrassem mais que o estipulado. Aos soldados disse que não cometessem violência contra ninguém, não fizessem falsas acusações a ninguém e se contentassem com seus soldos.[132]

O texto mencionado revela que João, o profeta, insistia no arrependimento de todos, superiores ou inferiores, em nome de Deus. Ele avisava que, caso se negassem a obedecer, a ira divina certamente viria. Também lhes disse que o fato de serem filhos de Abraão não lhes garantia a salvação. O povo precisava se redimir e lavar seus pecados por meio do batismo. Ele declarou:

> *Eu, na verdade, vos batizo com água,*
> *Mas vem o que é mais poderoso do que eu;*
> *Ele vos batizará com o Espírito Santo*
> *E com fogo.*[133]

Viagem ao Jordão

Jesus estava consciente das atividades de João, e de seu clamor nos desertos, de que ele havia preparado o caminho para o Senhor. Ele também tinha ouvido falar das grandes multidões que acorriam para ouvir João, quando este declarava que alguém mais poderoso que ele era esperado a qualquer instante. Agora, quando todo o povo estava batizado, o próprio Jesus foi procurar João para se batizar.

Quando João avistou Jesus vindo em sua direção, proclamou à multidão:

> *Eis o Cordeiro*
> *De Deus,*
> *Que tira o pecado do mundo!*
> *É este a favor*

De quem eu disse:
Após mim vem um varão que tem a primazia,
Porque já existia antes de mim.
Eu mesmo não o conhecia,
Mas, a fim de que ele fosse
Manifestado a Israel,
Vim, por isso, batizando com água.[134]

Quando Jesus emergiu das águas, o Espírito Santo desceu sobre ele como uma pomba, e do céu partiu uma voz:

Tu és o meu Filho amado,
em ti me comprazo.[135]

Não poderia haver necessidade de batismo para o Filho de Deus. Já que ele viera para ser um modelo aos filhos do homem, o batismo era um símbolo de depuração da alma.[136] Jesus estava muito ocupado com a reflexão espiritual; ele precisava de tempo para meditação.

O teste místico

Agora Jesus tinha de ser submetido a um teste místico no deserto, durante 40 dias, um período simbólico. No Oriente, os místicos passam por esses testes, que incluem meditação e recitativos por um período de 40 dias, após o qual o devoto atinge completo poder espiritual. Durante esse período ele é obrigado a combater as tentações. Ora, quando o Espírito de Deus pairou sobre ele, Jesus jejuou por 40 dias, e conseguiu evitar as tentações. Como consequência, os anjos vieram a seu encontro e ministraram sobre ele.[137] Jesus ia com frequência ao vale do Qumran, no mar Morto, e visitava os mosteiros e também os santuários dos essênios. Tanto estes quanto os budistas demonstravam extraordinário interesse pelas Escrituras antigas, meditação e ioga. Os essênios estavam mais interessados em textos antigos referentes ao bem-estar do corpo, pesquisa de plantas medicinais e tratamento de enfermidades.[138] Eles eram os mestres das ciências farmacêuticas e médicas, fato atestado por um Manuscrito do Mar Morto. Isso nos leva a crer que Jesus aprendeu ioga e medicina com os essênios.

Jesus na Grécia

Como ansiasse por estudar com os mestres na Grécia, Jesus cruzou o monte Carmelo e, no porto, tomou um navio e chegou a Atenas. Uma vez no anfiteatro, ele se pôs de pé e, quando os mestres gregos lhe pediram que falasse, ele disse:

> *Mestres atenienses,*
> *Não vim aqui vos falar de filosofia;*
> *Mas eu falaria de uma vida do além,*
> *Que existe no íntimo;*
> *Uma vida real que não pode se extinguir.*
> *Retornai,*
> *Ó corrente mística do pensamento grego,*
> *E misturai suas águas cristalinas*
> *À torrente de vida espiritual;*
> *E a consciência espiritual já não dormirá,*
> *E o homem saberá,*
> *E Deus abençoará.*

Tendo assim falado, ele se afastou. Os mestres gregos ficaram surpresos com a sabedoria de suas palavras.[139] Quando houve uma tempestade no mar, ele, com seu poder, salvou muitos desamparados. Jesus revelou à multidão que a prece mais eficiente a ser oferecida é o socorro aos necessitados de ajuda. "Pois aquilo que você fizer por outros homens, o Santíssimo fará por você."

João, o profeta

O profeta João é mais conhecido na Bíblia como João Batista. "Ele pregava e batizava no vale do Jordão, ao sul de Jericó, onde o rio era cruzado por um vau muito conhecido." Ele instava os judeus a tentarem atingir a perfeição pela estrita obediência à lei. Pedia que se apresentassem para

136 *O Quinto Evangelho*

batismo, e uma grande multidão se tornou sua seguidora. Ao receber um relatório das atividades de João, Herodes Antipas chegou à conclusão de que aquele homem era perigoso.[140]

Foi o profeta João quem apresentou Jesus a seus seguidores. Um dia, na presença de seus dois discípulos, João apontou em direção a Jesus e disse que ele era o Cordeiro de Deus.[141] Esses dois, então, seguiram Jesus e se tornaram seus discípulos. Um deles era André, irmão de Simão Pedro. Passaram um dia com ele em sua morada. No dia seguinte, Simão também veio a ele e se tornou seu discípulo. Mais tarde, Filipe também o seguiu. Nos dias seguintes, Natanael também aceitou Jesus como o Filho de Deus.[142]

A tentação

Depois de estar repleto do Espírito Santo, Jesus voltou do Jordão e foi conduzido ao deserto pelo Espírito.[143] Por que o Senhor foi levado ao deserto? Talvez tenha ido para lá para contemplar a libertação da humanidade. A contemplação como base para a libertação se fundamenta na filosofia, e constitui uma forma de sabedoria iniciada na Índia mais de 1.000 anos antes de Cristo. Ao lado da fórmula hinduísta, conhecida como *moksha*, ou a libertação do homem dos vínculos do carma, esse modelo de salvação assumiu diversas formas no misticismo do Tao e na iluminação de Buda.[144]

Além da contemplação, a que ele se dedicou no deserto? Jesus jejuou por 40 dias e 40 noites e, depois disso, sentia tanta fome quanto Buda. Então, as tentações vieram a ele como tinham vindo a Buda. Aqui está um paralelo entre os dois, pois ambos foram para o deserto, jejuaram até quase morrer e tentaram encontrar o caminho para a libertação da humanidade. Quando a primeira tentação se aproximou dele, perguntou:

> *Se és Filho de Deus,*
> *manda que estas pedras se transformem em pães*
> *Jesus, porém, respondeu:*
> *Está escrito:*
> *Não só de pão viverá o homem.*[145]

Então, Jesus foi levado ao cume de uma elevada montanha e lhe foram mostrados todos os reinos do mundo em dado momento. A segunda tentação disse:

> Dar-te-ei toda esta autoridade
> Se prostrado me adorares.
> Mas Jesus lhe respondeu:
> Está escrito:
> Ao Senhor, teu Deus, adorarás,
> E só a Ele darás culto.[146]

Então, ele foi levado para a cidade santa e colocado no pináculo do templo. A terceira tentação disse:

> Se és Filho de Deus, atira-te abaixo.
> Respondeu-lhe Jesus:
> Também está escrito:
> Não tentarás o Senhor teu Deus.[147]

Jesus rejeitou todas as três tentações mencionadas. Em seguida, ele declarou em Nazaré, no dia do Sabá:

> O Espírito do Senhor está sobre mim,
> Pelo que me ungiu
> Para evangelizar os pobres;
> Enviou-me
> Para proclamar a libertação para os cativos
> E restaurar a visão aos cegos,
> Para pôr em liberdade os oprimidos,
> E apregoar o ano aceitável do Senhor.[148]

Pelo mencionado pode-se concluir que Jesus proclamou absoluta liberdade aos oprimidos. O sonho de todos os profetas tinha sido trazer boas-novas para os pobres e permitir à humanidade viver em paz e amor. Mas Jesus anunciou ousadamente que a realização daquilo que dissera não estava em algum futuro remoto, mas ali, naquele lugar e naquele momento.[149]

Jesus no Egito

Jesus foi ao Egito encontrar os santos essênios. Contou aos idosos mestres tudo acerca de sua vida. Eles convocaram o concelho da irmandade e Jesus se postou diante do hierofante, que disse:

> *Tua sabedoria é a sabedoria dos deuses;*
> *Por que buscar sabedoria nos plenários dos homens?*

Jesus replicou que para ganhar as alturas estava pronto a passar pelo teste mais difícil. Depois de receber do sumo sacerdote seu nome e número místico, ele passou no primeiro teste e recebeu um manuscrito, sobre o qual estava escrita uma única palavra: "sinceridade". Depois disso Jesus passou no segundo teste, e o hierofante lhe pôs nas mãos um manuscrito com a inscrição "justiça". Então, Jesus passou no terceiro teste, e recebeu um manuscrito no qual estava escrito "fé". Então, passou no quarto teste, e o hierofante lhe pôs nas mãos um manuscrito com a inscrição "filantropia". Jesus passou 40 dias no monastério, em meditação profunda. Havia conquistado o self e conseguia conversar com a natureza. Ele passou no quinto teste, e o sacerdote lhe colocou nas mãos outro manuscrito, no qual estava escrito "heroísmo". Depois disso, Jesus passou no sexto teste, e o sacerdote lhe colocou nas mãos um manuscrito em que estava escrito "amor divino". E quando ele passou no sétimo teste, o hierofante lhe colocou na fronte um diadema e declarou: "Tu és o Cristo." Então, ouviu-se uma voz que abalou o próprio mosteiro e dizia: "Este é o Cristo", e todas as criaturas vivas disseram amém.[150]

Em cada era, desde o começo dos tempos, viveram sete sábios. No começo de cada era esses sábios se reúnem para anotar o curso das nações, dos povos, das tribos e das línguas. Uma era havia passado, e, portanto, os sábios se reuniram no Egito. Jesus se dirigiu aos sábios dizendo:

A história da vida está bem-condensada nesses postulados imortais. Essas são as sete colinas sobre as quais a cidade santa será construída. Estes são sete robustos alicerces de pedra sobre os quais deverá se erguer a Igreja universal. As palavras que pronunciei não são minhas; são daquele cuja vontade eu faço. E dos homens de baixa extração escolherei 12, que representam os 12 pensamentos mortais, e eles serão a Igreja modelar. E quando vierem dias melhores, a Igreja universal ficará de pé sobre os sete postulados. E, em nome de Deus, de Deus nosso pai, o reino da alma será estabelecido sobre as sete colinas. E todos os povos, tribos e línguas da Terra entrarão aí. O princípio da paz tomará assento sobre o trono do poder; o Deus Triuno será Tudo em Tudo.

Com essas palavras Jesus encerrou seu discurso e todos os sábios disseram: Amém! Após isso, nada mais foi dito, e ele seguiu seu caminho e chegou a Jerusalém.

O chamado

Na Galileia, quando Jesus se encontrava entre seus primeiros discípulos, fez o seguinte chamado:

> *Em verdade, em verdade, vos digo*
> *Que vereis o céu aberto.*
> *E os anjos de Deus subindo e descendo*
> *Sobre o Filho do Homem.*[151]

Quando muitos vieram procurá-lo para receber suas bênçãos, ele desceu com o povo e ficou na planície. Ergueu os olhos para os discípulos e disse:

> *Bem-aventurados vós, os pobres,*
> *Porque vosso é o reino de Deus.*
> *Bem-aventurados vós, os que agora tendes fome,*
> *Porque sereis fartos.*
> *Bem-aventurados vós, os que agora chorais,*
> *Porque havereis de rir.*[152]

140 O Quinto Evangelho

Muitos discípulos se reuniram em torno dele, que manifestou muitos milagres em diversas partes de Israel. Jesus declarou:

> *O julgamento é este,*
> *Que a luz veio ao mundo,*
> *E os homens amaram mais as trevas do que a luz;*
> *Porque suas obras eram más.*
> *Pois todo aquele que pratica o mal,*
> *Aborrece a luz, e não se chega para a luz,*
> *A fim de não serem arguidas suas obras.*
> *Quem pratica a verdade aproxima-se da luz,*
> *A fim de que suas obras sejam manifestas,*
> *Porque feitas em Deus.*[153]

Sua fama se espalhou pelo país inteiro. Alguns, que eram tementes a Deus, se juntaram a seu rebanho, enquanto os que tinham desconfiança vieram discutir com ele. Por intermédio de Moisés, Deus dera aos homens os Dez Mandamentos, e Jesus desdobrou os aspectos espirituais de alguns. Ele declarou:

> *O Senhor, nosso Deus, é o único Senhor!*
> *Amarás, pois, o Senhor, teu Deus,*
> *De todo o teu coração,*
> *De toda a tua alma,*
> *De todo o teu entendimento*
> *E de toda a tua força.*
> *O segundo é:*
> *Amarás o teu próximo como a ti mesmo.*
> *Não há outro mandamento maior do que estes.*[154]

Oposição

A pregação de Jesus antagonizou os fariseus do lugar, os quais, uniformes em sua opinião, exigiam estrita observância dos mandamentos segundo a Torá. Mas Jesus queria libertá-los dos rituais, da superstição e da ignorância. Sociável por natureza, ele não acreditava em distinções de casta. Assim, os fariseus fizeram campanha contra ele e citaram a declaração dos discípulos de que Jesus alegava ter ascendência celeste. Entretanto, o que ele dissera aos discípulos era que havia sido mandado por Deus para ser o mestre deles. Os sacerdotes também se tornaram inimigos de Jesus, pois viram em sua pregação as sementes da ruína deles como classe. Por isso, iniciaram uma propaganda arbitrária contra ele, e o acusaram de ter dito que era o Filho de Deus. Divulgaram que o demônio se havia apossado dele. Fizeram com que lhe atirassem pedras e perturbaram suas reuniões religiosas.[155] Chegaram até a alegar que ele se havia declarado Deus, e que isso era blasfêmia.[156] Um inquérito foi instaurado para descobrir se Jesus era culpado de blasfêmia, mas não conseguiram uma só testemunha para provar a alegação. Assim, sua fama se espalhou por toda parte e seu nome se tornou lendário da noite para o dia.[157]

Então, eles adotaram uma nova linha, que era fazer contra ele uma alegação de natureza política. Os sacerdotes alegaram que Jesus tinha motivos políticos para se declarar o rei dos judeus. Pilatos, que julgou o caso, chegou à conclusão de que visava somente envolver Jesus, e disse aos sacerdotes e ao povo que não havia encontrado culpa nele ou em seus sermões.

Perseguições

As autoridades no poder começaram a perseguição aos seguidores de Jesus. O primeiro a ser preso foi João, o profeta. Quando Jesus teve notícia disso, ele e seus adeptos começaram sua viagem em direção à cidade de Samaria, porque o povo dali não tinha relação alguma com judeus. Muitos vieram vê-lo e ouvir-lhe os sermões.

Jesus, decepcionado com o povo, pensou em migrar para outro lugar. Ele foi para a Galileia e muitos discípulos seguiram suas pegadas. Ele foi a Nazaré pregar, e ali encontrou sua mãe, Maria, e seus irmãos Tiago e Judas. O povo de Nazaré fez comentários sarcásticos sobre ele, mas Jesus declarou:

142 *O Quinto Evangelho*

> *Não há profeta sem honra,*
> *Senão em sua terra.*[158]
> *Entre seus parentes*
> *E em sua casa.*[159]

Jesus lembrou aos discípulos que seriam perseguidos por causa de sua retidão. Eles teriam de se separar dos parentes e amigos. Declarou a eles que no passado os profetas haviam sido perseguidos e que isso podia ocorrer novamente. Assim, deviam se preparar para sofrer, já que deles era o reino dos céus. Lembrou-lhes que não tinha vindo para destruir a lei sagrada, nem estava contra profeta algum que o houvesse precedido. Só tinha vindo cumprir sua missão, e exortar o povo para que não atentasse contra mandamento algum.[160]

Maria Madalena

Jesus foi a diversas cidades e aldeias, em pregação. Em suas viagens, foi acompanhado pelos discípulos e por certas mulheres que haviam sido curadas de espíritos malignos e enfermidades. Notáveis entre essas mulheres eram sua mãe e Maria Madalena. Por outro lado, havia outras, como Joana e Suzana.[161] De todas as mulheres, Maria Madalena amava Jesus, e ele, em seu coração, retribuiu o amor dela.[162] Segundo a lei judaica, era obrigatório que ele se casasse, porque "um homem solteiro não podia ser professor". Mas, pelo juramento feito como essênio, exigia-se que ele praticasse o celibato, de modo a preservar sua energia vital para o desenvolvimento mental. O Evangelho de Filipe contém a seguinte informação sobre a questão:

> *E a consorte do Salvador é Maria Madalena, e ele a amava mais do que todos os seus discípulos, e costumava lhe beijar os lábios. Os discípulos diziam a ele: "Por que tu a amas mais?" O Salvador lhes dizia: "Porque eu não vos amo como a ela?"*[163]

Os membros da Ordem dos Essênios persuadiram Jesus a superar seu amor por essa mulher, de modo a não retardar o trabalho sagrado.

Foi muito difícil, mas ele concordou em permanecer fiel ao serviço da Irmandade. Jesus e Maria Madalena choraram amargamente e concordaram em se separar.[164] Talvez a situação na época fosse extremamente desfavorável. Herodes Antipas tinha desencadeado um reinado de terror sobre o povo. Todos os dias ocorriam choques entre as massas e os soldados romanos. João e seus discípulos estavam apodrecendo na cadeia. Josefo, o historiador contemporâneo, registrou que Herodes ficou alarmado diante da popularidade de João e acreditou que o batismo e a pregação fossem as causas principais dos distúrbios em seu reino.[165]

Contato com os perseguidos

Jesus manteve estreito contato com o povo perseguido e com aqueles que foram colocados na prisão. No cárcere, o profeta João ouviu falar das obras de Jesus e lhe enviou dois discípulos.[166] A mensagem secreta "És tu aquele que estava para vir ou havemos de esperar outro?" queria dizer: "És tu nosso redentor ou havemos de buscar por ele em outra parte?" Jesus lhes disse que partissem e fossem relatar a João o que haviam visto e ouvido.[167] Quando os discípulos partiram, Jesus disse à multidão que João não era só um profeta, e sim mais que um profeta, pois tinha vindo lhe preparar o caminho.[168]

O momento era de intensa expectativa pelo Messias, e pela primeira vez, Jesus indicou claramente que João, o profeta, vinha para preparar o caminho de sua chegada. Todos que o ouviram começaram a discutir a questão entre si. Enquanto os publicanos acreditavam na declaração dele, os fariseus rejeitavam sua alegação de ser o redentor. Jesus havia declarado que era o Messias prometido, e que precisava desempenhar esse papel, conforme ordenado por Deus. Mas os fariseus se perguntavam como o filho do homem, que come e bebe, podia ser o redentor deles.[169]

O profeta João é assassinado

Na Bíblia lê-se que o profeta João foi aprisionado e morto por causa de Herodias. Também lemos um relato de Josefo de que Herodes Antipas se apaixonou por Herodíades, mulher de seu irmão, no decorrer de sua viagem a Roma.[170] Essa mulher tinha uma linda filha adulta chamada

144 *O Quinto Evangelho*

Salomé. Talvez Herodes tenha tido uma paixão extravagante pela mãe e pela filha. Esta costumava se sentar com Herodes e agradá-lo com sua dança.[171] João Batista, o profeta, havia se erguido no templo e falado contra Herodes, dizendo:

> *Vejam, vós vivestes em pecado,*
> *Vossos governantes são adúlteros.*[172]

Evidentemente, a causa principal da prisão do profeta João foi ele ter denunciado as relações de Herodes com Herodíades e a filha desta, Salomé. Herodes também precisou enfrentar um problema político, pois sua primeira mulher era filha de Aretas, o rei da Arábia. Para vingar tal ofensa à sua filha, Aretas se preparou para a guerra, e Herodes foi obrigado a se defender.[173] Além disso, segundo a tradição judaica, era proibido casar-se com uma cunhada ou com sua filha.

João tinha sido mantido prisioneiro na fortaleza de Maqueronte, situada no lado oriental do mar Morto. Herodíades e Salomé, então, exigiram a decapitação de João Batista. Herodes, depois de concordar, mandou buscar um executor, que cortou a cabeça do profeta e a trouxe em um prato para ser vista pela mãe e pela filha.[174]

Depois de ter conseguido a execução de João Batista, Herodíades exclamou:

> *Este é o destino de todo homem que se atreve a desprezar ou criticar os atos daquele que reina.*

A cabeça do profeta João foi jogada para seus discípulos. Eles levaram o corpo e informaram Jesus sobre a tragédia. Carregaram o caixão dele para um cemitério perto de Hebron, onde o enterraram.[175] João foi decapitado em 34, pouco antes da batalha entre Herodes Antipas e Aretas.

Jesus foi de navio para o lugar, na intenção de prestar homenagem ao herói caído. Dali, seguiu para o deserto, perto da cidade de Betsaida. Uma grande multidão o seguia. Quando percebeu que as pessoas estavam decididas a declará-lo rei, ele se afastou, em direção à montanha. Tudo isso mostrava que o povo queria expulsar os romanos e ter um

O filho de Deus 145

chefe suficientemente ousado para liderá-los. Jesus sentia que não podia confiar nesse povo, pois não era sincero. Ele queria elevá-los espiritual e moralmente. Por conseguinte, disse a eles:

> *Não passeis mais que o tempo necessário*
> *Preocupando-se com coisas materiais.*
> *Quando vos ocupeis de dizer aos outros*
> *O que está errado com eles,*
> *Parai de vez em quando e olhai para vós.*
> *Procurai entender o que Deus quer de vós.*
> *Pagai o mal com o bem e amai os vossos inimigos.*

Os nomes dos apóstolos

Jesus estava muito infeliz com o trágico final do profeta João e deixou Nazaré, porque os habitantes daquela cidade eram rebeldes, e havia grande apreensão quanto à irrupção de violência.

Ele se mudou para Cafarnaum, uma cidadezinha às margens do mar da Galileia, que escolheu por dois motivos. Para começar, desejava paz de espírito, pois havia sofrido uma grande perda com o que acontecera a seu precursor e amigo João. O litoral, com sua atmosfera calma e fria, forneceria um ambiente reconfortante, adequado àquela situação. Além disso, o lugar, por ser uma cidade marítima, tinha uma população mista, progressiva em opinião e secular em pensamento. Sua mensagem de paz poderia ser bem-recebida na região, e ele não se preocuparia com discussões e a oposição dos fariseus. Ele viajava pelo interior falando em parábolas. Um dia viu dois barcos parados no lago. Entrou em um deles e se sentou. Jesus declarou:

> *Em verdade, em verdade, vos digo:*
> *O que não entra pela porta no aprisco das ovelhas,*
> *Mas sobe por outra parte,*
> *Esse é ladrão e salteador.*
> *Aquele, porém, que entra pela porta,*
> *Esse é o pastor das ovelhas.*
> *Para esse, o porteiro abre,*

146 *O Quinto Evangelho*

As ovelhas ouvem sua voz,
Ele chama pelo nome
Suas próprias ovelhas
E as conduz para fora.
Depois de fazer sair todas as que lhe pertencem,
Vai adiante delas,
E elas o seguem,
Porque lhe reconhecem a voz.[176]

Jesus queria escolher um grupo de trabalhadores de confiança para espalhar sua mensagem. Ele saiu para a montanha a fim de rezar.[177] Possivelmente, precisava confabular com os essênios. Depois de pernoitar, voltou para junto dos discípulos e selecionou 13 seguidores, dos quais 12 eram os mais confiáveis, leais e fiéis:

1. Simão, que é chamado Pedro.
2. André, irmão de Simão.
3. Tiago, filho de Zebedeu.
4. João, irmão de Tiago.
5. Filipe.
6. Bartolomeu.
7. Tomé, publicano.
8. Mateus, publicano.
9. Tiago, filho de Alceu.
10. Lebeu, cujo apelido era Tadeu.
11. Simão, o cananeu.
12. Judas Iscariotes.[178]
13. Judas, o irmão de Tiago.[179]

No intuito de camuflar a identidade deles, Jesus deu sobrenomes e apelidos a alguns. Simão foi apelidado Pedro, enquanto Tiago e João receberam o apelido de Boanerges, ou os filhos do trovão.[180]

Quanto ao número de discípulos, parece haver confusão. Embora todos os Evangelhos mencionem Judas Iscariotes, Lucas e João também mencionam Judas, o irmão de Tiago.[181]

O *filho de Deus* 147

Jesus queria que os discípulos continuassem a seu lado, para serem enviados a pregar e terem o poder de curar doenças. Eles constituíam seus seguidores de confiança e guarda-costas pessoais. Jesus lhes disse:

Sigam-me pela senda do verdadeiro discipulado,
Que é a senda que conduz à vida.

Eles também tinham barcos para o caso de perigo, os quais podiam ser utilizados para viagens a outras terras.[182]

Em torno de Jesus juntava-se gente comum, com que ele se misturava livremente, e com quem vivia. Mas, contra ele, os sacerdotes haviam enviado às autoridades relatórios adversos. Divulgaram que ele estava possuído por um demônio. Diziam: "Esse homem incubou a Belzebu, e pelo preço dos diabos ele expulsa diabos."

Procurai as ovelhas perdidas

Jesus disse aos apóstolos que pregassem entre as pessoas comuns, em vez de fazê-lo entre as classes mais altas. Disse-lhes que procurassem as ovelhas perdidas da Casa de Israel.[183] Aconselhou-os a não levar nada para a viagem, como roupas, comida ou dinheiro, mas que permanecessem sempre prontos a marchar a pé para diversas terras.[184] Todos foram instruídos a levar um bordão e usar sandálias.[185] Disse que os estava enviando ao encontro de perigos, e que a posição deles seria como a de ovelhas no meio de lobos. Jesus avisou que, como sua missão era universal, seus discípulos seriam levados à presença de reis e governadores, e condenados à morte. Ele os alertou: "Quando vos perseguirem em uma cidade, fugi para outra."[186]

Como o próprio Jesus tinha viajado por terras distantes, deu a eles plena orientação, e explicou em mínimos detalhes os perigos das viagens longas. Ao mesmo tempo, prescreveu instruções elaboradas e um código de conduta. Algumas das instruções citadas a seguir são prova suficiente do fato de que Jesus os preveniu quanto aos perigos da viagem:

E, à medida que seguirdes, pregai
Que está próximo o reino dos céus.

148   *O Quinto Evangelho*

Não vos provereis de ouro,
Nem de prata, nem de cobre nos vossos cintos;
Nem de alforje para o caminho,
Nem de duas túnicas,
Nem de sandálias,
Nem de bordão;
Porque digno é o trabalhador de seu alimento.[187]
E, em qualquer cidade ou povoado
Em que entrardes,
Indagai quem neles é digno;
E aí ficai até vos retirardes.
Eis que eu vos envio
Como ovelhas para o meio de lobos.
Sede, portanto, prudentes como as serpentes
E símplices como as pombas.
Quando, porém,
Vos perseguirem em uma cidade,
Fugi para outra.
Não temais os que matam o corpo
E não podem matar a alma.[188]

Tendo dado essas instruções, ele lhes disse:

Não penseis
Que vim trazer paz à terra;
Não vim trazer paz, mas espada.
Pois vim causar divisão
Entre o homem e seu pai,
Entre a filha e sua mãe,
E entre a nora e sua sogra.
Assim, os inimigos do homem
Serão os da sua própria casa.[189]

Esse texto revela que Jesus não estava satisfeito com as condições que prevaleciam então na Palestina. Naquele momento, quando falou da espa-

O filho de Deus 149

da, o povo judeu era uma nação ocupada sob a guarnição da Roma imperial. É provável que tenha sentido a tentação de usar a espada contra as forças imperiais, e tentasse tomar todo o poder para o povo.[190]

Informe secreto

O país inteiro estava em clima de agitação. A opinião pública estava dividida, em relação a Jesus e sua missão. Enquanto o povo humilde lhe dedicava grande reverência e o admitia como o Messias, os ricos e as classes altas o rejeitaram e se tornaram seus inimigos. Os sacerdotes exerciam muita influência sobre as autoridades, e no passado também haviam manifestado sua inimizade em relação a Jesus. Agora, quando alguns informes sobre a popularidade dele chegaram a Pôncio Pilatos, seus conselheiros, na maioria clérigos, advertiram-no do levante que estava se aproximando. Jesus foi acusado de sedição por haver se declarado rei dos judeus. Pilatos não era pessoa de tolerar desafio à sua autoridade, e começou a pensar seriamente em Jesus e seus adeptos. Recebera informação de que ele havia declarado não ter vindo para trazer a paz, e sim para enviar uma espada. Pilatos ficou perturbado com essa possibilidade e despachou seus espiões para mantê-lo informado sobre as atividades de Jesus. O que descobriu foi relatado em sua carta escrita a Tibério César em 32, que é a seguinte.[191]

> Um jovem apareceu na Galileia e em nome de Deus, que o mandou, pregou uma nova lei, a da humildade. A princípio, acreditei que sua intenção fosse provocar uma revolta entre o povo contra os romanos.
>
> Minhas suspeitas foram logo dissipadas. Jesus de Nazaré falou mais como um amigo dos romanos do que como um amigo dos judeus.
>
> Um dia observei, no meio de um grupo de pessoas, um jovem que, apoiado em um tronco de árvore, falava calmamente à multidão a seu redor. Disseram-me que ele era Jesus. Isso era óbvio por causa da grande diferença entre ele e os que o cercavam. Seus cabelos e barba, claros, lhe conferiam aparência divina. Devia ter uns 30 anos e eu nunca tinha visto um rosto tão gentil e agradável. Que enorme diferença havia entre ele, com sua pele clara, e os homens de barbas pretas que escutavam suas palavras. Como não queria

150 *O Quinto Evangelho*

perturbá-lo, segui meu caminho, dizendo, entretanto, a meu secretário que se mantivesse junto ao grupo e escutasse.

Mais tarde o secretário me disse que nunca havia lido nas obras de filósofos coisa alguma que se pudesse comparar aos ensinamentos de Jesus; que ele não estava transviando o povo, nem era um agitador. Foi por isso que decidiu protegê-lo. Ele estava livre para agir, falar e convocar uma reunião do povo. Essa liberdade ilimitada provocou os judeus, que ficaram indignados; aquilo não irritou os pobres, mas os ricos e poderosos.

Posteriormente, escrevi uma carta a Jesus pedindo uma entrevista no Fórum. Ele veio. Quando o Nazareno apareceu, fiquei transfixado. Meus pés pareciam agrilhoados com correntes de ferro ao piso de mármore. Fiquei tremendo todo, como uma pessoa culpada, embora ele estivesse calmo.

Sem me mover, avaliei por momentos esse homem excepcional. Não havia nada desagradável em sua aparência ou caráter. Em sua presença, senti por ele profundo respeito.

Disse-lhe que ele tinha em torno de si uma aura, e sua personalidade tinha uma simplicidade contagiosa que o colocava acima dos filósofos e mestres do presente. Ele causou uma profunda impressão em todos nós, devido à sua maneira agradável, sua simplicidade, sua humildade e seu amor.

Estes são, valoroso soberano, os fatos referentes a Jesus de Nazaré, e reservei tempo para vos informar em detalhes sobre essa questão.

Depois de selecionar seus apóstolos, Jesus também indicou outros 70, que despachou em duplas para outras cidades e locais. Contava visitar todos eles no futuro próximo.[192] Ele designou deveres diferentes para os apóstolos e para os 70 discípulos. A seguir, as ordens dos apóstolos:

> *Não tomeis o rumo dos gentios,*
> *Nem entreis em cidade de samaritanos;*
> *Mas, de preferência,*
> *Procurai as ovelhas perdidas,*
> *Da casa de Israel;*
> *E, à medida que seguirdes,*
> *Pregai que está próximo*
> *O reino dos céus.*[193]

Depois de ordenar aos apóstolos que cumprissem suas instruções, ele fixou a seguinte missão para os 70 discípulos:

> *Ide! Eis que eu vos envio*
> *Como cordeiros para o meio de lobos.*
> *Não leveis bolsa,*
> *Nem alforje,*
> *Nem sandálias;*
> *E a ninguém saudeis pelo caminho.*
> *Ao entrardes numa casa,*
> *Dizei, antes de tudo:*
> *Que a paz seja nesta casa![194]*

Jesus falou sobre o Reino de Deus, e o reino dos céus, que encarnam a mesma ideia. A natureza do reino como sociedade espiritual é claramente indicada em seus ensinamentos. Não é sinônimo da teocracia judaica, nem de um império terreno.[195] O Reino de Deus está dentro de nós, declarou Jesus a seus discípulos, e, por intermédio deles, à humanidade.

CAPÍTULO QUATRO

Clero e crucificação

Eu sou o caminho, a verdade e a vida.

São João

CAPERNAUM, HOJE CONHECIDA COMO CAFARNAUM, situava-se na estrada que ligava ao Mediterrâneo as terras além-Jordão. Durante o ministério de Jesus, foi o centro da vida dinâmica da margem do lago, povoada por pescadores, os primeiros a ouvirem Jesus e a aceitarem seus ensinamentos. A cidade exercia sobre ele especial fascinação. No transcorrer de seu ministério, ela foi o principal centro de sua missão. Cristo saía a pregar por muitas cidades e povoações, mas sempre retornava a Cafarnaum.[1] André, João e Tiago convenciam Jesus e sua mãe a repousar na casa de Pedro, à beira-mar. Certa ocasião, em que Jesus esteve ali, a notícia se espalhou pela praia e muitos vieram apertar-lhe a mão. Ele ensinou muitas lições ao povo enquanto caminhava com eles à margem do lago.[2] Traziam-lhe todos os doentes e possessos, que ele curava. Assim, sua fama se propagou por toda a Síria.[3]

Sobre o ministério de Jesus os Evangelhos não fornecem informações em ordem cronológica. Portanto, não podemos ter certeza quanto à sequência de acontecimentos que levaram à sua crucificação. No entanto, podemos dizer que seu ministério começou pelo ano 34. Posteriormente, Jesus foi para Jerusalém, na ocasião em que os judeus celebravam a Páscoa.

Ao verem Jesus em seu meio, os judeus conspiraram para matá-lo. Houve discussões entre ele e os sacerdotes. Ele declarou:

> *Meu ensino não é meu,*
> *E sim Daquele que me enviou.*
> *Se alguém quiser fazer a vontade Dele,*
> *Conhecerá a respeito da doutrina,*
> *Se ela é de Deus,*
> *Ou se eu falo por mim mesmo.*
> *Quem fala por si mesmo*
> *Está procurando sua própria glória;*
> *Mas o que procura a glória de quem o enviou,*
> *Esse é verdadeiro,*
> *E nele não há injustiça.*
> *Não vos deu Moisés a lei?*
> *Contudo, ninguém dentre vós a observa.*
> *Por que procurais matar-me?*[4]

A questão suscitada é por que razão ele foi a Jerusalém declarar que sua missão "não era destruir, mas cumprir a Lei Mosaica". É evidente a resposta quando admitimos que Jerusalém, a cidade sagrada, era o centro espiritual, além de temporal, daquela nação.

Além disso, a ocasião coincidia com a festa da Páscoa e com a festa dos Tabernáculos, das quais participavam todos os judeus das aldeias e cidades da região. Tanto o local quanto a ocasião eram adequados à importante declaração que Jesus queria fazer à multidão. Seus discípulos também lhe haviam pedido que declarasse sua missão durante aquela importante festividade.

Depois de Jesus declarar sua missão, opuseram-se a ele os fariseus e o Sinédrio, assim como os principais sacerdotes.

O Sermão da Montanha

Um dia, ao ver as multidões que se reuniam, Jesus subiu a uma montanha com os discípulos e ensinou:

Bem-aventurados os humildes de espírito,
Porque deles é o reino dos céus.
Bem-aventurados os que choram,
Porque serão consolados.
Bem-aventurados os mansos,
Porque herdarão a terra.
Bem-aventurados os que têm fome
E sede de justiça,
Porque serão fartos.
Bem-aventurados os misericordiosos,
Porque alcançarão misericórdia.
Bem-aventurados os limpos de coração,
Porque verão a Deus.
Bem-aventurados os pacificadores,
Porque serão chamados filhos de Deus.
Bem-aventurados os perseguidos
Por causa da justiça,
Porque deles é o Reino dos Céus.[5]

Atmosfera tensa

Os sermões de Jesus causaram furor entre os que o cercavam e buscavam sua bênção. As pessoas corriam atrás dele, tentando lhe tocar os pés. Para elas, ele era o Messias, destinado a livrá-las do sofrimento, dos desmandos e da opressão. A atmosfera tornou-se tensa. Também ocorreu uma demonstração contra os romanos e Pilatos ordenou que a multidão fosse atacada com armas brancas. Para se queixar das atrocidades de Pilatos, alguns procuraram Jesus.[6] Ele lhes disse que se arrependessem, para que fossem salvos da total destruição. Para alcançar seus interesses escusos, eles começaram a divulgar que Jesus era contrário a Moisés e desejava destruir a lei e os profetas. Chegaram a contratar assassinos para matá-lo. Jesus foi vilipendiado e perseguido. Espalharam-se muitas mentiras contra ele e seus discípulos. Para refutar essas calúnias, Jesus um dia declarou aos que o ouviam que não entendessem mal suas palavras, pois ele não tinha vindo para anular ou destruir a lei de Moisés. Assegurou-lhes que toda lei constante das escrituras perduraria até seu propósito ser cumprido. Disse que os fariseus e os sacerdotes queriam enganar o povo. Ao explicar sua posição, declarou:

> *Segundo a lei de Moisés, a regra era: se matares, terás de morrer. Eu, porém, faço acréscimo àquela lei e vos digo que todo aquele que se irar contra seu irmão estará sujeito a julgamento; e quem proferir um insulto a seu irmão estará sujeito a julgamento do tribunal; e quem lhe chama tolo estará sujeito ao inferno de fogo.*

> *Se, pois, ao trazeres ao altar tua oferta, ali te lembrares de que teu irmão tem alguma coisa contra ti, deixa perante o altar tua oferta, vai primeiro reconciliar-te com teu irmão; e, então, voltando, faze a tua oferta. A lei de Moisés estabelecia: não adulterarás. Eu, porém, vos digo: qualquer um que olhar para uma mulher com intenção impura no coração, já adulterou com ela.*

> *Também a lei de Moisés institui: não jurarás falso, mas cumprirás rigorosamente para com o Senhor teus juramentos. Eu, porém, vos digo: de modo algum jureis.*

> *A lei de Moisés ordena: olho por olho, dente por dente. Eu, porém, vos digo: não resistais ao perverso; mas, a qualquer um que te ferir na face direita, volta-lhe também a outra; e ao que quer demandar contigo e tirar-te a túnica, deixa-lhe também a capa. Se alguém te obrigar a andar uma milha, vai com ele duas. Dá a quem te pede e não voltes as costas ao que deseja que lhe emprestes.*

> *Há o ditado: "Amarás o teu próximo e odiarás o teu inimigo." Eu, porém, vos digo: amai os vossos inimigos e orai pelos que vos perseguem, para que vos torneis filhos do vosso Pai celeste, porque ele faz nascer seu sol sobre maus e bons e vir chuvas sobre justos e injustos. Porque, se amardes os que vos amam, que recompensa tendes? Não fazem os publicanos também o mesmo? E se saudardes somente os vossos irmãos, que fazeis de mais? Não fazem os gentios também o mesmo?[7]*

156 O Quinto Evangelho

Jesus havia explicado com clareza sua posição, mas os sacerdotes lhe questionaram a autoridade. Eles o censuraram e se tornaram seus inimigos.

Temendo ser morto pelos judeus, Jesus foi para a Galileia.[8] De lá, partiu para o litoral de Tiro e Sídon.[9] Entristeciam-no aquelas pessoas e seu pensamento dogmático. Sentia-se inquieto e mais uma vez pensou em ir para a Galileia. Subiu uma montanha para meditar. Aqueles indivíduos ingratos haviam-lhe causado infelicidade. Jesus pegou um barco e veio para a costa de Magdala, porém foi seguido pelos fariseus. Queriam que ele provasse sua capacidade como profeta e pediram-lhe que mostrasse um sinal divino. Ele suspirou e sentiu piedade daquele povo mal-intencionado.

A consorte de Jesus

Em suas viagens, Jesus chegou a uma aldeia conhecida como Betânia, do lado mais distante do Monte das Oliveiras, próximo a Jerusalém. Ali vivia uma família composta por Marta e os irmãos desta, Maria e Lázaro. Um dos fariseus convidou Jesus a ficar em sua casa. Seu nome era Simão, o leproso.[10] A mulher, uma pecadora, trouxe um frasco de alabastro contendo um bálsamo e parou aos pés de Jesus, chorando. Começou a lavar os pés do Cristo com suas lágrimas e a secá-los com os cabelos. Em seguida, beijou-lhe os pés e ungiu-os com o bálsamo.[11] Jesus ficou muito comovido e demonstrou por ela muita afeição. De acordo com as regras da Ordem dos Essênios, como já assinalado, Jesus fizera o voto de celibato. Mas Maria, a irmã de Lázaro, tinha amor por ele, que em seu coração retribuiu aquele amor. Jesus provou gloriosamente sua virtude ao se recusar a adotar uma vida de família. Enviado por Deus, ele fora escolhido pelo Todo-Poderoso; amado por todos, era inspirado nos ensinamentos e no conhecimento da natureza e de seus elementos.[12]

Jesus deixou as multidões e seguiu com os discípulos para a casa de Maria Madalena. Marta e outras mulheres se ocuparam de preparar os alimentos para o Cristo e os outros, mas Maria ficou ao lado de Jesus. Quando todos se sentaram para a refeição, Jesus disse:

Meu pequeno rebanho, não temas; é vontade de vosso Pai que sejais os se-
nhores do reino da alma. Aquele que reina na casa de Deus é o servo do Senhor,
e o homem só pode servir a Deus se servir à humanidade. Quem é servo na
casa de Deus não pode ser servo na casa da riqueza, nem na sinagoga da ra-
zão. Se estiverdes presos a glebas, ou a valores, ou à riqueza da terra, onde esti-
verem vossos tesouros, ali estarão vossos corações. Dai todas as vossas riquezas,
distribui-as entre os pobres e confiai em Deus: nem vós nem os vossos passareis
necessidades. Este é um teste da fé, e Deus não aceitará o serviço do que não
tem fé. É chegada a hora: vosso Mestre vem por sobre as nuvens; o céu oriental
brilha agora com a presença dele. Vesti os trajes festivos; preparai-vos para agir;
espevitai vossas lâmpadas e enchei-as de óleo, preparai-vos para encontrar vos-
so Senhor. Quando estiverdes prontos, ele virá. Três vezes benditos são os servos
prontos para receber o Senhor.[13]

O Evangelho de João nos informa que Jesus amava as duas irmãs de Lázaro e muitas vezes se hospedava na casa delas.[14] Perto de Nazaré há uma povoação chamada Caná. O Evangelho de João traz um relato interessante sobre uma festa de casamento naquele local, sem mencionar os nomes dos noivos. Além de Jesus, estão presentes sua mãe, seus irmãos e os discípulos. Os servos presentes à recepção obedecem às ordens de Jesus e de sua mãe, indicação de que estes eram os anfitriões. Para os convidados, Jesus providenciou 600 litros de bom vinho. Estamos inclinados a acreditar que a reunião era uma convenção espiritual convocada por Jesus, e que serviu também para festejar seu casamento com Maria Madalena. Se não fosse o casamento dele, nem Jesus nem sua mãe precisariam ter providenciado vinho para os convivas.[15] Antes insinuamos que havia um caso de amor entre eles, obrigados a ficar separados pela regra da Ordem dos Essênios. Mesmo evitando ter um relacionamento de marido e mulher, continuavam a viver e a viajar juntos. Contudo, Maria Madalena continuava a se comportar como a consorte de Jesus. No Evangelho de Maria, Simão se dirige a ela:

Irmã, sabemos que o Salvador amou-te mais que às outras mulheres.
Diz-nos as palavras do Mestre, que conheces e nós desconhecemos.[16]

158 O Quinto Evangelho

Na seguinte declaração o Evangelho de Filipe lança mais luz sobre o relacionamento deles:

Por ser Maria Madalena a esposa do Salvador, ele a amava mais que a todos os discípulos. Muitas vezes, costumava beijá-la nos lábios.[17]

Na mitologia hindu, todo deus tem uma consorte, que representa sua energia criativa ou poder e é chamada de *"Shakti"*. As esposas dos deuses são consideradas a fonte e o amparo de todas as coisas. Juntos, esses consortes representam os polos ativo e passivo da manifestação universal. Dessa forma, a união sexual deles, chamada *Mythuna*, é simbólica. Quando falamos de Maria Madalena como principal consorte de Jesus, estamos usando a terminologia tântrica indiana.

Aparentemente, entre as mulheres, Maria de Betânia, Maria Madalena e até mesmo Marta tinham um interesse profundo, amoroso e pessoal pelos assuntos de Jesus. Essas mulheres o amavam, e o serviam como suas amadas. Por ter feito voto de celibato, ele se recusava a tomá-las como esposas. No máximo, eram suas consortes, e, entre todas, Maria Madalena se manteve fiel a ele até o fim. O evangelho de Felipe nos informa que Maria Madalena era consorte de Jesus.[18]

Antes de sua participação na Semana da Paixão, Jesus entrou na casa de Marta, que o recebeu bem. Tanto ela quanto sua irmã, Maria, se sentaram aos pés dele.[19] Marta se queixou de que Maria a deixava sozinha e não a ajudava. Respondeu-lhe o Senhor:

Marta! Marta!
Andas inquieta e te preocupas com muitas coisas.
Entretanto, pouco é necessário ou mesmo uma só coisa;
Maria, pois, escolheu a boa parte,
E esta não lhe será tirada.[20]

Quando se sentaram à mesa, uma cortesã entrou no festim sem ser convidada. Ela veio até Jesus, beijou-lhe os pés e suas lágrimas correram abundantes. Ela as secou com os cabelos e ungiu os pés do Cristo com

Clero e crucificação 159

um bálsamo. Desgostoso de ver uma pecadora tocar em Jesus, Simão pensou que este não era um profeta.[21] Compreendendo os sentimentos de Simão, Jesus disse:

> *Vês esta mulher?*
> *Entrei em tua casa,*
> *E não me deste água para os pés;*
> *Esta, porém, regou os meus pés com lágrimas*
> *E os enxugou com os seus cabelos.*
> *Não me deste ósculo;*
> *Ela, entretanto,*
> *Desde que entrei*
> *Não cessa de me beijar os pés.*
> *Não me ungiste a cabeça com óleo,*
> *Mas esta,*
> *Com bálsamo, ungiu os meus pés.*
> *Por isso, te digo:*
> *Perdoados lhe são*
> *Os seus muitos pecados,*
> *Porque ela muito amou;*
> *Mas aquele a quem pouco se perdoa*
> *Pouco ama.*[22]

Jesus revelou a Simão que o pecado, seja pequeno ou grande, é um monstro de iniquidade. Uma pessoa que leva uma vida de pecado se redime ao se arrepender. Mas outra, descuidada, esquece o que deve ser feito para se reformar. Quando um pecador busca perdão, ele o encontra. Então, Jesus disse à cortesã:

> *Perdoados são os teus pecados.*
> *A tua fé te salvou.*[23]

Lázaro morreu depois de uma curta enfermidade. Jesus veio com seus discípulos consolar Marta e Maria Madalena. Tão logo ouviu dizer que Jesus estava chegando, Marta foi ao encontro dele, mas Maria ficou

160 *O Quinto Evangelho*

em casa. Marta implorou a Jesus que desse vida a seu irmão morto. Ele a consolou, dizendo que Lázaro tornaria a se levantar. Então, chamou Maria, que veio a seu encontro, caiu-lhe aos pés e chorou. Diante do pranto de Maria, os olhos de Jesus se encheram de lágrimas. Então, Maria disse:

> *Pai, se estiveras aqui,*
> *Não teria morrido meu irmão.*

Dito isso, começou a carpir; ao vê-la, todos os judeus choraram. Jesus ficou triste e olhou para o céu. Pediu que removessem a lápide do sepulcro em que Lázaro fora colocado. Erguendo os olhos para o céu, exclamou:

> *Pai, graças te dou porque me ouviste.*
> *Aliás, eu sabia que sempre me ouves.*

Depois disso, Jesus chamou Lázaro, que saiu da sepultura e ficou de pé, vivo, diante da multidão. Ao ver o milagre, muitos dos judeus que vieram a Maria Madalena acreditaram em Jesus.[24]

Com o passar do tempo, muitas mulheres ricas se tornaram devotas de Jesus e imploraram-lhe que as curasse. Maria Madalena, obsedada por espíritos, havia sido curada por Jesus. Então Suzana, que possuía uma grande propriedade em Cesareia de Filipe, Joana, mulher de Cuza, e Raquel, que vivia no litoral de Tiro, imploraram a ele e seus discípulos que pregassem e curassem outros.[25]

A transfiguração

Naquele momento, Jesus queria ficar só para pensar nos eventos passados e planejar o programa futuro. Um devoto enviou-lhe uma mensagem advertindo-o de que muitos perigos rondavam sua vida e que ele deveria sair daquela região. Portanto, Jesus deixou o território de Herodes e foi para Cesareia de Filipe. Um dia, em companhia dos discípulos, declarou que iria construir sua igreja. Perguntou a eles o que o povo comentava a seu respeito.

Informado pelos apóstolos de que o povo acreditava ser ele o redentor, proibiu-lhes que revelassem sua identidade.[26] Os discípulos ficaram confusos; um deles, de nome Pedro, passou a repreender Jesus. Este, exasperado, acusou-o de ser uma afronta para ele.[27] Os apóstolos começaram a debater sobre o que deveriam fazer naquelas circunstâncias. Deveriam fugir ao perigo ou ficar ao lado do Cristo? Jesus pensou nos discípulos e no sofrimento que os esperava. Também pensava nas autoridades de Jerusalém, decididas a matá-lo em nome de Deus. Ele declarou aos discípulos:

> *Se alguém que vier após mim,*
> *A si mesmo se negue,*
> *Tome a sua cruz*
> *E siga-me.*
> *Porquanto, quem quiser salvar a sua vida,*
> *Perdê-la-á;*
> *E quem perder a vida por minha causa,*
> *Achá-la-á.*[28]

Garantiu-lhes, então, que o filho do homem viria na glória de seu pai, com os anjos. Com isso, revela-se claramente que Jesus assegurou aos discípulos que contava com a ajuda dos anjos e não deveriam temer perigo algum. Sua garantia teve o efeito desejado e nenhum dos discípulos o abandonou.

Após seis dias, Jesus levou Pedro e mais alguns ao topo de uma elevada montanha e lhes mostrou um milagre. Após meditar, transfigurou-se diante dos olhos de todos.[29] Suas vestimentas tornaram-se cintilantes, extremamente brancas, e era difícil reconhecê-lo. Dois homens vieram e conversaram com ele.[30] Os discípulos ficaram assustados, mas ele lhes disse que nada temessem. Os dois homens que vieram a seu encontro falaram sobre o julgamento de Jesus.[31] Pedro havia sugerido que fizessem um Tabernáculo para Jesus no alto da montanha, mas este lhes disse que não temessem.[32] Pedro sugeriu então que seria bom que todos permanecessem no alto da montanha e preparassem esconderijos para

162 O Quinto Evangelho

Jesus e os discípulos. É provável que tenham preparado esses abrigos, para uso emergencial. É significativo que, no momento da transfiguração, Jesus reza, suas feições se alteram e suas roupas se tornam brancas. Então, dois homens se aproximam e Jesus parece conversar com eles. Depois uma nuvem os encobre e se ouve uma voz:

> *Este é meu Filho amado;*
> *A ele ouvi.*[33]

Segundo Mateus, Jesus foi transfigurado diante dos discípulos e seu rosto brilhava como o sol. Ele, então, conversou com Moisés e Elias. Enquanto conversavam, uma nuvem brilhante os encobriu e ouviu-se uma voz:

> *Este é o meu Filho amado,*
> *Em quem me comprazo;*
> *A ele ouvi.*[34]

Desse incidente de transfiguração decorrem três fatos:

a) Jesus Cristo tinha o poder de alterar suas características faciais.
b) Ele era capaz de invocar deuses, anjos e profetas.
c) Ele era capaz de fazê-los desaparecer dentro de nuvens.

A transfiguração é um feito tântrico, praticado no Tibete. Quero registrar que eu mesmo testemunhei a modificação das características faciais praticada por Chomo Ji, uma santa tibetana, em Leh, capital do Ladakh. A invocação de espíritos ou almas é uma prática comum entre os ascetas mendicantes da Caxemira e de outras regiões montanhosas dos Himalaias. O desaparecimento é um feito *ióguico* ou uma manifestação *tântrica* registrada por viajantes no Tibete. Centenas de incidentes desse tipo foram documentados no Oriente como milagres de santos, ascetas, mendicantes e faquires. Não negamos a possibilidade da transfiguração, porque Jesus já havia adquirido esses poderes em viagens anteriores ao Oriente.

Quem eram os dois homens que vieram conversar com ele no topo da montanha? Eles foram chamados de Elias e Moisés, que apareceram em glória e conversaram com Jesus. Moisés, como sabemos, deu a Israel as primeiras leis e em seus últimos dias partiu em busca do local onde Deus lhe ordenou que morresse. Elias, o profeta, veio do deserto além do Jordão e, tendo derrotado os falsos deuses, desapareceu na vastidão, após ter dado seu manto a Eliseu. Mas Moisés e Elias haviam morrido muitos séculos atrás e não havia razão para virem ao encontro de Jesus. Talvez a cena tenha sido uma visão dos discípulos, que naquele momento estavam dormindo. Desse modo, chamaram os dois homens de Moisés e Elias, santos com os quais Jesus costumava meditar nos exercícios que realizava quando ia para o deserto ou para as montanhas.

Cabe destacar que, no momento da crucificação, Jesus tenha pedido ajuda a esses dois homens, chamando-os gloriosos e louváveis. É estranho também que esses mesmos homens tenham retirado Jesus do sepulcro. Portanto, é claro que os dois homens sempre foram seus protetores. Seriam eles anjos de Deus ou santos essênios? Mais adiante voltaremos à questão. Por ora, basta dizer que os dois eram essênios, amigos de Jesus, e que vieram encontrá-lo e fazer preparativos para sua segurança e sobrevivência.

O confronto

Mais uma vez, Cristo partiu secretamente para a Galileia e chegou a Cafarnaum.[35] Ele decidiu ir a Jerusalém e confrontar abertamente os heréticos. Chegou, então, à sua morada ancestral. Seus irmãos, que estavam muito perturbados, pediram-lhe que fosse à Judeia e declarasse abertamente ao povo sua missão — se ele era tão grande, precisava prová-lo ao mundo.[36] Jesus enviou mensageiros à sua frente para ver a reação do povo nas cidades a caminho de Jerusalém. Quando os discípulos descobriram que o povo era hostil, Tiago e João pediram a Jesus permissão para queimar aquelas povoações, mas este os repreendeu e os enviou a outros lugares.[37] Delegando aos 70 discípulos poderes de representá-lo, ele os enviou em grupos a todos os locais que pretendia visitar mais tarde.[38]

164 *O Quinto Evangelho*

Informados de seus movimentos, os judeus o procuraram em Jerusalém. Jesus chegou à costa da Judeia vindo do outro lado do Jordão. Esse fato é importante, pois o caminho mais curto para o rio passa pelo vale de Qumran. Desde a infância Jesus fizera contato com os essênios que viviam ali e, de vez em quando, ia às colinas para vê-los. Dessa vez, também foi até eles, talvez para obter mais orientações e conselhos.

Jerusalém

Jesus cruzou o Jordão e chegou ao território de Herodes. Avisaram-no de que deveria deixar a região se quisesse salvar a própria vida, mas respondeu que não era possível um profeta morrer fora de Jerusalém.[39]

Nesse ínterim, Judas havia traído Jesus, revelando aos sacerdotes seu segredo. Informou ao clero que Cristo havia assumido o papel do Messias prometido e queria ser o rei dos judeus. Essa era a época do ano em que os judeus de todas as partes da Palestina vinham a Jerusalém celebrar a festa. Jesus previu o destino de Jerusalém nestes versos:

> *Jerusalém, Jerusalém,*
> *Que matas os profetas*
> *E apedrejas*
> *Os que te foram enviados!*
> *Quantas vezes quis eu reunir*
> *Os teus filhos,*
> *Como a galinha*
> *Ajunta os seus pintinhos debaixo das asas,*
> *E vós não o quisestes!*
> *Eis que a vossa casa vos ficará deserta.*[40]

O concelho

Temerosos de que Jesus estivesse organizando uma revolta contra eles na chegada da Páscoa, os sacerdotes convocaram um concelho sob a direção de Caifás, o sumo sacerdote, que perguntou:

> *Que estamos fazendo,*
> *Uma vez que este homem opera muitos sinais?*
> *Se o deixarmos assim,*
> *Todos crerão nele;*
> *Depois, virão os romanos,*
> *E tomarão*
> *Não só o nosso lugar, mas ⸢ própria nação.*[41]

Portanto, eles decidiram que, para nao serem destruídos, Jesus devia morrer. Nicodemos se apresentou perante os fariseus e defendeu Jesus, lembrando que era ilegal sentenciar um homem sem tê-lo ouvido, mas os sacerdotes se recusaram a aceitar a defesa.[42] Enquanto os ortodoxos queriam dar fim a Jesus, os menos conservadores estavam predispostos a favor dele. Os sacerdotes haviam decidido prender Jesus por meio de artifícios e matá-lo. Mas temiam não conseguir fazê-lo por causa da reação dos partidários de Jesus.[43]

Efraim

Nicodemos avisou Jesus da decisão tomada pelo conselho. Portanto, este decidiu adotar certas precauções. Em primeiro lugar, deixou de circular abertamente entre os judeus.[44] Agora, já não se detinha em Betânia, mas nas colinas de Efraim, na fronteira da Samaria. Ele e os discípulos encontraram ali um lar no qual permaneceram durante muitos dias.

Cafarnaum

Jesus, então, partiu para a Galileia, e em Cafarnaum pediram-lhe que pagasse o tributo anual. Ele questionou:

> *De quem cobram os reis da terra*
> *Impostos ou tributo:*
> *De seus filhos*
> *Ou dos estranhos?*[45]

Convencido de que não deveria ofender os coletores de impostos, pediu aos discípulos que pagassem o dinheiro do tributo sob protesto.

166 *O Quinto Evangelho*

Mais uma vez, os discípulos haviam começado a debater sobre quem seria o maior entre eles.

Indagados por Jesus sobre o motivo da discussão, eles se calaram. Cristo se sentou e declarou que todos os discípulos eram iguais e que, se algum deles ambicionasse ocupar a primeira posição, este seria o último e o servo de todos os outros.[46]

Jericó

Muita gente que estava a caminho de Jerusalém para participar do festival nacional, a maioria procedente da Galileia, veio prestar homenagem a Jesus. Quando o número de devotos cresceu, ele decidiu mudar-se para Jericó. Hospedou-se na casa de Zaqueu, o mais importante dos publicanos. Feliz com a cortesia, Cristo o abençoou:

> *Hoje, a salvação entrou nesta casa.*[47]

A entrada triunfal

De Jericó, Jesus, acompanhado de discípulos e seguidores, avançou para Betfagé e Betânia, para uma colina chamada Monte das Oliveiras. Os discípulos trouxeram-lhe um jumento e colocaram as próprias roupas sobre o animal.[48] Jesus montou no animal, que alguns discípulos tiveram a honra de conduzir pela rédea. Então, toda a procissão seguiu para o templo. As pessoas estendiam roupas no caminho, e a multidão cantava louvores:

> *Bendito é o rei*
> *Que vem em nome do Senhor!*
> *Paz no céu*
> *E glória nas maiores alturas!*[49]

Algumas pessoas cortaram folhas de palmeira e foram recebê-lo, gritando:

> *Hosana!*
> *Bendito o que vem em nome do Senhor*
> *E que é rei de Israel!*[50]

As multidões gritavam louvores, e quando alguns fariseus pediram a Jesus que as fizesse calar, ele objetou:

Asseguro-vos que, se eles se calarem,
As próprias pedras clamarão.[51]

A procissão avançava e Jesus entrou em Jerusalém no domingo, chegando ao templo ao anoitecer.[52]

A destruição do templo

A entrada do Cristo no templo de Jerusalém foi monumental. Ali, encontrou sentados vendedores de bois, carneiros e pombos. Também viu cambistas trocarem dinheiro diante do altar.[53] Ao ver tudo aquilo, Jesus se enfureceu e disse:

A minha casa será casa de oração.
Mas vós a transformastes em covil de salteadores.[54]

Depois disso, estabeleceu-se o caos. Ele e os discípulos viraram as mesas dos cambistas e expulsaram os mercadores e seus animais. Os fariseus lhe contestaram o direito de agir assim, mas ele lhes respondeu:

Destruí este santuário
E em três dias
Eu o reconstruirei.[55]

Jesus lhes disse que não tinha obrigação de revelar com que autoridade fazia aquelas coisas. Quando partiu do templo, declarou aos discípulos:

Em verdade vos digo
Que não ficará aqui
Pedra sobre pedra
Que não seja derrubada.[56]

168 *O Quinto Evangelho*

Quando em segredo os discípulos lhe perguntaram quando deveria acontecer aquilo, Jesus advertiu que tivessem cuidado com impostores agindo em seu nome e não se perturbassem ao ouvir falar de guerras. Tudo isso mostraria que Jesus previa mais problemas após a revolta no templo. No final do dia, voltou a Betânia com os discípulos.[57]

A traição

A partir daquele dia, Jesus diariamente ensinou no templo, e os devotos ouviam-lhe as lições com veneração. Como ele estava sempre cercado por guarda-costas e discípulos, os sacerdotes não podiam matá-lo. Desse modo, subornaram Judas Iscariotes, um dos discípulos, que se comprometeu a trair Jesus.[58] Judas disse aos sacerdotes que a traição se daria na ausência da multidão, quando Jesus estivesse sozinho.

Os sacerdotes tentaram outro estratagema, buscando colocar Jesus em dificuldade ao lhe pedir a opinião sobre questões vagas e capciosas. Quando o esquema falhou, passaram a depender apenas de Judas.

A prece no Jardim

Um dia, tarde da noite, Cristo saiu do templo e entrou no Jardim de Getsêmani, seguido pelos discípulos. Nessa ocasião, extremamente entristecido, ajoelhou-se e orou:

> *Aba, Pai,*
> *Tudo te é possível;*
> *Afasta de mim este cálice;*
> *Contudo,*
> *Não seja o que eu quero,*
> *E sim o que tu queres.*[59]

Enquanto fazia essa prece comovente, Jesus sentia angústia e suava gotas de sangue, que caíam ao chão. Quando implorou a Deus, um anjo do céu apareceu diante dele, dando-lhe forças. Obviamente, sua prece fora ouvida, e ele recebeu toda a ajuda de Deus. Havia implorado que o livrasse dos inimigos e é absolutamente inacreditável que ficasse sem resposta uma prece tão sincera do filho de Deus. Ele deveria ter vida longa, pois já havia sido previsto:

> *E, doravante,*
> *Doze poderosos se apresentarão*
> *E Jesus, o Messias,*
> *Pela Tua semente virá de uma virgem*
> *De nome Miriam,*
> *E Deus será com ele*
> *Até se cumprirem 100 anos.*[60]

Os sacerdotes e anciãos reuniram um grupo de soldados para prender Jesus, e Judas Iscariotes os conduziu ao Jardim de Getsêmani. Era noite e eles traziam lanternas, tochas e armas. Assim que Judas identificou Jesus,[61] eles avançaram para capturá-lo. Então Simão Pedro sacou a espada e feriu o servo do sumo sacerdote, mas o Senhor o conteve, perguntando:

> *Acaso pensas*
> *Que não posso rogar a meu Pai,*
> *E ele me mandaria neste momento*
> *Mais de 12 legiões de anjos?*[62]

Jesus perguntou à multidão por que eles haviam vindo à sua procura com espadas e bastões, como se ele fosse um ladrão. Se tal fosse o caso, poderiam tê-lo agarrado quando diariamente ensinava no templo.[63] Essa narrativa de Mateus e Marcos mostra claramente que Jesus estava seguro de que não poderiam fazer-lhe mal, já que Deus estava com ele e lhe enviaria ajuda, se fosse necessário. Naquele mesmo instante, um jovem chegou para alertar Jesus, mas já era muito tarde. Também tentaram prendê-lo, mas ele fugiu, deixando seu manto de linho no chão.

Diante do conselho

Deixando sozinho o Senhor, os apóstolos e os outros discípulos fugiram. Os soldados se apoderaram dele, levando-o à presença do concílio.

Lá estavam Caifás com seus sacerdotes e outros anciãos. Alguns na multidão fizeram falsas acusações contra Jesus: ele teria declarado que podia destruir o templo de Deus e reconstruí-lo em três dias.[64] Então, o sumo sacerdote perguntou:

Diz-nos, és o Cristo?

Jesus replicou: tu o disseste. Se eu o disser, não acreditarás. José, filho de Caifás, indicado sumo sacerdote pelo procurador romano Valério Grato, ocupante do cargo entre 18 e 36, orientou os judeus.[65] Ao ouvir aquelas palavras, Caifás gritou que Jesus era culpado de blasfêmia e merecia a morte. Tomada essa decisão, eles o levaram até o governador, no castelo de Antônia.

Pôncio Pilatos

Trazido o prisioneiro à presença de Pôncio Pilatos, os sacerdotes começaram a acusá-lo de incitar o povo contra o governo vigente. Também disseram que ele se proclamava rei dos judeus. Quando Pilatos perguntou-lhe se era o rei dos judeus, Jesus respondeu: "Tu o dizes."[66]

Admirado por Jesus não negar as acusações do clero, Pilatos declarou aos sacerdotes que não via culpa no acusado.[67] Os sacerdotes e os judeus, furiosos, passaram, todos, a fazer acusações infundadas contra ele e a exigir sua morte, mas Pilatos se recusou a atendê-los. Ele próprio havia anteriormente negado perante as autoridades que Jesus estivesse desencaminhando o povo, ou que fosse um agitador; dizia que falava mais como amigo dos romanos que como um amigo dos judeus.[68] Via-se em uma situação complicada: por um lado, queria libertar Jesus, mas, por outro, não queria antagonizar o clero, que poderia queixar-se às autoridades mais graduadas. Depois de pensar muito, imaginou um estratagema que lhe permitisse atender ao desejo dos judeus e ao mesmo tempo salvar Jesus. Veremos a seguir de que forma ele alcançou esse objetivo. Como Jesus pertencia à Galileia, Pilatos ordenou que seu caso fosse ouvido por Herodes.[69]

O veredicto

Herodes ouvira muito a respeito de Jesus e estava ansioso por vê-lo realizar um milagre. Os sacerdotes e outras pessoas apresentaram as acusações, dizendo a Herodes que Jesus havia se proclamado rei dos judeus e pedido ao povo que não pagasse os impostos.

Jesus foi acusado de liderar uma revolta contra os romanos. Muitas perguntas lhe foram feitas, mas ele permaneceu calado. Os principais sacerdotes e escribas continuaram a fazer acusações, mas Herodes não deu importância e mandou o prisioneiro de volta a Pilatos.[70]

Quando Jesus foi novamente conduzido a Pilatos, este declarou aos sacerdotes que, depois de interrogá-lo, não o considerava culpado. Observou que nem mesmo Herodes fora capaz de descobrir algo contra ele. O governador disse aos sacerdotes que pretendia libertá-lo.[71] No entanto, os judeus advertiram:

> *Se soltas a este,*
> *Não és amigo de César!*
> *Todo aquele que se faz rei*
> *É contra César!*[72]

Pilatos estava em apuros: não podia se permitir colocar em risco o cargo e posição. Temia ser rebaixado se os judeus se queixassem a César.[73]

Como estavam em um banquete, ele tinha a autoridade de libertar um prisioneiro; portanto, perguntou aos judeus quem deveria ser libertado: Jesus ou Barrabás? Os judeus pediram que libertasse Barrabás e exigiram que o outro fosse crucificado. Nesse ínterim, a esposa de Pilatos se aproximou e implorou-lhe que não fizesse mal a Jesus. Mais uma vez, ele perguntou à multidão que mal o Cristo havia feito. Todos gritaram: que seja crucificado! O governador foi obrigado a ceder à vontade dos sacerdotes e da multidão. Mandando vir água, lavou as mãos e declarou:

> *Estou inocente do sangue deste justo;*
> *Fique o caso convosco!*[74]

Enquanto os seguidores do Senhor e os essênios estavam reunidos com Nicodemos e José de Arimateia, o governador da Judeia anunciou o veredicto.

A sentença de morte

Nas escavações realizadas na antiga cidade de Áquila, no reino de Nápoles, foi descoberto pelo comissário de artes do Exército francês um vaso de mármore com uma placa de cobre contendo inscrições. Escrito originalmente em hebraico, o texto foi traduzido para o francês — verificou-se que era a sentença de morte de Jesus. Nós o reproduzimos a seguir:

> No décimo sétimo ano do imperador Tibério César, no vigésimo sétimo dia de março, na cidade santa de Jerusalém:
> Sendo Anás e Caifás
> Sacerdotes sacrificantes do povo de Deus.
> Pôncio Pilatos, o governador da Baixa Galileia,

> Ocupando a presidência do pretório, condena Jesus de Nazaré a morrer na cruz entre dois ladrões, sendo a grande e notória acusação do povo:

> (a) Jesus é um corruptor.
> (b) Ele é sedicioso.
> (c) Ele é inimigo da lei.
> (d) Ele falsamente se intitula filho de Deus.
> (e) Ele falsamente se intitula rei de Israel.
> (f) Ele entrou no templo, seguido de uma multidão que levava nas mãos folhas de palmeiras.

> Ordena a Quilius Cornelius, primeiro centurião, conduzi-lo ao local da execução;
> Proíbe qualquer pessoa, pobre ou rica, de se opor à morte de Jesus.
> As testemunhas que assinaram a condenação de Jesus são:

> 1. Daniel Robani, um fariseu.
> 2. Joannus Robani.

3. *Raphael Robani.*

4. *Capet, um cidadão.*

Jesus deverá sair da cidade de Jerusalém pelo portão de Struenus.[75]

A crucificação

Jesus foi levado em procissão ao lado dos dois ladrões até o Gólgota, o local da execução.[76] Foi acompanhado por uma grande multidão e por mulheres que choravam e lamentavam por ele.[77] Elas convenceram Simão, um cireneu, a carregar a cruz destinada a Jesus.[78] Tendo chegado ao ermo no alto da montanha, chamada Gileão, eles pararam, porque Jesus tombou de exaustão.[79] Enquanto isso, os soldados romanos escolheram onde fincar as cruzes. Voltando-se para as mulheres que lamentavam, Jesus disse:

> *Filhas de Jerusalém,*
> *Não choreis por mim;*
> *Chorai, antes, por vós mesmas,*
> *E por vossos filhos!*
> *Porque dias virão*
> *Em que se dirá:*
> *Bem-aventuradas as estéreis, que não geraram,*
> *Nem amamentaram.*[80]

Para demonstrar solidariedade com os condenados, aos quais deram uma bebida destinada a deixá-los inconscientes, os soldados ofereceram uma preparação de vinagre e absinto a Jesus, que recusou a bebida, pois não queria estar embriagado quando chegasse a hora de morrer pela fé e pela verdade.[81] No entanto, com relação à bebida oferecida a Jesus naquele momento, os Evangelhos divergem.

De acordo com Mateus, deram uma mistura de vinagre com fel a ele, que depois de haver provado recusou-se a bebê-la.[82] Segundo Marcos, foi oferecido vinho misturado com mirra, que ele recusou.[83]

A pedido dos servos do Sinédrio, a cruz destinada a Jesus foi colocada no centro, entre as dos dois ladrões. Essa cruz tinha um formato di-

174 *O Quinto Evangelho*

ferente do das outras. Nas cruzes dos dois ladrões, o braço vertical não ultrapassava o braço horizontal. A de Jesus era diferente: o braço vertical avançava muito acima do horizontal. Em frente à cruz foi colocada uma estaca curta para que ele pudesse se apoiar enquanto era amarrado.[84] É um mistério a razão de terem sido preparadas para Jesus uma cruz especial e uma estaca. Talvez houvesse nisso um objetivo especial! Talvez a cruz tenha sido projetada para salvar a preciosa vida, tão cara aos artesãos pobres, que em sua maioria pertenciam à Ordem dos Essênios.

Há divergências quanto ao momento exato em que ele foi posto na cruz. De acordo com João, em torno da sexta hora Jesus foi entregue aos sacerdotes para ser crucificado.[85] Como o local da execução, o Gólgota, era próximo, levaram quase uma hora para chegar lá. Por esse princípio, acreditamos que Jesus foi posto na cruz às 13 horas. Suspenderam-no e puseram-no em frente à cruz sobre uma estaca curta, para poder se apoiar enquanto era amarrado. Os braços e as pernas foram amarrados com cordas fortes.

A típica atrocidade da crucificação era a vítima não morrer instantaneamente, mas sim continuar a sofrer por dois dias ou até mais. A vítima era fixada na cruz com cordas ou pregos que atravessavam as mãos e os pés. No braço vertical, muitas vezes, havia um pequeno apoio chamado sédia, sobre o qual a vítima se sentava, como se estivesse montada em uma sela. Apoiando-se nesse assento, o crucificado conseguia de vez em quando diminuir o sofrimento. A cruz de Jesus era especial, pois, além da sédia, ainda tinha um apoio similar para os pés. O sangramento das mãos e dos pés não foi prolongado e não pode ter sido fatal. Do ponto de vista médico, a pressão arterial da vítima iria cair e a pulsação acelerar-se em decorrência da perturbação da circulação sanguínea. A vítima sentiria dor na cabeça e no coração, decorrente da irrigação insuficiente do cérebro, causando colapso ortostático. Nesse tipo de punição, a ideia original não era matar, mas expor a vítima ao sofrimento por muitos dias. No final, a morte seria causada por exaustão e fome.

Para finalmente encerrar a tortura do crucificado, procedia-se ao crurifrágio: a golpes de bastão eram quebradas as pernas abaixo do joelho. Em consequência, já incapaz de firmar o peso do corpo no apoio dos pés, a vítima era rapidamente acometida de insuficiência cardíaca.[86]

Jesus sofria em silêncio, dirigindo o olhar ao céu. Então, disse: Pai, perdoai-os, eles não sabem o que fazem. Quando sentiu uma sede abrasadora, um soldado lhe ofereceu uma esponja embebida em vinagre na ponta de uma longa vara de hissopo e, dessa forma, ele mitigou a sede.[87] As mulheres judias costumavam preparar uma espécie de bebida anestésica para os crucificados. Isso era visto como um ato de piedade, cujo objetivo real era reduzir a suscetibilidade das vítimas à dor.[88] A Jesus deu-se vinho misturado com mirra, com a mesma função.

Quando soou a sexta hora, a terra foi coberta por uma escuridão que continuou até a nona hora.[89] Isso significa que Jesus permaneceu na cruz por três horas. Quando a escuridão desceu sobre a Terra, as pessoas voltaram para suas casas. Só permaneceram no Gólgota os parentes, inclusive sua mãe, Maria Madalena e alguns dos discípulos. Os amigos da Irmandade dos Essênios estavam reunidos em um centro de culto próximo. Um soldado que era nobre e compassivo permitiu que João levasse Maria, a mãe de Jesus, para junto da cruz. Da direção do mar Morto observou-se subir uma neblina espessa e avermelhada. O topo das montanhas foi violentamente sacudido e a cabeça de Jesus tombou sobre o peito.[90]

> À hora nona, Jesus clamou em alta voz:
> *Elo-i, Elo-i, Lama sabachtani?*[91]

Segundo Matheus, Jesus gritou:

> *Eli, Eli, Lama sabachtani?*[92]

Lucas e João não mencionam essa frase. De acordo com Lucas, Jesus gritou: Pai, em tuas mãos entrego o meu espírito![93] Segundo João, ele disse: Está consumado![94] Jesus falou em aramaico e os que assistiam à cena ficaram confusos. Desde o dia da crucificação a frase causou confusão, já que muitos comentaristas da Bíblia interpretaram-na como: Meu Deus,

Meu Deus: por que me desamparaste? Na verdade, Deus não o havia desamparado, pois no Sermão da Montanha Jesus Cristo declarou:

> *Pedi, e dar-se-vos-á;*
> *Buscai, e achareis;*
> *Batei, e abrir-se-vos-á.*
> *Pois todo o que pede, recebe;*
> *O que busca, encontra;*
> *E, a quem bate, abrir-se-lhe-á.*[95]

Na verdade, ele já havia falado com Deus a esse respeito:

> *Aba, Pai,*
> *Tudo te é possível;*
> *Afasta de mim este cálice;*
> *Contudo, não seja o que eu quero,*
> *E sim o que tu queres.*[96]

Diante disso, é certo que a prece de Jesus não pode ter ficado sem resposta ou ter sido rejeitada. Naquele momento, no Jardim, Jesus estava em profunda meditação e sua prece foi ouvida: imediatamente um anjo de Deus veio a ele para lhe dar forças.[97] É uma estranha lógica afirmar que Deus o abandonou e que ele gritou, angustiado:

> *Meu Deus, Meu Deus: por que me desamparaste?*

Deus havia empenhado sua palavra a Jesus, porque este afirmou:

> *Pai,*
> *Graças te dou*
> *Porque me ouviste.*
> *Aliás, eu sabia que sempre me ouves.*[98]

Ele já havia declarado que Deus sempre o ouvia e atendia suas preces. A mesma vontade divina aconteceu também naquele momento, quando ele gritou.

Interpretação

Conforme dissemos, o suposto grito na cruz foi interpretado de formas diferentes nos dois primeiros Evangelhos. De acordo com Mateus, as últimas palavras de Jesus Cristo foram:

Eli, Eli, Lama sabachtani?

Segundo Marcos, as palavras foram:

Elo-i, Elo-i, Lama sabachtani?

No entanto, nas edições mais recentes do Novo Testamento, elas foram dadas como:

Eli, Eli, Lamah shavahhtani!

Aqui questiona-se por que as palavras foram alteradas pelos compiladores do Evangelho. Assinalamos que no original hebraico as palavras *Eli, Eli, Lamah shavahhtani!* significam:

Deus, Deus, como me glorificaste!

O verbo *shavahh* significa trazer paz, glorificar e consolar.[99] Se ele houvesse dito:

Eli, Eli, Lamah azavtani?

Isso significaria:

Eli, Eli, por que me desamparaste?

Essas palavras foram retiradas dos Salmos, e a passagem, por ser de extrema importância e cheia de significado, tem de ser reproduzida aqui para mostrar que a verdade foi escondida pelos compiladores dos Evangelhos.

178 *O Quinto Evangelho*

> *Deus meu, por que me desamparaste?*
> *Não te distancies de mim,*
> *Porque a tribulação está próxima,*
> *E não há quem me acuda.*
> *Tu, porém, Senhor, não te afastes de mim;*
> *Força minha,*
> *Apressa-te em socorrer-me.*
> *Pois do Senhor é o reino.*[100]

Também surge dúvida quanto a se seria correto *Lamá* ou *Limá*, pois mudaria todo o significado. *Li* é o afirmativo, enquanto *La* é o negativo. Assim, ao serem traduzidas, as palavras de Jesus significariam:

> *Meu Deus, não me desamparaste!*

Com essa questão em vista, Jesus Cristo pode ter gritado:

> *Meu Deus, Meu Deus, não me desamparaste.*

Há outro aspecto relevante que não pode ser ignorado. Já demos a entender que Cristo pode ter dito as palavras do salmo. Podemos explicar quem era a pessoa crucificada aqui? Quem era a personalidade, de quem eram os pés e as mãos que foram transfixados? Para explicar essa questão vamos citar os Salmos:

> *Por que te achas longe de minha salvação,*
> *E das palavras de meu bramido?*
> *Nossos pais confiaram em ti;*
> *Confiaram, e os livraste.*
> *A ti clamaram e se livraram;*
> *Confiaram em ti*
> *E não foram confundidos.*[101]

Conforme o salmo deixa claro, aquele que grita tem plena esperança de ver sua súplica atendida e de se livrar. Ele, então, fala da própria vida nos seguintes termos:

Contudo, tu és quem me fez nascer;
E me deste esperança,
Estando eu ainda ao seio de minha mãe.
Não te distancies de mim,
Porque a tribulação está próxima,
E não há quem me acuda.[102]

Mais uma vez, pede ajuda a Deus, relatando assim os fatos reais:

Cães me cercam;
Uma súcia de malfeitores me rodeia;
Traspassaram-me as mãos e os pés.
Posso contar todos os meus ossos;
Eles me estão olhando e encarando.
Repartem entre si as minhas vestes
E sobre a minha túnica deitam sortes.[103]

Pode-se fazer uma pergunta pertinente: quem é a pessoa cujas vestes estão sendo repartidas? Quem é essa personalidade cujos pés e mãos foram perfurados?

Do que foi dito até agora, podemos concluir que o ato da crucificação fora inteiramente previsto séculos antes, ou o salmo anterior pode ser o próprio grito de angústia de Cristo. Ele afirma categoricamente que está cercado de malfeitores e que teve os pés e as mãos perfurados. Esse grito não pode pertencer a nenhuma outra personalidade senão ao próprio Jesus Cristo. Ele ainda implora:

Livra a minha alma da espada;
Salva-me das fauces do leão;
Sim, tu me respondes.
A meus irmãos declararei o Teu nome;
Cantar-Te-ei louvores
No meio da congregação.[104]

Um exame detalhado desses versos mostra que ele implorou a Deus pela salvação. Ele afirma ter sido Deus quem o fez nascer e que o transformou na esperança das nações. Lamenta estar sofrendo atribulações e não ter quem o ajude. Diz, ainda, que os malfeitores o cercaram, perfuraram-lhe as mãos e os pés e distribuíram entre si suas vestes. Além disso, declara ter as forças esgotadas e os ossos desconjuntados. Implora ainda a Deus para não se afastar dele e se apressar a salvá-lo, para que ele possa cantar o nome de Deus nas congregações. Deus, por sua vez, lhe faz uma promessa de que "viva para sempre o vosso coração".

A versão sumeriana

A versão sumeriana seria: *Elauia, Elauia, Limasba(la)g-ants*, cuja tradução seria: Não há Deus senão Deus, oh, glorioso e louvado que foi enviado. É interessante observar que no ato de conversão ao islamismo faz-se o seguinte juramento: "Não há outro Deus senão Deus e Maomé é enviado por Deus." Em árabe, o nome Maomé significa louvado ou glorioso.[105]

A palavra *"Eloi"* ou *"Eli"* recebeu diferentes interpretações de diversos estudiosos. Também se afirmou que essa palavra significa profeta ou o santo que deveria vir após o Senhor e, como tal, não significa Deus.[106] Essa palavra também foi usada por Krishna durante a guerra entre os Kauravas e os Pandavas, quando ele gritou *Elia, Elia*.[107] Durante a Primeira Guerra Mundial, a Brigada Britânica encontrou essa palavra inscrita em uma placa de metal perto de Jerusalém.[108] Na Ásia Central, foi encontrada outra placa, que se diz ter pertencido à arca de Noé, contendo palavras em aramaico, inclusive essa, juntamente com palavras de Maomé e de sua família.[109] Buda também recitou a palavra *Elia* em suas preces, quando seu povo se opôs a ele.[110]

O Reino de Deus

Jesus Cristo foi o único filho gerado por Deus e, como tal, nunca poderia ter sido deixado à mercê dos seres humanos. Sua missão era mostrar-nos como viver de um modo que agradasse a Deus. Portanto, a mão de Deus entrou em ação e ouviu-se no ar um som sibilante. As pessoas foram tomadas de terror, julgando que maus espíritos estivessem chegando para puni-los.[111] Logo a montanha começou a tremer e as paredes do templo cederam, até que o véu do santuário fendeu-se em dois, de alto a baixo. As sepulturas se abriram e muitos corpos de santos adormecidos se ergueram e saíram do túmulo. Os judeus consideraram tudo isso extremamente sobrenatural, e o centurião romano se adiantou para amparar Maria, a mãe de Jesus. Havia outras mulheres no local, inclusive Maria Madalena e a mãe dos filhos de Zebedeu. Marcos nos conta que Maria, a mãe de José, Salomé e Tiago, o menor, também ficaram a distância, olhando para a cruz. Muitas pessoas golpearam o peito com as mãos e partiram, mas alguns seguidores de Cristo não se afastaram. Os essênios continuaram ali, pois conheciam a causa daqueles fenômenos da natureza.

Amigos e inimigos

Um estudo dos Evangelhos revela que, entre os inimigos que ficaram junto ao local da crucificação, os mais destacados eram:

1) Os sacerdotes.
2) Os soldados.

Entre os amigos e seguidores de Jesus Cristo devem ser mencionados os seguintes:

1) Maria, a mãe de Jesus.
2) Sua irmã.
3) Maria, a mulher de Cleófas.
4) Maria Madalena.[112]
5) José de Arimateia.[113]
6) Maria, mãe de Tiago.
7) Salomé.
8) Outras mulheres.[114]
9) A mãe dos filhos de Zebedeu.[115]
10) Discípulos e seguidores.
11) Os essênios do Gólgota.[116]

José de Arimateia

José era um rico homem de Arimateia, e também um devotado discípulo de Jesus. Também é tido como um honrado conselheiro, que esperava pelo Reino de Deus; um homem bom e justo, que se opôs ao veredicto.

Por ser um discípulo do Senhor, encontrou-se secretamente com Pilatos para pedir o corpo de Jesus. Como poucas horas se haviam passado desde a crucificação, Pilatos se perguntou se ele estaria morto. O governador chamou um dos guardas, que confirmou a morte. Pilatos ordenou que o corpo fosse entregue a José. Acompanhado de Nicodemos, José de Arimateia correu ao local da crucificação.[117] Ele levava consigo um lençol de fino linho,[118] e Nicodemos levava uma mistura de mirra e aloés.[119] Nicodemos era um fariseu conhecido como líder entre os judeus. Ele acreditava que Jesus Cristo vinha de Deus e costumava encontrar-se com o Senhor nas horas mortas da noite.[120] Nicodemos e José de Arimateia pertenciam à Ordem dos Essênios.[121]

Os essênios eram os grandes curandeiros do mundo antigo. Investigavam as propriedades de ervas, plantas e minerais. Conheciam a arte de preparar óleos medicinais que, quando aplicados ao corpo, produziam o estranho efeito psicológico de onipotência. Também conheciam uma erva secreta que misturada a unguentos e temperos podia dar vida e fazer os mortos renascerem. O próprio Jesus era um grande curandeiro, tendo ensinado os discípulos a curar os doentes. Ele havia aprendido ioga e praticava a arte da cura. Para salvar Jesus, os essênios haviam deixado à mão material de primeiros socorros e outras ervas.[122]

Sangue e água

Ao saberem que José de Arimateia havia recebido autorização de levar o corpo de Jesus, os sacerdotes foram a Pilatos exigir que fossem quebradas as pernas dos crucificados, já que eles não podiam permanecer na cruz durante o Sabá.[123]

Trazidos pelos sacerdotes, os soldados vieram então quebrar as pernas das vítimas. Quebraram as pernas dos dois ladrões, mas ao chegarem a Jesus, julgando que já estivesse morto, não lhe quebraram as pernas.[124] Entretanto, um dos soldados perfurou-lhe o flanco, e da ferida minaram sangue e água.[125] Cristo foi ferido no lado direito do corpo por uma lança apontada para cima, que não poderia alcançar o coração.

Aparentemente, naquele momento, o Senhor estava em coma.[126] Também é provável que tenha apenas simulado a morte, colocando-se em um transe cataléptico. A existência de sangue e água no corpo indica, do ponto de vista médico, que ele ainda estava vivo quando José de Arimateia e Nicodemos, o líder dos fariseus, chegaram ao local.

A versão dos essênios

Uma carta interessante enviada por um essênio aos irmãos da ordem religiosa traz informações sobre sua atuação em salvar a vida de Jesus Cristo. Reproduzimos a seguir um resumo da carta:

> *Caros irmãos,*
>
> *Em benefício de Jesus, dois membros de nossa Ordem, poderosos e experientes, usaram de toda sua influência sobre Pilatos e o Conselho Judaico, porém seus esforços foram frustrados porque o próprio Cristo quis que lhe fosse permitido morrer pela fé.*
>
> *José de Arimateia e seu amigo Nicodemos, pertencentes à nossa Ordem, obtiveram de Pilatos permissão para retirar o corpo de Jesus da cruz naquela mesma noite e colocá-lo no sepulcro cavado na rocha, pertencente a José. Os judeus haviam obtido ordens de serem quebrados os ossos dos crucificados, para possibilitar o enterro de seus corpos. Como o centurião nos era favorável, ordenou aos soldados não quebrarem os ossos de Jesus, pois este estava morto. Para ter mais certeza, um dos soldados cravou uma lança no corpo, de modo a passar acima do quadril e perfurar o flanco. O corpo não apresentou convulsões e isso foi considerado um sinal seguro de que Jesus estava realmente morto. O centurião se apressou a relatar o fato a Pilatos. No entanto, do ferimento insignificante jorraram sangue e água, o que renovou nossa esperança.*
>
> *Depois disso, eles correram até a cruz e, de acordo com as prescrições da arte médica, desataram lentamente as amarras, retiraram os cravos dos ligamentos e, com grande cuidado, deitaram-no ao chão. O corpo foi então colocado no sepulcro.*[127]

A concepção de tempo

Jesus Cristo permaneceu na cruz da sexta até a nona hora. Nos tempos antigos, a unidade básica para cálculo do tempo era o dia que, entre os

184 *O Quinto Evangelho*

judeus, se contava a partir do crepúsculo. Evidentemente, o dia e a noite se compunham de oito turnos de aproximadamente três horas, de modo que, juntos, duravam 24 horas. A sexta hora do dia ocorreria mais ou menos ao meio-dia e a nona hora, às 15 horas. O sabá começava ao pôr do sol da sexta-feira e terminava ao pôr do sol do sábado. Os judeus eram obrigados a guardar esse dia e considerá-lo sagrado.[128] Era o sétimo dia da semana. Da mesma forma, o sétimo mês e o sétimo ano também tinham um Sabá especial. Ordenava-se aos crentes cultuarem o Senhor no Sabá e nas luas novas.[129] Durante o Sabá, era ilegal manter corpos na cruz.[130] Portanto, é claro que Jesus foi colocado na cruz ao meio-dia e retirado às 15 horas.

A versão hindu

Um antigo sutra indiano conhecido como *Natha-namavali*, preservado pelos iogues natha, apresenta uma versão diferente da ressurreição de Jesus Cristo, a quem eles chamam de Isha Natha.

> *Isha Natha veio para a Índia aos 14 anos. Depois disso, voltou a seu próprio país e começou a pregar. No entanto, seus compatriotas, brutais e materialistas, logo conspiraram contra ele e o crucificaram. Depois da crucificação, ou talvez antes mesmo dela, Isha Natha entrou em samadhi, um transe profundo, por intermédio da ioga. Ao vê-lo nesse estado, os judeus julgaram que estivesse morto e o colocaram no sepulcro. Naquele mesmo instante, porém, o grande Chetan Natha, um de seus gurus ou mestres, que estava em profunda meditação nas encostas dos Himalaias, teve uma visão das torturas a que Isha Natha estava sendo submetido. O guru tornou o próprio corpo mais leve que o ar e se transportou à terra de Israel. O dia de sua chegada foi marcado por trovões e relâmpagos, pois os deuses estavam zangados com os judeus, e toda a terra tremeu. Quando Chetan Natha chegou, retirou da sepultura o corpo de Isha Natha, despertou-o do transe e, mais tarde, o levou para a terra sagrada dos arianos. Então, Isha Natha fundou um ashram nas regiões mais baixas dos Himalaias, estabelecendo ali o culto a Lingam e Yoni.[131]*
>
> *Os iogues natha têm algumas canções nas quais mencionam João Batista. Encontrada nos sutras indianos, essa lenda sobre Jesus merece séria con-*

sideração. Há uma lenda similar em outro texto sânscrito sobre a história antiga da Caxemira. Nela, o autor menciona Isana, em vez de Chetan Natha. Essa lenda será discutida mais adiante.[132]

Primeiros socorros

Eles removeram Jesus Cristo da cruz e envolveram o corpo em uma peça limpa de linho, coberto de especiarias. O corpo foi posto em um sepulcro novo, no jardim próximo ao calvário.

As mulheres também os acompanharam ao sepulcro. Nicodemos trouxera consigo uma mistura de mirra e aloés.[133] Os outros devotos prepararam especiarias e unguentos para o Senhor.[134] Nicodemos espalhou potentes especiarias e bálsamos medicinais em longos pedaços de tecido fino que havia trazido. Também colocou bálsamo nas mãos perfuradas pelos cravos.[135] Reduzidos a pó, a mirra e o aloé foram colocados entre as bandagens, e estas, enroladas no corpo, camada após camada.[136]

Nessas operações médicas, foram ajudados pelos essênios. A devotada seita era profundamente versada nas virtudes curativas de plantas medicinais, raízes e pedras.[137] À meia-noite, Nicodemos e os outros devotos constataram que Jesus estava respirando.[138] Como ali não era seguro, retiraram-no do sepulcro para um local mais protegido.

A ajuda médica

O sumo sacerdote havia previsto a existência de planos secretos entre José e os galileus para salvar a vida de Jesus. Também pensava que Pilatos e José estavam mancomunados contra os judeus. Portanto, mandou espiões buscarem informações sobre os amigos secretos de Cristo. Um essênio, vestido de branco e encoberto pela névoa da manhã, desceu das montanhas e removeu a pedra do sepulcro. Os guardas e os espiões fugiram, tomados de grande pavor, e espalharam a notícia de que um anjo removera a pedra. Enquanto isso, chegaram à gruta 24 essênios, liderados por José e Nicodemos. Eles viram o essênio vestido de branco amparando ao peito a cabeça do reanimado Jesus. Então, José abraçou o Senhor com lágrimas nos olhos. Quando Jesus reconheceu o amigo,

186 *O Quinto Evangelho*

perguntou: "Onde estou?" Deram-lhe um pouco de pão com mel e ele se sentiu muito revigorado. Embora tomasse consciência dos ferimentos, o bálsamo que Nicodemos aplicara sobre eles exerceu efeito calmante. Retiradas as bandagens e removido o lenço que cobria a cabeça de Jesus, este foi levado para a casa de um essênio. Antes de partir, o grupo eliminou todos os sinais de ataduras, remédios e drogas utilizados. Jesus foi escondido por questões de segurança. Depois de sua recuperação, vestiram-no com as roupas brancas de um jardineiro. Nicodemos, mais uma vez, tratou-lhe as feridas, deu-lhe uma bebida medicinal e o aconselhou a repousar em silêncio. Mas Jesus disse:

> *Não temo a morte,*
> *Pois a consumei;*
> *Os inimigos reconhecerão*
> *Que Deus me salvou;*
> *E não desejarão que eu morra eternamente.*

Depois disso, Jesus prosseguiu sua jornada.[139] Como fizesse frio, os essênios lhe deram um manto com que se abrigou.

O unguento de Jesus

O famoso *Marham-i-Issa* ou unguento de Jesus, que lhe curou as feridas, foi mencionado em muitos tratados médicos, como o Cânon de Avicena, o *Sharh-i-Qanun*, o *Hawi-Kabir*, de Rhazes, o Liber Regius, de Haly Abbas, e o Hesagps, de Jarjani.[140] O unguento também é conhecido como Unguento dos Doze, porque Jesus teve 12 discípulos. Segundo Avicena, esse bálsamo tem poderes miraculosos para curar ferimentos.[141] Pode eliminar o pus e restaurar tecidos necrosados.[142] Com eficácia, cura feridas e forma novos tecidos para preencher as cavidades. Ajuda a circulação sanguínea e cura a perda de sensibilidade.[143] O Unguento de Jesus contém:

1. Cera branca.
2. Goma gugal (*commiphora mukul*), também conhecida como bálsamo dendron Mukul.

Clero e crucificação 187

3. Plumbi Oxidum.
4. Mirra.
5. Gálbano (*Ferula galbaniflua*).
6. Aristolóquia (*Aristoelchia Longa*).
7. Subacetato de cobre.
8. Goma amoníaca.
9. Resina de *Pinus Longifolia*.
10. Olíbano.
11. Resina de *aloe vera* (babosa).
12. Azeite de oliva.

É preciso destacar que, em toda a literatura árabe e persa, o unguento foi mencionado sob o título de *Sheliakh, Salieka, Zaliekha*, o que pode significar Unguento dos Profetas ou Unguento dos Doze.[144]

Outra versão

Muitos tratados sobre a questão da morte física ou, pelo contrário, da sobrevivência de Jesus Cristo foram escritos. O Dr. William Stroud publicou sua pesquisa em Londres no ano de 1887. Antes dele, em 1881, a questão foi examinada do ponto de vista médico pelo Dr. Nagels Bibeluber-setzung e, mais tarde, retomada pelo Dr. O. Streffe, cujas dissertações foram compiladas sob o título: *Physiologische Unmoglichkeit des Todes Christi am Kreuze*, publicado em Bonn, em 1912. O livro *The Life of Christ*, reeditado pela Stockton-Doty Press, na Califórnia, apresenta a seguinte versão:

> *Tratado com excepcional truculência, ferido e tendo perdido muito sangue, suficiente para causar a morte de qualquer pessoa comum, o Mestre Iessu, mesmo tendo sofrido física, mental e espiritualmente a agonia e o suor sangrento de um Filho de Deus não reconhecido por seu povo, recuperou-se antes do que haviam esperado seus melhores amigos. Baixado da cruz e dispensada a necessária atenção a seus ferimentos, precisou apenas que a natureza fizesse o resto. Seu círculo de amigos próximos havia decidido salvá-lo a qualquer preço. O conhecimento e a compreensão das ciências que obtiveram*

188 *O Quinto Evangelho*

dele agora seriam testados. Portanto, no momento em que o desceram da cruz, o corpo foi colocado em um sepulcro particular. Depois de lacrada cuidadosamente a pedra que servia de porta, os amigos do Mestre entraram no sepulcro por uma passagem secreta. Ali começaram imediatamente a trabalhar. Quando o retiraram da cruz, sabiam que Jesus não estava morto, mas apenas inconsciente. Aquela condição foi induzida pelo sedativo que lhe fora habilmente administrado, pois haviam decidido realizar, sob a proteção da noite, um ato desesperado, se a chegada do edito imperial não lhes tivesse tornado a circunstância muito mais favorável.

Depois de o corpo ser levado ao sepulcro e afastado dos olhos do público, José de Arimateia, Nicodemos, Mathaeli e outros começaram a trabalhar, fazendo todo o possível para reanimar seu amado Mestre. Era quase meia-noite quando o corpo foi reanimado o suficiente para ser removido para a casa de José.[145]

Nos Evangelhos não há menção a terem lavado o corpo de Jesus, mas não resta dúvida de que lhe aplicaram ervas e bálsamos e depois o envolveram em bandagens. Como Jesus ainda estava vivo quando foi enrolado, seu suor produziu uma imagem impressa no tecido. Ao mesmo tempo, o unguento utilizado para tratar as feridas também teve efeito químico sobre o sudário. Com o passar do tempo e a recuperação da energia, o corpo se reaqueceu, deixando uma imagem permanente, que não só mostra as marcas da flagelação, mas também revela o fluxo de sangue, principalmente do ferimento causado pela lança. De acordo com o professor Giovanni Batista, o corpo que foi envolvido no sudário era de um indivíduo de tipo sanguíneo AB positivo.[146] Como é do conhecimento dos antropólogos, em termos gerais, Jesus pertencia ao grupo caucasoide e principalmente à raça mediterrânea. Basicamente, seu grupo sanguíneo deveria ser A, mas como ele vivia a leste do Mediterrâneo, o tipo B pode ocorrer com uma frequência variável.

O sepulcro

Sabemos muito pouco sobre o sepulcro no qual o corpo de Jesus foi colocado pelos amigos. Ao mesmo tempo, é inegável que ele deveria ser sepultado de acordo com o costume judaico. No caso de pessoas importantes, o corpo costumava ser colocado em uma prateleira em um túmulo escavado na rocha. Após a decomposição, os ossos eram recolhidos e guardados em uma arca de madeira ou pedra, abrindo espaço a outros membros da família. É importante observar que colocar os corpos em caixões é um costume budista, para preservar as relíquias do Bodhisattva. O sepulcro de Jesus Cristo foi escavado em uma pedra.[146] Era novo, e ninguém ainda fora sepultado ali.[147] O túmulo ficava em um jardim próximo ao Gólgota.

Foram encontradas em Jerusalém sepulturas do mesmo período, mas nenhum túmulo escavado na rocha como o sepulcro preparado para Jesus Cristo por José de Arimateia. Registros históricos mostram que Constantino, o Grande, em torno de 326, ordenou que as rochas fossem cortadas para construir uma basílica. Até agora os arqueólogos não puderam encontrar quaisquer relíquias ou restos de Jesus, o que prova ser necessário procurar sua sepultura em outro lugar. Na Alemanha, a Sociedade Maçônica conseguiu obter uma lápide esculpida pelos essênios. Nela eles mencionam que Cristo não morreu na cruz, mas foi salvo graças a certas circunstâncias. Em primeiro lugar, ele passou poucas horas na cruz e, em segundo, recebeu dos essênios tratamento adequado. Eles o protegeram e tiraram do alcance dos judeus. Ao mesmo tempo, não se pode duvidar da existência de essênios na Índia, porque temos o mesmo tipo de Ordem, conhecida como "Sanyasis", que são monges mendicantes, porém versados em ervas e doenças. Essa lápide, guardada pela referida sociedade, está fora do alcance da Igreja.[148]

Edessa

Em 36, Ezad ascendeu ao trono de Adiabene, sendo contemporâneo de Abgaro Ukkama, de Edessa.[149] É preciso mencionar que Abgaro foi um ariano e seu reino mantinha comércio regular com a Índia. Na verdade, Edessa era um centro comercial importante na rota entre a Babilônia e o porto de Spasinou Charax, no golfo Pérsico.[150] Um dos servos de Abgaro, de nome Ananias, viu Jesus realizar milagres. Depois de voltar para seu

190 *O Quinto Evangelho*

país de origem, falou sobre Jesus a Abgaro, que estava sofrendo de artrite e lepra negra. Inicialmente, o rei decidiu convocar Jesus à sua corte para que o curasse. Mas chegou a seu conhecimento a notícia de que os judeus estavam conspirando contra Jesus e querendo prejudicá-lo. Por isso, ele decidiu enviar uma carta a Jesus, pedindo para ser curado de sua doença. Infelizmente, quando Ananias chegou a Jerusalém, Jesus já havia sido crucificado. Ele encontrou Tomé, que lhe deu o pano que envolveu o corpo de Jesus quando este foi colocado no sepulcro. Ananias escondeu o tecido na bolsa e voltou a Edessa, na companhia de André. O servo, então, entregou o pano sagrado ao rei de Edessa, que foi curado de suas moléstias.[151] Nessa época, a região contava com uma importante comunidade judaica. No entanto, deveu-se a Abgaro Ukkama a difusão do cristianismo em seu reino, e muitos judeus aceitaram a doutrina. Por essa razão, os primeiros bispos cristãos tinham nomes judaicos.

O Santo Sudário

O pano que cobriu o corpo de Jesus na sepultura é hoje preservado na catedral de Turim, na Itália. Ele tem 4,35m de comprimento por 1,10m de largura. Nele está impressa em proporção anatomicamente perfeita a imagem do rosto e do corpo de Jesus, registrando a altura do corpo como 1,62m. O sudário apresenta marcas de sangue e outras manchas na exata localização da cabeça, das mãos e do lado direito do peito. Levado para Edessa no ano 30, o tecido foi novamente descoberto em 525, escondido em um nicho. Em 639, foi preservado na Basílica de Santa Sofia (Hagia Sophia). Depois disso, foi levado pelos muçulmanos, que o entregaram a Abraão, bispo de Samossata, em 944. Levado para Constantinopla, foi preservado ali na Basílica de Santa Sofia. Em 1058, foi visto por Abu Nasr Yahya, um escritor árabe cristão. Foi novamente visto em Constantinopla pelo cruzado francês Robert de Clari, em 1203. Fala-se de seu desaparecimento no ano seguinte, quando Constantinopla foi saqueada pelos cruzados. O sudário encontrou refúgio na França e foi exposto pela primeira vez na presença da família real da Casa de Saboia.[152] Agora, está permanentemente preservado na capela real de Turim.

Em 1898 realizou-se uma tentativa de fotografá-lo, sem êxito. No entanto, na segunda tentativa o fotógrafo Secondo Pia foi bem-sucedido. Ele descobriu que no negativo podia ser vista uma imagem "realista". Em 1931 a imagem em negativo foi revelada de forma ainda mais clara nas fotografias de Giuseppe Enrie. Em junho de 1969 o sudário foi mostrado aos membros de uma comissão científica especial, e a primeira conferência de pesquisa científica começou a estudá-lo em março de 1977.[153]

Os testes científicos realizados até o momento revelam:

a) A antiguidade do linho é confirmada por sua tessitura em um padrão de zigue-zague que era moda no primeiro século da era cristã.

b) A imagem no sudário é tridimensional, em vez de plana, por isso, não pode ser obra de mãos humanas.

c) O pólen no linho é do tipo encontrado na Palestina no primeiro século.

d) As nódoas e manchas no tecido indicam a presença de mirra, o unguento empregado nas marcas dos ferimentos de Jesus Cristo.

e) Um prego foi cravado nos pés cruzados, entre o segundo e o terceiro dedos, sem que nenhum osso fosse quebrado.

f) As duas mãos foram pregadas acima da parte carnuda das palmas.

g) A lança foi cravada entre a quinta e a sexta costelas, a aproximadamente 15cm da linha medial, em um ângulo ascendente em relação ao coração.

h) Positivos das fotos das características faciais mostram que Jesus era de origem judaica, com um nariz longo e cabelos e barba compridos.[154]

Posteriormente, o Santo Sudário passou por mais testes científicos, realizados por uma equipe de 27 cientistas dos Estados Unidos que receberam a difícil tarefa de determinar se ele era legítimo ou falsificado. Após criteriosos testes microanalíticos e de radiocarbono, alguns cien-

192 *O Quinto Evangelho*

tistas concluíram que o sudário é o mesmo tecido que envolveu o corpo de Jesus Cristo após a crucificação.[155]

O desaparecimento

Era madrugada. Maria Madalena e Maria, mãe de Tiago e Salomé, chegaram ao local do sepulcro. Elas trouxeram aromas para embalsamar o corpo de Cristo. Com elas estavam outros seguidores.[156] Viram que a pedra do sepulcro fora removida[157] e sobre ela estava sentado um anjo de face radiante e trajes brancos como a neve.[158] Viram um jovem sentado ao lado direito, vestido em uma longa túnica branca.[159] Muito perplexos, viram a aparição de dois homens que lhes disseram:

> *Por que buscais*
> *Entre os mortos o que vive?*
> *Ele não está aqui,*
> *Mas ressuscitou.*
> *Lembrai-vos de como vos preveniu,*
> *Estando ainda na Galileia,*
> *Quando disse:*
> *Importa que o Filho do Homem*
> *Seja entregue nas mãos de pecadores,*
> *E seja crucificado,*
> *E ressuscite no terceiro dia.*[160]

O jovem vestido em uma longa túnica branca disse-lhes que não tivessem medo, mas que fossem contar aos discípulos que Jesus fora adiante deles para a Galileia e os veria lá.[161] Portanto, rapidamente as mulheres deixaram o sepulcro, tomadas de medo e grande alegria, e correram para levar os discípulos à Galileia, para vê-lo.[162] Contudo, temerosas dos fariseus, guardaram segredo sobre o incidente. Não falaram a ninguém sobre ele.[163] Maria Madalena, porém, não conseguiu guardar o segredo e foi depressa procurar Simão Pedro e outros discípulos a quem Jesus amava. Ela lhes disse que o Senhor havia sido tirado do sepulcro.[164]

Ao ouvir isso, Pedro correu ao sepulcro para examinar o local. Viu os tecidos de linho jogados no chão.[165] Em outro canto do sepulcro, avistou o lenço que cobrira a cabeça de Jesus, separado dos panos.[166] O apóstolo foi embora intrigado com o estranho incidente.[167]

A ressurreição

O Evangelho de Pedro, escrito em 150, forneceu detalhes autênticos sobre a ressurreição de Jesus Cristo, reproduzidos a seguir:

> *Mas durante a noite que precedeu o dia do Senhor, enquanto os soldados montavam guarda, por turno, dois a dois, veio do céu um forte som e eles viram os céus se abrirem e de lá descerem dois homens resplandecentes de luz, que se aproximaram do sepulcro. E viram que a pedra que fechava a porta rolou sobre si mesma ficou ao lado. O sepulcro se abriu e nele entraram os dois jovens. Ao verem isso, os soldados despertaram o centurião e os anciãos. E enquanto lhes contavam tudo o que haviam presenciado, viram sair do sepulcro três homens: dois deles amparavam o terceiro e eram seguidos por uma cruz. A cabeça dos dois homens alcançava o céu, enquanto a daquele que amparavam ultrapassava os céus.[168]*

Essa passagem do Evangelho apócrifo revela que entraram no sepulcro dois homens que emitiam muita luz. No entanto, após algum tempo, em vez de dois, três homens saíram, sendo um sustentado pelos outros dois. Não é uma estranha coincidência que no momento da transfiguração Jesus tenha sido visto conversando com dois homens e que, mais uma vez, ele esteja sendo retirado do sepulcro por dois homens vestidos de branco?[169] É claro que eles eram José e Nicodemos, que se encontraram com Jesus no monte, no momento da transfiguração, e mais uma vez vieram ao sepulcro à noite e o levaram para um local seguro.

A notícia se espalhou pela cidade, e os sacerdotes ouviram todos os detalhes. Eles se reuniram e deram uma grande soma aos soldados, instruindo-os a informar ao governador que Jesus havia sido levado pelos discípulos.[170] Enquanto isso, Cristo se recolheu ao isolamento, após lançar um último olhar sobre a terra, do alto de uma montanha. Aconselhado por José de Arimateia, ele concordou em ir viver com os essênios.[171]

O caminho de Emaús

Então, Jesus foi para uma aldeia chamada Emaús, onde vieram encontrá-lo dois aldeões. Um deles, cujo nome era Cleófas, perguntou ao Senhor se ouvira dizer que Jesus de Nazaré fora condenado à morte e crucificado pelos sacerdotes. O Cristo lhes respondeu:

> *Ó néscios*
> *E tardos de coração*
> *Para crer tudo*
> *O que os profetas disseram!*
> *Porventura não convinha que o Cristo*
> *Padecesse e entrasse em sua glória?*[172]

Quando se aproximavam da aldeia, Jesus estava com pressa e queria seguir adiante, mas os companheiros o retiveram e o convidaram a jantar. Ele aceitou a hospitalidade deles.

> *E aconteceu que,*
> *Quando estavam à mesa,*
> *Tomando ele o pão,*
> *Abençoou-o e,*
> *Tendo-o partido, lhes deu.*[173]

Esse fato mostra que, após fazer a refeição, composta de pão e carne, Jesus seguiu adiante, indo para o campo.[174]

O encontro com os discípulos

Depois da crucificação, temerosos, os discípulos de Jesus se reuniram em uma casa a portas fechadas. Haviam sido informados das aparições do Senhor em diversos lugares. Enquanto estavam envolvidos em discussões, Jesus Cristo se apresentou entre eles e lhes disse:

> *A paz seja convosco.*[175]

Clero e crucificação 195

APARIÇÕES DE NOSSO SENHOR APÓS A RESSURREIÇÃO

Ordem	Ocasião	A Quem	Onde	Registro
1	No domingo, 9 de abril, início da manhã	A Maria Madalena	Junto ao sepulcro, em Jerusalém	Marcos 16:9; João 20:11-18
2	No domingo pela manhã	Às mulheres que voltavam do sepulcro	Perto de Jerusalém	Mateus 28:9,10
3	No domingo	Somente a Simão Pedro	Perto de Jerusalém	Lucas 24:34
4	No domingo à tarde	A dois discípulos a caminho de Emaús	Entre Jerusalém e Emaús, e em Emaús	Lucas 24:13-31; Marcos 16:12,13
5	No domingo à noite	Aos apóstolos, exceto Tomé	Em Jerusalém	João 20:19-25; Marcos 16:14
6	No domingo à noite, 16 de abril	Aos apóstolos, inclusive Tomé	Em Jerusalém	João 20:26-29
7	No último dia de abril ou 1º de maio	A sete discípulos que pescavam	No mar da Galileia	João 21:1-13
8	No último dia de abril ou 1º de maio	Aos 11 discípulos na montanha	Na Galileia	Mateus 28:16-20; Marcos 16:15-18
9	No último dia de abril ou 1º de maio	A mais de 500 irmãos, simultaneamente	Na Galileia	I Cor. 15:6
10	Em maio	Somente a Tiago	Em Jerusalém, provavelmente	I Cor. 15:7
11	Na quinta-feira, 18 de maio	A todos os apóstolos, na ascensão	No Monte das Oliveiras, perto de Betânia	Marcos 16:19-20; Lucas 24:50,51; Atos 1:6-12
12	Jesus apareceu a Paulo seis anos depois, perto de Damasco, em 36. Atos 9:3,4; I Cor. 15:8.			

Os discípulos ficaram aterrorizados, temendo que o espírito do Senhor estivesse falando com eles. Mas Jesus lhes perguntou:

Por que estais perturbados?
E por que sobem dúvidas ao vosso coração?
Vede as minhas mãos e os meus pés,
Que sou eu mesmo;
Apalpai-me e verificai,
Porque um espírito não tem carne nem ossos,
Como vedes que eu tenho.

> *Dizendo isto, mostrou-lhes as mãos e os pés.*
> *E por não acreditarem eles ainda, por causa da alegria,*
> *E estando admirados,*
> *Jesus lhes disse:*
> *Tendes aqui alguma coisa que comer?*
> *Então, apresentaram-lhe*
> *Um pedaço de peixe cozido*
> *E um favo de mel.*
> *E ele comeu na presença deles.*[176]

Após ter falado com os discípulos e haver comido peixe cozido e um favo de mel, Jesus Cristo partiu para outras terras.

Os incrédulos

É uma estranha coincidência o fato de que quem acredita nas Sagradas Escrituras ao mesmo tempo acredita parcialmente ou duvida de certas partes da Bíblia. Na opinião de alguns, os fatos apresentados nos Evangelhos sobre as ocorrências posteriores à crucificação não passam de alucinações, não se lhes devendo dar crédito. Se for impossível acreditar no que está escrito sobre o Senhor nos Evangelhos, então melhor seria lavarmos as mãos e abertamente declararmos inautênticos esses escritos. Mesmo durante a vida do Senhor, houve quem não acreditava tê-lo visto. Um desses foi Tomé, que não acreditou que Cristo estivesse vivo e que houvesse consumido alimentos. Quando Tomé estava na companhia dos apóstolos, Jesus veio até ele e o advertiu:

> *Põe aqui o dedo*
> *E vê as minhas mãos;*
> *Chega também a mão*
> *E põe-na no meu lado;*
> *Não sejas incrédulo,*
> *Mas crente.*[177]

Recentemente, alguns cristãos cuja sinceridade não pode ser posta em xeque, questionaram a ressurreição física de Jesus Cristo. Durante séculos os cristãos ouviram dizer que Jesus morreu na cruz pelos pecados dos homens. Portanto, duvidavam da possibilidade da ressurreição física entre os mortos, até aceitarem que Cristo sobreviveu à crucificação. Deve-se admitir que ele foi criado para um papel especial dentro do propósito divino.

Se Jesus houvesse apenas ensinado durante um ano e, então, morresse na cruz, não é difícil imaginar que seus ensinamentos teriam durado uma quinzena. Mas Deus queria que ele fosse salvo, para sua missão poder se tornar permanente. Sua ressurreição física pode ser chamada de milagre, mas é preciso reconhecer que muitos milagres na mitologia mundial foram comprovados por pesquisas científicas. Não há razão para descrer que Jesus tenha sido visto vivo pelos discípulos e seguidores, e que tenha comido e bebido com eles.

O mar de Tiberíades

Os Evangelhos documentam outra instância em que Jesus encontrou sete discípulos, no mar de Tiberíades. Ele se apresentou quando eles foram pescar. Os discípulos saíram e entraram em um barco. Pela manhã, avistaram o Senhor parado na praia, e este lhes pediu que trouxessem os peixes pescados e comessem com ele.[178] Após a refeição, disse Jesus:

> Apascentai as minhas ovelhas.[179]
> Ide por todo o mundo
> E pregai o Evangelho
> A toda criatura.[180]

Jesus os conduziu até Betânia e, erguendo as mãos, os abençoou. Depois, separou-se deles.[181]

Se Jesus estivesse morto, não teria necessidade de comer carne com os discípulos, porque os mortos não comem! Se estivesse morto, não teria por que lhe dar instruções, pois já os havia instruído nos caminhos de Deus! Se não estivesse vivo, não teria oportunidade de erguer as mãos e abençoá-los! Essas e outras questões, quando respondidas por meio da

198 *O Quinto Evangelho*

lógica, atestam a ressurreição física de Jesus Cristo. Com o testemunho dessas narrativas, e o apoio das fontes orientais, ficará evidente nas páginas seguintes que, após ter sido salvo da morte por seus devotados discípulos, Jesus Cristo viajou para o Oriente.

O segundo advento

É inegável que Jesus se designou filho de Deus e se comprometeu inteiramente com a verdade dessa proclamação. Também é fato que o tema principal de sua proclamação não era a pessoa dele, mas sim o Reino de Deus. Sua palavra era a palavra de Deus, e não há razão para duvidar da sinceridade de suas palavras. Cristo expressou claramente sua missão e tarefa e os apóstolos fizeram o melhor possível para lhe documentar os ensinamentos. O que disse ele sobre o segundo advento?

Enquanto transmitia aos discípulos instruções especiais sobre o trabalho missionário, ele lhes falava dos perigos que teriam de enfrentar. Ele, ainda, os instruiu a fugirem para a cidade vizinha, caso fossem perseguidos, e ao mesmo tempo lhes prometeu que viria pessoalmente vê-los. Eis a passagem relevante sobre a questão:

> *Quando, porém, vos perseguirem em uma cidade,*
> *Fugi para outra;*
> *Porque em verdade vos digo*
> *Que não acabareis de percorrer as cidades de Israel,*
> *Até que venha o filho do homem.*[182]

Essa previsão era prova importante de sua segunda vinda. Em outro lugar, ele previu a queda de Jerusalém e o segundo advento para testar a fidelidade dos discípulos. Jesus lhes revelou claramente que voltaria, em companhia de anjos, ainda durante a vida deles. O retorno não ocorreria no futuro, mas durante a existência dos discípulos, aos quais se dirigia. Ele previu o seguinte:

> *Verdadeiramente, vos digo:*
> *Alguns há dos que aqui se encontram*
> *Que de maneira alguma passarão pela morte*

Até que vejam o Reino de Deus.[183]
Em verdade vos digo
Que alguns há, dos que aqui se encontram,
Que de maneira alguma passarão pela morte
Até que vejam vir o filho do Homem em seu reino.[184]
Dizia-lhes, ainda:
Em verdade vos afirmo
Que, dos que aqui se encontram, alguns há
Que, de maneira alguma, passarão pela morte
Até que vejam ter chegado com poder o Reino de Deus.[185]

Essas declarações são um pronunciamento claro sobre o retorno visível de Jesus Cristo com os discípulos ainda vivos. Desse modo, parece absurdo buscar explicações filosóficas sobre o testemunho prestado por ele. Quando declarou de forma taxativa e positiva que voltaria a encontrar os discípulos, não é justo duvidar da sinceridade dos evangelistas, cuja intenção era afirmar que ele retornaria fisicamente, e não espiritualmente. Os eventos posteriores da vida de Jesus Cristo provaram que eram verdadeiras e corretas as previsões que fez sobre si mesmo.

Os milagres de Jesus Cristo

Milagres são vistos como acontecimentos maravilhosos ou atos surpreendentes realizados por um santo com a ajuda de algum agente sobrenatural. Muitos eventos notáveis na vida de Jesus Cristo comprovam sua condição de homem sobrenatural.

A algumas pessoas talvez pareçam incríveis as maravilhas operadas por ele, mas para os que leem sobre questões espirituais, todos os seus milagres parecem verdadeiros. O nascimento, as viagens, o ministério, a crucificação e a vida futura de Jesus são miraculosos. Quando uma grande tempestade se armou, ele acalmou os elementos.[186] Naquela época, as pessoas se perguntavam que espécie de homem era aquele a quem até os ventos e o mar obedeciam. Ele era capaz até mesmo de caminhar sobre as águas, e muitos pensavam que fosse um espírito.[187] Um homem estava possuído pelo espírito de um demônio impuro; quando Jesus o viu, ordenou que o demônio saísse. Este obedeceu, deixando todos admirados.[188] Eles também se maravilharam quando, na Galileia, Jesus salvou o filho de um nobre, que estava à beira da morte.[189] Da mesma forma, dez leprosos de Samaria gritaram: "Senhor, tem piedade de nós", e todos foram curados dessa doença terrível.[190] Tudo isso deixa claro que ele poderia ter salvo a si mesmo dos inimigos.

Cristo foi dotado do poder de restaurar a visão. Ele tocou os olhos de dois cegos e eles voltaram a ver. Os cegos acreditavam que somente Jesus poderia lhes restaurar a visão, e graças a essa fé obtiveram seu desejo. Está registrado nos Evangelhos que ele podia curar os doentes, restaurar a audição dos surdos e fazer os mudos falarem.[191] Os fariseus, que eram espiritualmente cegos, não acreditavam nesses milagres. Mas foi um milagre de Deus que se materializou na salvação de Jesus na cruz.

Jesus curou um homem de hidropisia e também curou a paralisia de uma mulher, no dia do Sabá. Quando os fariseus disseram que ninguém deveria trabalhar no sábado, ele os contestou, dizendo: "Qual de vós, se o asno ou o boi cair em um poço, não o tirará logo, mesmo em dia de sábado?" Eles não foram capazes de responder.[192] Quando Jesus estava no deserto, uma grande multidão o viu e permaneceu em sua companhia durante três dias. Ele se apiedou da multidão, que não tinha o que comer. Os discípulos vieram a ele e disseram que só tinham sete pães e que era impossível alimentar as 4 mil pessoas ali reunidas. Jesus partiu os pães e entregou aos discípulos, que os colocavam diante da multidão. Quase 4 mil pessoas comeram dos sete pães e saciaram a fome.[193] Quando os fariseus lhe pediram um sinal, ele os censurou, declarando que somente uma nação má e adúltera busca sinais.[194]

As preces de Jesus Cristo

Deus ouvia Jesus Cristo? Esta é uma pergunta relevante que nos fazem com frequência. Nossa resposta é sim — e vamos citar as Escrituras. Está registrado que, quando Abraão orou, Deus curou Abimeleque.[195] Da mesma forma, quando Moisés orou, o fogo se apagou.[196] Os profetas rezavam a Deus, e suas preces eram ouvidas. Da mesma forma, Cristo também orava, e suas preces eram ouvidas por Deus. Jesus afirmou:

Clero e crucificação 201

> *E tudo quanto pedirdes em oração,*
> *Crendo,*
> *Recebereis.*[197]

Jesus ia a uma montanha para rezar, e continuava em prece durante a noite. Dizia aos discípulos que ia implorar ao Pai e que este enviaria outro consolador, que permaneceria com eles para sempre.[198]

Antes de ser preso, ele orou pelos discípulos da seguinte forma:

> *É por eles que eu rogo;*
> *Não rogo pelo mundo,*
> *Mas por aqueles*
> *Que me deste,*
> *Porque são Teus;*
> *Não peço que os tires do mundo,*
> *E sim que os guardes do mal.*
> *Não rogo somente por estes,*
> *Mas também por aqueles*
> *Que vierem a crer em mim,*
> *Por intermédio da sua palavra.*[199]

Em suas orações, no Jardim de Getsêmani, Jesus pediu:

> *Meu Pai,*
> *Se possível,*
> *Afasta de mim este cálice!*
> *Todavia,*
> *Não seja como eu quero,*
> *E sim como tu queres.*[200]

Esta prece mostra claramente que, embora resignado à vontade de Deus, Jesus jamais quis morrer. Isso desmente a suposição de alguns estudiosos de que ele queria atrair a morte na expectativa de resultar em uma *parousia* — ou manifestação — do Messias dos judeus, dele mesmo.[201] Em outra ocasião, fez a seguinte prece no jardim do Monte das Oliveiras:

Ele, por sua vez, se afastou,
Cerca de um tiro de pedra,
E, de joelhos, orava,
Dizendo:
Pai, se queres,
Afasta de mim este cálice;
Contudo,
Não se faça a minha vontade,
E sim a tua.[202]

Esta prece também demonstra, de modo inequívoco, claramente que Jesus jamais quis morrer, mas rezava pela própria sobrevivência. Quando estava em Getsêmani com os discípulos, levou consigo Pedro, Tiago e João para rezar. Depois de algum tempo, porém, pediu aos discípulos que esperassem, seguiu adiante e, jogando-se ao chão, rogou que aquela hora fosse passada para ele. E disse:

Aba, Pai,
Tudo te é possível;
Afasta de mim este cálice;
Contudo,
Não seja o que eu quero,
E sim o que tu queres.[203]

É compreensível que, ao perceber a ameaça à sua vida, Jesus fosse ao Getsêmani, ao jardim do Monte das Oliveiras e novamente ao Getsêmani. Por três vezes rezou, implorando a Deus que afastasse dele a taça da morte. Já havia declarado que todas as nossas preces são ouvidas por Deus, e sua prece também o foi. A taça da morte foi retirada de maneira miraculosa.

Jesus se havia declarado o bom pastor e conhecia seu rebanho. Ele previu:

Ainda tenho outras ovelhas,
Não deste aprisco;
A mim me convém conduzi-las;
Elas ouvirão a minha voz;
Então, haverá um rebanho
E um pastor.
Por isso, o Pai me ama,
Porque eu dou a minha vida
Para a reassumir.
Ninguém a tira de mim;
Pelo contrário, eu espontaneamente a dou.
Tenho autoridade para a entregar
E também para reavê-la.[204]

Aqui Jesus nos informa haver outras tribos e raças que devem ser trazidas a seu rebanho. Ele também declara que essas tribos e raças irão ouvi-lo e acreditar nele. Afirma que nenhum homem no mundo pode tirar-lhe a vida, pois seu Pai lhe deu o poder de entregá-la e reavê-la. Isso revela claramente que ninguém neste mundo poderia matá-lo; mesmo que alguém quisesse fazê-lo, o Senhor detinha total poder sobre a própria vida.

A cruz

A cruz é um símbolo religioso surgido em Jerusalém e depois disseminado no Oriente e no Ocidente. Antes dela havia a suástica, chamada por alguns de "cruz gamada", enterrada em sepulturas antigas no Irã e na Ásia Central. A história da suástica recua no tempo até 5000 a.C. A cruz tradicional foi encontrada em Kashan, no Irã, pertencendo a uma era pré-cristã. No Irã, mesmo durante o período muçulmano, foi encontrada uma cruz feita por Mirjan bin Abdullah. Ela está em uma porta de madeira decorada, com inscrições em árabe.[205]

Em algum momento anterior a 1925 o reverendo Gergan, um cristão-novo do Ladakh, revelou a missionários morávios a existência de cruzes naquela região. Da mesma forma, em 1925, A. H. Francke, da

204 *O Quinto Evangelho*

missão em Leh, publicou a fotografia de uma dessas cruzes na revista *German Academy*.[206] Cruzes semelhantes foram localizadas no Afeganistão, no Cafiristão e na região da fronteira noroeste da Índia. É muito significativo que as cruzes encontradas em Tangtse, no Ladakh, estivessem acompanhadas de inscrições e do nome de Jesus Cristo. É claro que essas inscrições, por estarem vertidas em aramaico, pertenciam ao primeiro e segundo séculos da era cristã. Além disso, a existência dessas cruzes, em tão larga escala, e tão vasta disseminação pela região, prova uma migração antiga dos cristãos também para o Oriente, e não só para o Ocidente. Tangtse é uma cidade situada no vale Shayok, a 90 quilômetros de Leh, por uma trilha para cavalos, e a uma altitude de 4 mil metros acima do nível do mar. Ali, Charansar, morador de Samarcand, imortalizou-se e à sua tribo ao gravar cruzes de oito pontas, nos penhascos, com o nome "Yuzu".

Inicialmente, os estudiosos cristãos determinaram que essas inscrições pertenciam aos sogdianos, mas depois mudaram de opinião e as atribuíram aos nestorianos. Em 1932, uma expedição da Yale University à Caxemira, a North India Expedition, declarou:

> *O Dr. de Terra e eu examinamos os entalhes na rocha em Drang-tse, a alguns quilômetros a oeste de Panggong Tso. Além do interesse intrínseco despertado pelas cruzes e inscrições sogdianas descritas por esses autores, a rocha tem outros aspectos relevantes para geólogos e biólogos. As inscrições foram entalhadas no sedimento marrom-escuro ou "verniz do deserto" e mostram, sob essa pátina, a coloração branca do granito. Evidentemente, nenhum depósito de pátina do deserto ocorreu desde a visita dos nestorianos vindos de Samarcanda.*[207]

Isso mostra que os estudiosos cristãos queriam desviar a atenção da questão principal, ou seja, de como as cruzes cristãs com o nome de Jesus haviam alcançado o Ladakh, no norte da Caxemira. De acordo com outro estudioso cristão, empregou-se nessas inscrições a escrita siríaca, que era a linguagem eclesiástica dos sogdianos, os cristãos nestorianos da Báctria.[208] Contudo, a atribuição dessas cruzes aos nestorianos foi questionada por Tucci, quando declarou que muitas delas foram escavadas nos territórios chineses e que paira dúvida sobre a atribuição dessas cruzes aos nestorianos.[209] Na verdade, as cruzes do noroeste da Índia podem ser vistas como propaganda ou símbolos levados ao Oriente pelos primeiros cristãos.

Em Char-Sada, perto de Taxila, cruzes como essas aparecem em placas de pedra, com imagens de jumentos. Essas lápides também contêm cenas de crucificação que remontam ao primeiro século. Em Taxila, há provas históricas da existência de Jesus e Tomé. A descoberta das cruzes no Ladakh também indica a presença de Jesus naquela região.

CAPÍTULO CINCO

Jesus Cristo no Oriente

Não fui enviado senão às ovelhas perdidas da casa de Israel.
MATEUS

À LUZ DOS NOVOS CONHECIMENTOS contidos nos Manuscritos do Mar Morto não se pode duvidar de que João Batista pertencia aos essênios. Ele batizou Jesus, e seus seguidores se uniram ao Cristo.[1] Os membros da Ordem dos Essênios eram chamados virtuosos e se reuniam em segredo, longe dos locais habitados. Todo membro da irmandade se comprometia a ficar sempre do lado da justiça, mesmo à custa da própria vida. Os essênios usavam roupas brancas e levavam uma vida de devoção. Tinham conduta ordeira e não traíam a irmandade, quer em troca de suborno, quer sob tortura.[2] José de Arimateia, Nicodemos e Maria Madalena pertenciam à mesma irmandade. Muitas vezes, Jesus se recolhia a regiões desérticas ou às montanhas para encontrar esses amigos. Quando os inimigos queriam capturá-lo, ele fugia e se recolhia a um local secreto.[3] Os essênios tinham um refúgio secreto no alto do Monte das Oliveiras.[4] O próprio Cristo pertencia a essa irmandade.[5] Alguns membros da seita entraram no sepulcro com o objetivo de levar Jesus para um lugar seguro. Como já afirmado, depois de salvo, Jesus foi tratado por eles. Escritos dos essênios encontrados em um sítio arqueológico no mar Morto revelam que Jesus viveu com eles depois da crucificação.

Os Manuscritos do Mar Morto

Um estudo criterioso dos Manuscritos do Mar Morto revela que os judeus e seus líderes não pouparam esforços para perseguir o Verdadeiro Mestre. Eles não somente se opuseram a ele, mas o ridicularizaram e o transformaram em bode expiatório com um veredicto injusto. Quando permaneceu junto à irmandade dos essênios, Jesus Cristo descreveu seus infortúnios e agradeceu a Deus por tê-lo salvo das mãos dos inimigos. Ele declarou:

> *Deus, agradeço-Te,*
> *Por mais uma vez me haveres dado*
> *Uma nova oportunidade de vida.*
> *Por me salvares da morte*
> *E me cercares*
> *Com um muro de proteção.*
> *Os maus desejavam tirar-me a vida,*
> *Porém, eu me mantive fiel a Teus mandamentos.*
> *Eles estão do lado dos maus*
> *E não Te compreendem.*
> *Tua graça é minha guarda:*
> *Tu me salvaste*
> *E*
> *Foi Tua vontade*
> *Que eles não aprisionassem minha alma.*
> *Deus,*
> *Vieste em socorro deste humilde servo.*
> *Foste*
> *O salvador de minha vida das garras dos poderosos.*

Este é um excerto das preces contidas nos Manuscritos do Mar Morto. É evidente que os maus queriam perseguir e matar o Verdadeiro Mestre, mas ele foi salvo por Deus, que o resgatou dos inimigos. Quem é esse Verdadeiro Mestre, que entoa louvores a Deus? Quem é esse que agradece a Deus por ter-lhe salvo a vida? Os Manuscritos do Mar Morto estabeleceram uma ligação entre Jesus Cristo e os essênios.

208 O Quinto Evangelho

É fato histórico que, de tempos em tempos, os Evangelhos foram revisados e alterados por vários compiladores. Como resultado, foi excluído material muito importante que nos informava sobre temas que não agradavam aos bispos. Um exemplo disso é a última página do Evangelho de Marcos, que foi salva por C. R. Gregory, famoso estudioso da Bíblia e autor do livro *The Canon and the Text of the New Testament*.

Os versos que Gregory preservou são os seguintes:

> *E tudo o que foi anunciado*
> *Aos que cercavam Pedro,*
> *Eles logo divulgaram,*
> *E depois disso*
> *Jesus veio do Oriente*
> *E enviou para o Ocidente,*
> *Por meio deles, a sagrada*
> *E incorrupta palavra*
> *Da salvação eterna.*
> *Amém.*

Esses versos, excluídos do Evangelho de Marcos, nos informam claramente que Jesus veio do Oriente e instruiu os discípulos a divulgarem seus ensinamentos no Ocidente. Isso também comprova a segunda vida dele, o que foi completamente suprimido pela Igreja.

O testamento

Jesus Cristo rogou a Deus que o salvasse, e foi salvo. Passou por sofrimentos indizíveis, mas sempre foi grato a Deus.

> *Fui escravizado*
> *E o Senhor de todas as coisas me libertou;*
> *Fui levado em cativeiro,*
> *E Sua mão poderosa me socorreu;*
> *Fui acossado pela fome,*
> *E o próprio Senhor me alimentou;*
> *Estive só,*

> *E Deus me confortou;*
> *Estive doente*
> *E o Senhor me visitou;*
> *Estive preso,*
> *E meu Senhor teve piedade de mim;*
> *Estive acorrentado,*
> *E Ele me libertou.*[6]

Jesus Cristo fala aqui sobre seus infortúnios, prisão, cativeiro, doença e de como Deus o salvou. Esse é o testamento dele, que afirma ter sido, ele próprio, salvo por Deus.

> *Ó Deus, eu agradeço*
> *Por me tirares*
> *Do poço da morte;*
> *Tu me trouxeste à terra*
> *Para que eu possa cruzar-lhe a vasta superfície.*

O voo de Jesus Cristo

Jesus Cristo disse aos discípulos que não lhes diria seu lugar de destino porque desejava mantê-lo em segredo.

Ele se levantou e se apressou a partir em meio à neblina. Espalhou-se a notícia de que fora levado pelas nuvens, mas essa foi apenas uma narrativa mitológica.[7]

Embora crucificado oficialmente em torno do ano 30, Jesus escapou com vida, em direção ao Oriente. Em 36, na estrada para Damasco, foi visto por Paulo, que fora enviado pelos romanos com o objetivo de trazê-lo de volta para uma segunda crucificação.[8]

A conversão de Paulo

Paulo recebeu dos romanos a atribuição de interceptar Jesus Cristo. Ele viajava para Damasco quando ouviu uma voz que perguntava: "Saulo, por que me persegues?" Ao perguntar quem falava, ouviu:

210 O Quinto Evangelho

Eu sou Jesus, a quem tu persegues;
Bem difícil te é dar pontapés
Contra os aguilhões.
Mas levanta-te e entra na cidade,
Onde te dirão
O que te convém fazer.[9]

Jesus tinha em Damasco um discípulo chamado Ananias, instruído a procurar Paulo e dizer-lhe que ele era o instrumento escolhido, com a missão de, em nome de Jesus, pregar em Israel.[10]

Portanto, Paulo procurou os outros discípulos de Cristo e com eles passou alguns dias em Damasco. Depois disso, pregou em nome de Cristo nas sinagogas, e operou muitas conversões.[11] Também foi para Jerusalém e para Tarso, dando seguimento às atividades missionárias, com a colaboração de Barnabé e João.[12] Os compiladores dos "Atos" chamaram esse evento de visão. Visões são uma realidade, e existem, mas não surgem em cérebros pouco desenvolvidos. Afinal, Paulo era apenas um fabricante de tendas.[13]

Os apóstolos ainda temiam que os romanos pudessem perseguir o Cristo, portanto, inventaram a teoria das visões e misturaram fatos e produtos da imaginação. Há ainda outra confusão sobre Paulo, porque no início este também era conhecido como Saulo.[14] Se fosse possível chamar irreal uma visão, então, seria suprimida a base de todas a mitologia do mundo e ficaríamos no vazio. Das histórias que integram a mitologia, a maioria já resistiu a testes científicos. O grande dilúvio durante a vida de Noé terá sido uma visão? A espaçonave de Ezequiel teria sido uma visão? Se todos esses fatos são visões, então, podem ser considerados visões o nascimento virginal de Jesus, sua crucificação e até mesmo sua existência — não haveria motivo para acreditar no Cristo ou em sua missão. É fato histórico que Paulo realizou uma série de viagens missionárias a países distantes, inclusive à Grécia e à Ásia Menor.[15]

Naquele período, Jesus Cristo viveu na casa de Ananias. Mas, quando os judeus enviaram uma comissão a Damasco, Jesus saiu dali e foi para a Babilônia. Como na infância tinha visitado o Oriente, conhecia as rotas e a topografia desses países. Ele já havia sido salvo e agora, nessa estranha odisseia, Deus o guiava para que pudesse se livrar de mais perseguições.[16] Jesus e sua mãe foram obrigados a migrar da Palestina e partir para um país distante. Ambos viajaram de um país para outro.[17] Alguns seguidores o acompanharam nessa viagem para o leste. Jesus foi acompanhado pela mãe, Maria, por Pedro, o apóstolo, e por outra Maria, que só pode ser Maria Madalena. Não se pode negar que Maria Madalena tinha interesse especial pelos assuntos de Jesus Cristo. O Senhor havia expulsado os demônios que a possuíam.[18] Ela permaneceu ao lado da cruz durante a crucificação,[19] observou o sepultamento de Jesus e foi de madrugada ao sepulcro.[20] Ela também viu o Senhor retornado da morte, evento descrito da seguinte forma no Evangelho de João:

> *Maria, entretanto, permanecia junto à entrada do túmulo, chorando.*
> *Enquanto chorava,*
> *Abaixou-se,*
> *E olhou para dentro do túmulo,*
> *E viu dois anjos vestidos de branco,*
> *Sentados onde o corpo de Jesus fora posto.[21]*
> *Um à cabeceira*
> *E outro aos pés.*
> *Disse-lhe Jesus: Maria!*
> *Ela, voltando-se, lhe disse, em hebraico:*
> *Rabboni*
> *(que quer dizer Mestre).[22]*

De acordo com o Evangelho de Filipe, Maria Madalena era a consorte de Jesus. Dessa forma, é óbvio que, das duas que o acompanharam em sua migração ao Oriente, uma foi Maria, a mãe do Senhor, e a outra só pode ter sido Maria Madalena, sua consorte.[23]

É uma estranha coincidência que o sucessor de Buda tenha sido chamado Rahula. Quando ele está separado da mãe, uma devota de nome Magdaliyana age como mensageira entre ambos. A palavra Rahula pode significar *Ruh-Allah*, ou o Espírito de Deus, e Magdaliyana, a mensageira, pode se referir a Maria Madalena, que era tão apegada a Cristo.[24]

212 *O Quinto Evangelho*

Também é estranho que a sepultura de Maria tenha sido localizada a 10 quilômetros de Kashgar, na Ásia Central.

É provável que a sepultura em questão seja de Maria Madalena.[25]

Jesus Cristo na Pártia

O Evangelho de Filipe nos informa que, após ser salvo da crucificação, Jesus Cristo foi cuidado pelos amigos e discípulos e permaneceu algum tempo escondido. Nesse período, ele passou a Pedro e Tiago conhecimentos espirituais especiais. Depois de ter permanecido com eles por um ano e meio, aproximadamente, Jesus decidiu deixá-los. Indicou Tiago como seu sucessor e migrou.[26] Já foi mencionado que Jesus enviou Tomé à Pártia e à Índia. Dessa forma, é natural que o Cristo tenha considerado seguro viajar por essas terras. Naquele período, o império dos partos se estendia da Antioquia e da Palmíria até Kabul, de um lado, e do mar Cáspio até o mar da Arábia. Jesus queria evitar o território dominado pelos romanos; portanto, tão logo pôde, foi para Damasco, e dali para a cidade de Nisibis, que tinha uma colônia de judeus exilados.[27] Para lá convergiam muitas rotas de caravanas, e a cidade estava cheia de indivíduos de todas as nações, dedicados ao comércio.[28] Fazendo o possível para esconder sua identidade, ele ficou conhecido no lugar como Yuzu-Asaph. Usava roupas e turbante brancos, de pele de carneiro, e levava um cajado. Com os lábios selados pelo silêncio, seguiu adiante em sua viagem.[29] Nisibis fica na rota da seda entre a Síria e Mossul, e mais além, em direção ao leste. Jesus viajou incógnito para esse lugar.

Nisibis

Josefo relata que o rei de Adiabene mandou seu filho, Ezad, viver com Abennerigos, o rei de Spasinou Charax, no alto do golfo Pérsico. O pequeno principado de Adiabene ficava entre Tabriz e Mossul, às margens do rio Tigre. Quando seu pai morreu, Ezad voltou para ocupar o trono de Adiabene. Ananias converteu Ezad e suas rainhas. Após alguns anos, o rei da Pártia concedeu a Ezad o domínio sobre Nisibis, e seu reino passou a se estender até o litoral do Mediterrâneo.[30] Já sabemos que foi

Ananias quem levou a Jerusalém uma carta de Abgaro Ukkama para Jesus, tendo, porém, chegado muito tarde, pois Jesus já havia sido crucificado. Tomé entregou a Ananias o Santo Sudário, para que o levasse a Abgaro. Tanto Ezad como Abgaro foram contemporâneos de Jesus Cristo. Pelo visto, de Damasco, ele e seus companheiros chegaram a Nisibis, onde estariam em segurança. Talvez Ananias quisesse levar Jesus para Edessa, mas a proximidade do capitólio romano impediu o Senhor de seguir para o Oeste. Dessa forma, ele se deslocou para o leste, e alcançou Mossul, seguindo para a Babilônia, às margens do rio Eufrates.

Temos informações de que Jesus pregou suas doutrinas em Nisibis, e muitos o aceitaram. Ao mesmo tempo, os ortodoxos se tornaram seus inimigos, e tentaram matá-lo.[31] A evidência mais antiga da presença do cristianismo em Nibisis é a seguinte inscrição em uma sepultura:

> *Conheci a planície da Síria e todas as cidades — até mesmo Nisibis, tendo cruzado o Eufrates.*
>
> *Em toda parte encontrei a quem falar.*[32]

Jesus na Pérsia

Da Babilônia, Jesus seguiu para Ur e, daí, para Kharax, a capital do reino de Mesene. Ali ficava o principal porto dos produtos transportados por navio da Índia e do Extremo Oriente. De lá, as mercadorias eram transportadas pelo rio Eufrates até a Babilônia, para Arbel, em Adiabene, e mais além, para Nisibis e Edessa, a oeste.[33] Jesus poderia ter tomado a rota marítima para a Índia, porém a evitou, preferindo cruzar o Império Persa.

Textos persas falam sobre Yuzu-Asaph, o que significa "Yuzu, o líder dos leprosos que curou". Consta no dicionário persa:

> *Nos dias de Hazrat Isa, os leprosos por ele curados, ao serem readmitidos ao convívio das pessoas saudáveis, eram chamados de Asaph. Por essa razão, Hazrat Isa, que curava leprosos, também ficou conhecido como Yuzu-Asaph, pois não só os curava, mas também os reunia sob sua piedosa proteção.*[34]

214 *O Quinto Evangelho*

Jesus Cristo ficou conhecido na Pérsia como Yuzu-Asaph. Os ditos e ensinamentos de Yuzu-Asaph na região, registrados nas tradições iranianas, são os mesmos do Cristo.[35] Isso mostra que seus ensinamentos eram populares entre os persas. É claro que com o advento do islamismo os cristãos, judeus e zoroastristas perderam importância e se tornaram menos numerosos. Porém, os ensinamentos e parábolas de Jesus Cristo continuaram a fazer parte das tradições e sobreviveram como ensinos de Yuzu-Asaph. De Nisibis, duas rotas levavam ao Oriente: uma passava por Nishapur e Herat, seguindo para Kabul, e a outra cruzava Susa e Hermuz e avançava para Sind. Jesus seguiu a primeira rota.

Lembramos que, do início do segundo milênio antes da era cristã até 1200 a.C., os hititas habitaram a Ásia Menor. Na metade do século XIII a.C., os hurritas formaram um dos Estados mais poderosos da Ásia Ocidental, que incluía a Mesopotâmia, a Síria e a Assíria. Os hurritas adoravam os deuses indianos Varuna, Indra, Mitra e Matsiya, além de outras divindades. No final do século IX a.C., os assírios consolidaram sua supremacia na região. Contudo, os criadores da primeira civilização florescente que conectou o Oriente e o Ocidente foram os sumérios, que se estabeleceram na Mesopotâmia em 3000 a.C.[36]

Devemos mencionar que desde os tempos antigos existiram rotas comerciais, tanto marítimas quanto terrestres, entre a Índia e outros países orientais. Em torno do ano 3000 a.C., os navegadores sumérios estabeleceram colônias no vale do rio Indo, de Mohenjodaro à Caxemira, explorando os recursos econômicos e comerciais da região. Os sinetes sumérios encontrados nas escavações de Mohenjodaro e Harappa revelaram que a região do vale do rio Indo foi morada dos amoritas, um povo navegante que adorava o fogo e o sol.[37]

A rota comercial passava por Cabul, seguindo para Peshawar e daí para Taxila. Jesus Cristo e seus companheiros tiveram de enfrentar muitas dificuldades na viagem de Herat para Cabul e para Taxila. Eles viveram de frutas e vegetais silvestres. Jesus Cristo viajava a pé, mas alguns companheiros trouxeram-lhe um cavalo. Ele se recusou a seguir a cavalo e prosseguiu a pé. Em suas viagens, enfrentou muitas dificuldades. Há notícias de que foi preso, mas, como havia curado os doentes, o governador da cidade se tornou seu seguidor. Muitas pessoas e soldados se tornaram seus discípulos. Ele pregou para eles, que ficaram felizes de lhe ouvir as palavras.[38]

O apostolado

Não temos muita informação sobre o que aconteceu aos seguidores, amigos e devotos de Jesus Cristo depois que este partiu para o Oriente. Porém, uma questão está clara: a hostilidade dos judeus aos seguidores do cristianismo se tornou cada vez mais implacável. Sabemos que Tiago, o irmão de Jesus, foi escolhido como líder pela primeira comunidade cristã de Jerusalém, porém Herodes Agripa adotou medidas brutais contra ele e mandou executá-lo. Há registro de que Herodes também mandou prender Pedro. Portanto, o apostolado foi transferido para Antioquia, na Síria. Foi lá que Paulo conheceu Pedro e se prontificou a ser discípulo do Senhor.[39] É mérito de Paulo ter levado a mensagem de Jesus Cristo a terras distantes. Os apóstolos cumpriram sua missão utilizando as antigas rotas comerciais para diversas cidades da Arábia e da Síria, e ainda para Roma, Alexandria, Itália, Egito, Pérsia e Armênia.

Graças aos esforços dos apóstolos, o cristianismo se tornou muito popular entre as massas. Diante disso, intensificou-se a inimizade dos adeptos do judaísmo para com a nova fé. Os apóstolos pregaram para os pobres, fazendo com que muitos pagãos se tornassem cristãos. Os judeus não toleravam a popularidade do cristianismo e pensaram em tomar providências para atrair as massas. Por despeito, levantaram a bandeira da revolta contra os romanos, que haviam subjugado a Terra Santa. Os fariseus consideravam absolutamente necessário estabelecer o próprio reino teocrático, mas foram derrotados pelo poderio dos romanos, que atacaram e destruíram quase todas as povoações judaicas. No ano 70, os soldados romanos invadiram Jerusalém e queimaram o templo. Milhares morreram na revolta, e muitos outros milhares foram escravizados pelos romanos. De acordo com uma estimativa, aproximadamente 11 mil prisioneiros morreram de fome.[40]

Enquanto lamentava-se por Jerusalém, Jesus Cristo havia previsto sua destruição:

216 O Quinto Evangelho

Oh Jerusalém,
Jerusalém
Tu mataste os profetas
E apedrejaste aqueles que foram a ti,
Olhe,
Sua casa ficará desolada
Pois eu vos digo,
Não me verás doravante.[41]

Os romanos queriam aniquilar os judeus de suas facções. Para tanto, devastaram as povoações, matando quem fosse capaz de pegar em armas. Flávio Josefo descreveu da seguinte forma a destruição dos judeus:

Podia-se ver todo o lago vermelho de sangue e coberto de cadáveres, pois nenhum homem escapou.[42]

Portanto, vê-se que a missão do judaísmo fracassou, mas o reino de Deus permaneceu sólido como uma rocha.

Jesus fez muito sermões na Pérsia e foi bem-recebido pela população, que ouvia suas palavras com devoção. O sumo sacerdote mandou prendê-lo. Perguntaram-lhe sobre o novo Deus do qual ele falava ao povo, quando apenas Zoroastro tinha o privilégio de comungar com o Ser Supremo. Também lhe disseram que as leis foram dadas por Deus a Zoroastro e que ele não devia semear dúvidas no coração dos crentes. Ao ouvir isso, Jesus respondeu:

Não falo de um novo Deus,
Mas do Pai Celestial
Que existiu desde sempre
E que ainda existirá após
O fim de todas as coisas.
É dele
Que falo ao povo

Que,
Como criança inocente,
Ainda não é capaz
De compreendê-Lo
Pela simples força de sua inteligência
Ou de penetrar
Em Sua divina e espiritual sublimitude.[43]

Em nome do Pai Celestial

Jesus afirmou falar em nome do Pai Celestial. Explicou que, tal como um bebê encontra no escuro o seio da mãe, aqueles que foram induzidos ao erro por doutrinas equivocadas reconhecem instintivamente o Pai Celestial.

Jesus passou algum tempo em muitas aldeias, vilas e cidades da Pérsia. Ele pregava e curava pessoas comuns, que o seguiam em massa. Participou também de um festival em Persépolis, falando aos sacerdotes da seguinte forma:

Há um Silêncio no qual a alma pode encontrar seu Deus,
E nele está a fonte da sabedoria;
Todos os que nele entram ficam imersos em luz
E cheios de sabedoria, amor e poder.
O silêncio não é circunscrito;
Não é um local cercado por paredes ou escarpas rochosas,
Ou guardado pelas espadas dos homens!
Os homens levam consigo, sempre, o local secreto
Onde podem encontrar seu Deus.
Não importa onde habitem:
No topo da montanha, no vale mais profundo ou no lar tranquilo;
Os homens podem imediatamente,
A qualquer tempo,
Abrir a porta
E encontrar o Silêncio,

Encontrar a casa de Deus:
Ela está dentro da alma.[44]

Em sua breve passagem pela Pérsia, Jesus sentou-se em silêncio durante sete dias no salão de preces dos magos-sacerdotes, e, então, falou-lhes sobre a origem do mal e do bem.

Disse-lhes que não adorassem o sol, pois este não é senão parte do cosmos que Deus criou para toda a humanidade. Que tudo o que possuímos neste mundo devemos a Deus, somente a Deus. Ao ouvi-lo, os sacerdotes perguntaram como poderia alguém viver de acordo com as leis da justiça se não tivesse um preceptor. Jesus replicou que os indivíduos, quando não têm sacerdotes, são governados pela lei natural e preservam a inocência de sua alma. Explicou ainda que, quando as almas estão com Deus, podem comungar com o Pai sem a intermediação de qualquer ídolo ou animal, do sol ou do fogo. Ele disse:

Vós afirmais
Que devemos adorar o sol,
O espírito do bem e do mal.
Bem,
Digo-vos
Que vossa doutrina é falsa,
Pois o sol não age espontaneamente,
Mas segundo a vontade
Do Criador invisível
Que lhe deu vida.
O Espírito Eterno é a alma de tudo
O que tem vida.
Cometeis um grande pecado ao dividi-lo
Em um espírito do mal
E um espírito do bem,
Pois Deus não existe fora do bem.
Como o pai de uma família,
Deus
Só faz a Seus filhos o bem,

Perdoando-lhes as faltas
Se eles se arrependem.
Portanto, vos digo:
Tende cuidado com o dia do julgamento,
Pois Deus infligirá terrível castigo
A todo aquele
Que houver desencaminhado Seus filhos
Do caminho reto.[45]

Não temos informação sobre a rota que Jesus e seus companheiros tomaram em sua marcha para o Oriente. Talvez tenham visitado Hamadan e Nishapur, de onde partem duas estradas, uma para o Afeganistão, passando por Herat e daí para Khandar, e outra para Bucara e Samarcanda. Perto de Kashgar, na Ásia Central, foi localizada a sepultura de Maria Madalena. É provável que Jesus a tenha levado para Bocara, Samarcanda e daí para Kashgar. Após a morte dela, ele voltou para Balkh e, então, seguiu a rota que margeia o rio Indo, alcançando Sind. Dessa odisseia falaremos nas páginas seguintes.

Jesus em Sind

Neste ponto da narrativa vale a pena examinar as diversas fontes que nos deram informações sobre os "anos perdidos de Jesus" — dos 13 aos 29 anos, idade com que voltou a Israel. Em um capítulo anterior fizemos rápida menção à permanência de Jesus na Índia durante aquele período. Acreditamos que, graças aos profundos conhecimentos adquiridos nessa primeira passagem pelo Oriente, Jesus sabia que sua vida, concluída no Ocidente, agora se relacionava à sua missão oriental.

Examinemos essas fontes. A análise de muitos documentos, inclusive *The Life of Saint Issa*, *The Aquarian Gospel of Jesus the Christ* e *The Unknown Life of Jesus Christ* (entre outros) nos revela que, aos 13 anos, Jesus deixou secretamente a casa dos pais e partiu com mercadores para a província de Sind.[46] Seu principal objetivo ao deixar o país era aperfeiçoar-se na Palavra Divina e estudar a lei dos grandes Budas.[47]

220 O Quinto Evangelho

No decorrer do 14º ano de sua vida ele chegou a Sind e se estabeleceu entre os arianos. Após cruzar os cinco rios do Punjab, alcançou Rajputana e, dessa região, prosseguiu para Gujarat, onde entrou em contato com os seguidores do jainismo. Sua fama já se havia espalhado e os jainas o convidaram a ficar por algum tempo. Ele, porém, seguiu adiante, e chegou a Orissa, onde foi bem-recebido pelos sacerdotes, que lhe ensinaram as ciências ocultas.

Jesus, então, partiu para as cidades sagradas de Rajagiri e Benares, e todos o amavam. Ele passou seis anos viajando. Como se misturava livremente com as castas inferiores dos vaixias e sudras, os membros das castas superiores, brâmanes e xátrias, não aprovaram sua atitude e lhe disseram:

> *Somente a morte pode libertá-los*
> *Da servidão.*
> *Então, deixa-os*
> *E vem:*
> *Adora conosco*
> *Os deuses,*
> *Que serão contra ti*
> *Se a eles desobedeceres.*[48]

Porém, Jesus não deu atenção a esse discurso, reprovando tal atitude. Depois disso, começou a pregar contra os brâmanes e os xátrias. Quando viu os sudras e os vaixias se aproximarem, ele falou-lhes:

> *O Santo disse*
> *Que todos os seus filhos serão livres*
> *E toda alma é filha de Deus.*
> *Os sudras serão livres como os sacerdotes,*
> *O lavrador dará a mão ao rei;*
> *Pois todo mundo aceitará a irmandade do homem.*
> *Ó, homens:*
> *Erguei-vos!*
> *Sede conscientes de vossos poderes,*
> *Pois quem assim o desejar não continuará a ser escravo.*

Vivei como desejaríeis que vivesse vosso irmão,
Fazei cada dia desabrochar como uma flor;
Pois a terra é vossa
E Deus dará o que vos pertence.[49]

Os sermões

Jesus condenou o ato de um homem se arrogar o poder de privar seu semelhante dos direitos humanos. Ele havia passado quase seis anos na Índia e falava o idioma local. Vivia com os pobres, para os quais fazia muitos sermões. Ele pregou:

Deus, o Pai,
Não faz distinção entre seus filhos,
Ama a todos igualmente.
Temei a vosso Deus,
Ajoelhai-vos unicamente diante Dele,
Somente a Ele fazei oferendas.[50]

Jesus repudiava os deuses inventados pelo povo, dizendo que Deus criara o universo porque assim o desejou. Só Deus havia existido por toda a eternidade, e Sua existência não terá fim. Como Ele não há, nem no céu nem na Terra. Deus não compartilhou Seu poder com nenhum ser vivo. Somente Ele é onipotente!

Ele o quis,
E o mundo apareceu.
Em um pensamento divino
Ele reuniu
As águas,
Separando delas
A parte seca do globo.
Ele é o princípio
Da misteriosa existência do homem
No qual insuflou
Uma parte de Seu Ser.[51]

222 O Quinto Evangelho

Jesus assim advertiu as massas:

A ira de Deus
Cairá em breve sobre o homem
Pois este esqueceu o Criador,
E encheu seus templos
De coisas abomináveis;
Pois adora
Uma multidão de criaturas
Que Deus criou subordinadas a Ele.
Pois para honrar pedras e metais
O homem sacrifica seres humanos
Nos quais habita
Uma fração do espírito do Supremo.
Aqueles
Que privam seus irmãos
Da felicidade divina
Dela serão privados.[52]

Jesus ensinou a igualdade entre os seres humanos, profetizando que os brâmanes e os xátrias se tornarão sudras, com quem Deus permanecerá para sempre. Ele afirmou que no dia do juízo final os sudras e os vaixias serão perdoados, por serem ignorantes, enquanto os brâmanes e os xátrias serão punidos, por sua arrogância.

Os sermões de Jesus têm grande conteúdo filosófico. Ele afirma que Deus é o Pai de todos os seres humanos e exorta todos a somente se prostrarem diante dele; diz que Deus é a Alma Eterna e o impulso básico de toda a criação; Sua vontade separou a terra da água, criando os continentes. Para Ele não há diferença entre os seres humanos, pois todos são Seus filhos. Portanto, todos têm de se prostrar diante Dele, e de mais ninguém.

As palavras e os atos de Jesus causaram agitação por toda a região. Os pobres o seguiam em multidões, mas os sacerdotes resolveram expulsá-lo da Índia. Todos os sacerdotes brâmanes se reuniram e encarregaram um assassino de matá-lo.[53]

Em comunhão com Buda

Tendo sido informado do plano e aconselhado por amigos a partir, Jesus deixou a região à noite. Apressadamente, ele viajou para o norte e chegou a Kapilavastu, o lugar de nascimento do Buda Sakyamuni. Os budistas lhe escancararam as portas do mosteiro, e ele passou a viver entre os monges, assistindo aos rituais religiosos e participando das orações. Chegou um momento em que compreendeu plenamente as palavras do Mestre e começou a divulgar os mesmos ensinamentos. O supremo lama declarou em uma reunião de muitas pessoas:

> *Estamos hoje em um momento auspicioso:*
> *Há seis gerações nasceu uma alma de mestre*
> *Que deu ao homem uma luz gloriosa.*
> *Agora, está aqui um sábio mestre.*
> *Este profeta hebreu é a estrela ascendente da sabedoria,*
> *Que nos traz um conhecimento de Deus.*
> *O mundo inteiro ouvirá suas palavras,*
> *Atentará para suas palavras*
> *E glorificará seu nome.*[54]

A partida

Por seis anos Jesus viveu entre os budistas, aprendendo e ensinando no monastério onde residiu.

> *Aquele escolhido pelo Buda para divulgar sua santa palavra*
> *tornou-se um expositor perfeito dos escritos sagrados.*[55]

Então, partiu do Nepal e das montanhas do Himalaia e se dirigiu ao Ocidente, pregando para diversos povos a perfeição suprema do homem, nos seguintes termos:

> *Aquele que recuperar a pureza original,*
> *Morrerá tendo alcançado*
> *A remissão de seus pecados,*

E terá o direito
De contemplar a majestade de Deus.
O Eterno Doador da Lei é um só.
E não há outro Deus senão Ele.
Ele não compartilhou o mundo com ninguém
E a ninguém informou
Suas intenções.

Um dia, em meditação silenciosa, Jesus se sentou junto a um regato, entre os pobres. Em cada rosto ele viu as fundas marcas do trabalho árduo; seu coração encheu-se de piedade por esses pobres trabalhadores e ele disse:

Deixai de buscar o paraíso no céu;
Abri as janelas do coração
E, como um raio de luz,
O céu virá,
Trazendo alegria infinita;
Então, o trabalho não será uma tarefa cruel.[56]

E assim prosseguiu o sermão:

Tal como um pai agiria
Para com os filhos,
Assim Deus julgará os homens
Após a morte:
De acordo com as Leis de sua caridade.
Ele jamais humilharia seu filho
Transmigrando-lhe a alma,
Como em um purgatório,
Para o corpo de um animal.[57]

Jesus fala de Deus como o Pai, e dos seres humanos como seus filhos. Por ser piedoso, Deus, o Pai, julgará a todos de acordo com as leis da caridade e jamais humilhará seus filhos. Em consonância com o texto anterior, ele completa a explicação:

> *Todas as coisas foram sacrificadas ao homem*
> *Que é diretamente,*
> *E intimamente,*
> *Associado a Mim,*
> *Seu Pai.*
> *Portanto,*
> *Aquele que houver roubado de Mim*
> *Meu filho,*
> *Será severamente julgado*
> *E castigado pela lei divina.*

Aqui Jesus fala de Deus como pai da humanidade, que lhe está íntima e diretamente conectada. De acordo com ele, todos os homens são seus filhos e ele é o pai de todos.

> *O homem não é nada diante do Juiz eterno,*
> *Tal como o animal não é nada diante do homem.*
> *Portanto,*
> *Eu vos digo:*
> *Abandonai vossos ídolos*
> *E não vos dediqueis a rituais*
> *Que vos separem de vosso Pai.*
> *Não vos associeis aos sacerdotes,*
> *Dos quais os céus*
> *Se afastaram.*[58]

O Evangelho Tibetano

A narrativa anterior é uma tradução de Nicolas Notovitch dos diversos manuscritos tibetanos encontrados num monastério em Hemis, no Ladakh, e contém informações valiosas sobre os anos perdidos de Jesus.

226 *O Quinto Evangelho*

Hipólito, bispo de Roma em torno de 220, menciona uma escritura judaico-cristã da terra de Seres, na Pártia. Segundo uma antiga tradição, esse livro sagrado de revelações havia caído do céu e tratava do "poder oculto". Fora recebido pelo profeta Eli, que era a encarnação de Deus. Na época de Hipólito, o nome Seres designava uma nação produtora de seda que vivia acima da Índia. Portanto, o livro sagrado da revelação era o Evangelho Tibetano.[59] É interessante observar que Nicolas Notovitch traduziu os manuscritos sobre a vida de Jesus no monastério de Hemis, no Ladakh. Também é importante os cristãos ocidentais do século III conhecerem os livros orientais sobre o cristianismo. Portanto, os manuscritos de Hemis não são tão estranhos quanto possam parecer à primeira vista.[60]

Isso revelaria que Jesus era muito respeitado pelas pessoas comuns, que o adoravam e o queriam em seu meio. Os manuscritos mencionados também estabelecem o fato de que Jesus aprendeu na Índia muitas ciências ocultas.

De acordo com os manuscritos de Hemis, Jesus foi escolhido para relembrar a uma humanidade necessitada o verdadeiro Deus. Desde que Jesus partiu de Jerusalém, os pagãos infligiram sofrimentos ainda mais atrozes aos israelitas. Muitos já haviam começado a abandonar as leis de seu Deus e de Moisés, na esperança de apaziguar os ferozes conquistadores.[61]

Nicolas Notovitch publicou sua tradução dos manuscritos de Hemis em 1890, sob o título *The Life of Saint Issa*. Mais tarde, em 1894, o livro foi publicado em francês com o título *La Vie Inconnue de Jesus* e, em inglês, *The Unknown Life of Christ*. Quando publicou seu trabalho, ele sabia que a descoberta seria repudiada pela Igreja como uma falsificação.

Portanto, sugeriu que fosse organizada uma expedição científica ao Ladakh para comprovar seus achados. Desde o início o livro se tornou fonte de muita polêmica. A Igreja negava a existência de Nicolas Notovitch, e até do mosteiro de Hemis. No entanto, quando se divulgou que o autor havia visitado a Caxemira e o Ladakh e conhecido muitos funcionários importantes dos níveis nacional e estadual do governo indiano, a Igreja mudou de estratégia. Influenciou o governo britânico da época na Índia, o qual encarregou Max Muller, famoso orientalista, e Archibald Douglas, um professor de Agra, de realizarem investigações no local. Ambos publicaram suas descobertas em periódicos, concluindo que Nicolas Notovitch era uma fraude.[62] Em 1894, a Igreja encarregou Ahmad Shah, um convertido recente, a ir ao Ladakh fazendo-se passar por um *hakim* (médico muçulmano), com o objetivo de encontrar alguma forma de "refutar as descobertas de Nicolas Notovitch".[63] Por quatro anos Shah permaneceu no Ladakh, e escreveu o livro *Four Years in Tibet*. É provável que o lama budista, temendo o governo britânico da Índia, tenha escondido os manuscritos, ou simplesmente entregue alguns fragmentos a Ahmad Shah.

Em 1922, Swami Abhedananda, o famoso estudioso de Vedanta, visitou o Ladakh e foi informado pelos lamas do monastério de Hemis de que o relato sobre a passagem de Jesus Cristo pela Índia era realmente correto.[64] Com a ajuda do lama, ele conseguiu a tradução de algumas páginas do manuscrito tibetano. Concluímos essa questão observando que os monges budistas do Ladakh e do Tibete possuem pergaminhos sobre a vida de Jesus escondidos entre os inúmeros manuscritos guardados em celas escuras. De acordo com os budistas, Jesus se tornou um perfeito expositor dos escritos sagrados por ter sido escolhido pelo Buda para disseminar sua palavra sagrada.[65]

O budismo e o cristianismo

Há muitas semelhanças entre o budismo e o cristianismo. As seguintes informações registradas em 1812 por um viajante no Ladakh são interessantes:

> *Todo tibetano faz de um dos filhos um lama, ou indivíduo que abandonou o mundo. Os lamas, tanto do sexo feminino quanto do masculino, não se casam e são guias espirituais do povo. Não adoram os ídolos encontrados nos templos, que, segundo eles, são apenas representações de santos ou lamas que já partiram, e cuja contemplação é considerada um ato de piedade. Quando morre um lama ou um homem importante, seu corpo é cremado, e em seu túmulo coloca-se uma escultura que o representa. Algumas imagens são consideradas repre-*

228 *O Quinto Evangelho*

sentações de certo profeta que ainda está vivo nas águas e florestas e que detém completo controle das imagens. Outros as consideram a representação de um profeta que está vivo nos céus, o que parece indicar Jesus Cristo. Os tibetanos consideram suas escrituras fruto de inspiração. O livro contém muitos preceitos morais e exortações a que se louve a Deus, a que se cumpram as promessas, a que se fale a verdade, a que se abandone todo o mal e outras questões semelhantes. Ele também ordena que entreguemos o manto se alguém nos tomar o lençol. Também preconiza: "Se alguém ferir tua face esquerda, apresenta-lhe também a direita." Muitos de seus preceitos são similares aos dos cristãos, exceto o costume de cremar os mortos.

O viajante observou outras semelhanças dignas de nota, reproduzidas a seguir:

É proibido comer carne de cavalo ou de camelo, e só é permitido ter uma esposa. O maior festival ocorre na entrada do sol em Capricórnio, o que corresponde ao Natal. Nessa época, começa para eles o ano, mas não consegui descobrir a data exata. Outro costume semelhante é que, ao fazer um juramento, a pessoa jura por Kunchok-Sum; Kunchok significando Deus e Sum significando três, ou seja, os três deuses da trindade. Os lamas também lembram os padres cristãos por se submeterem a severas penitências. Um ancião me informou ter confirmado indubitavelmente que algumas partes da Bíblia foram reveladas aos tibetanos; estes, no entanto, por não possuírem o livro completo, admitiram como parte da prática e da crença a cremação dos mortos e a doutrina de transmigração das almas. Os tibetanos garantem que a escritura original, em uma língua hoje incompreensível para eles, foi traduzida para seu próprio idioma.[66]

Podemos assinalar que semelhanças surpreendentes entre os ensinamentos morais do Buda e os de Jesus nos levam a pensar que o budismo Mahayana adotou muitos aspectos do cristianismo. Quando examinamos os eventos à época do Quarto Concílio Budista, essa possibilidade fica ainda mais plausível, já que esta reunião ocorreu em uma época em que, de acordo com algumas fontes, o Cristo e seus seguidores estavam naquela parte do mundo.

O Quarto Concílio Budista

Diversas lendas representaram Kanishka, o grande rei dos cuxanos, como o patrono do budismo. Diz-se que em torno do ano 78 ele convocou o Quarto Concílio Budista na Caxemira. Além de uma expressiva plateia, participaram do concílio 500 Arhats, 500 Bodhisattvas e 500 Pandittas. Aquela assembleia abriu no budismo o caminho para a aceitação da Mahayana, a escola de pensamento progressista.[67] Está registrado no cânon budista que, depois de Buda, virá outro redentor ou o próximo Bodhisattva, que será chamado Metteyya. Ele será o líder de um grupo de discípulos.[68] Foi por essa razão que, na época do nascimento de Jesus os lamas chegaram à Palestina, em busca do Bodhisattva. Na profecia referente a Metteyya, também está registrado que ele virá em uma época em que a religião do Buda terá sido esquecida e que o novo Bodhisattva mostrará o caminho. Nesse contexto, resta ver qual o papel desempenhado por Jesus — se for o caso — no Quarto Concílio Budista realizado na Caxemira.

Cabe mencionar que a palavra Metteyya é o mesmo que Messias, porque no idioma árabe ou persa a letra *t* soa como *s*.[69] É interessante observar que, no cânon budista chinês do século VIII, Jesus é mencionado como *Mi-shi-ho*.[70] O exame da iconografia budista mostra todos os Bodhisattvas de pé ou sentados em um trono de lótus. Alguns mostram marcas circulares nas palmas das mãos. Essas estátuas do período Mahayana com marcas nas palmas das mãos e nos pés representam simbolicamente as feridas da crucificação. Esse fato é uma comprovação imortal da identidade de Jesus como mestre dos monges Mahayana.[71]

Surpreende-nos a semelhança extraordinária entre as doutrinas e os rituais do budismo e da Igreja Católica. Em ambas as religiões as vestimentas dos monges são muito semelhantes, como se pode verificar nas pinturas antigas. Nos mosteiros, a hierarquia das diversas ordens se assemelha às ordens monásticas da Igreja Romana. Tal como os católicos, os budistas fazem preces intercessórias, oferendas, orações e sacrifícios; além disso, fazem votos de celibato, de pobreza, de castidade e de obediência, como os monges católicos; utilizam água benta e missas cantadas. A liturgia budista também se assemelha às liturgias cristãs orientais.[72]

Podemos assinalar que, pela extraordinária semelhança entre as duas religiões, muitos pensadores consideram o cristianismo como o budismo do Ocidente. Tanto Jesus quanto Buda são chamados de "Salvador", nas respectivas escrituras; e, por estranha coincidência, ambos fazem a mesma declaração: "Eu sou a Luz e o Caminho."[73] Títulos concedidos a Jesus nos Evangelhos também foram atribuídos ao Buda nas escrituras budistas. Ambos se intitularam a Luz, o Mestre, o Abençoado, o Príncipe e o Refúgio. Ambos jejuaram no período das tentações, e o jejum durou 40 dias.

Buda descreve as doações como "a boa semente plantada no bom solo, que produz abundância de frutos". Jesus diz o mesmo quando afirma que dar esmolas significa nos provermos de "um tesouro no céu".[74] Na famosa escritura budista *Lalita Vistara*, Buda declara que "o pastor sábio" guiará aqueles que caíram no grande precipício. Da mesma forna, Jesus Cristo diz:

> *Eu sou o bom pastor:*
> *O bom pastor dá a vida pelas ovelhas.*[75]

Há extraordinária semelhança entre os ensinamentos dos dois mestres. Ao que parece, o budismo preparou o caminho para o cristianismo. É fato histórico que Ashoka reuniu 8 mil monges budistas e os enviou como missionários à China, à Pérsia, à Babilônia, à Síria, à Palestina e Egito. Graças à influência dos ensinamentos desses monges, muitas seitas místicas como as dos terapeutas, dos essênios e dos zoroastristas conquistaram popularidade junto aos seguidores do judaísmo. Jesus havia recebido sua primeira educação sob orientação de mestres essênios e por isso encontramos entre eles traços de virtudes budistas como não violência, solidariedade, bondade, amor e devoção.

Com o passar do tempo, têm surgido documentos reveladores de que Jesus visitou o Tibete e o Ladakh. De acordo com uma fonte, ele foi ao Tibete e passou algum tempo no principal monastério. Lá, não pregou, mas se dedicou à meditação. Após algum tempo, Jesus chegou ao Ladakh, e foi bem-recebido pelos monges budistas.

Ali, ele curou uma criança agonizante, e sua fama se espalhou. Em um sermão, Jesus declarou:

> *Deus, meu Pai, é o rei de toda a humanidade.*
> *Ele me enviou*
> *Com todas as bênçãos de seu amor inigualável*
> *E de sua riqueza ilimitada.*
> *Sigo meu caminho*
> *Mas tornaremos a nos encontrar*
> *Pois na terra de meu Pai há lugar para todos,*
> *E vos prepararei um lugar.*

Jesus elevou as mãos em uma bênção silenciosa e seguiu seu caminho.[76]

Eles buscam milagres

Jesus Cristo pregou contra a adoração dos ídolos, afirmando:

> *Portanto, vos digo:*
> *Abandonai os ídolos*
> *E não realizeis rituais*
> *Que vos separem de vosso Pai.*[77]

Pelas censuras que lhes fez, os sacerdotes pediram a Jesus que realizasse um milagre. Mas ele respondeu:

> *Os milagres de nosso Deus foram realizados*
> *Desde o primeiro dia,*
> *Quando o universo foi criado.*
> *Eles acontecem todos os dias,*
> *A cada momento.*
> *Aquele que não os vê,*
> *Está privado*
> *De uma das bênçãos mais belas da vida.*
> *Mas ai de vós,*
> *Inimigos dos homens!*

232 *O Quinto Evangelho*

Se não é por uma graça que esperais,
Mas pela ira do Pai;
Ai de vós,
Se esperais que milagres
Atestem Seu poder.[78]

Ao testemunhar a impotência de seus sacerdotes, os pagãos tiveram muita fé nos ditos de Jesus. Eles quebraram os ídolos, e os sacerdotes fugiram para lugar seguro. Jesus disse ao povo que não procurasse ver Deus com os próprios olhos, mas que buscasse senti-Lo no coração. Ele pregou ainda:

Abstende-vos de consumar sacrifícios humanos;
E de imolar qualquer criatura a que tenha sido dada a vida;
Não furteis os bens do vosso vizinho,
Não enganeis a ninguém, para não serdes enganados.

Jesus Cristo, então, tomou o caminho da Caxemira, onde se juntou a uma caravana de mercadores. Ao ouvi-lo falar como um profeta e saber que ele desejava ir para a Pérsia, os mercadores lhe deram uma besta de carga bactriana. Ao chegar ao Punjab, ele realizou muitos milagres e curou muitos doentes.[79]

Tomé, o apóstolo da Índia

Tomé, também chamado Dídimo, ocupa a sétima posição entre os principais discípulos de Jesus Cristo. Ele considerava Jesus seu Deus.[80] Seu verdadeiro nome era Judas e, por conseguinte, seu Evangelho é conhecido como Atos de Judas Tomé. É considerado o irmão gêmeo de Jesus. Quando os discípulos do Senhor repartiram o mundo para efeito do trabalho missionário, a Tomé coube a Índia. Ele é conhecido como o apóstolo de Pártia e da Índia.[81] De início, Tomé relutou em partir em uma longa viagem, pois queria morrer por Jesus Cristo.[82]

Naquela época, um mercador indiano de nome Habban chegou ao sul da Palestina. Obedecendo ao comando do Mestre, Tomé partiu com Habban para o Oriente.[83]

No momento de dar atribuições aos discípulos, Jesus pediu-lhe que trabalhasse o Império Parto, que incluía o noroeste da Índia. O império se estendia do Eufrates ao Indo e do mar da Arábia ao mar Cáspio. Tomé ficou conhecido como o Evangelista da Pártia e da Índia.[84] Ele pregou para os partos, os medas, os persas, os bactrianos, os indianos e os hircanianos.[85]

Entre os governantes greco-bactrianos da Caxemira, cujas moedas foram encontradas naquela região, podemos mencionar Eutidemo (220 a.C.), Eucrátides (180 a.C.), Hipóstrato (140 a.C.), Menandro, o Grande (110 a.C.), Antímaco II (100 a.C.), Azilises (20 a.C.), Espalagadames, Vonones, Espalirises (10), Gondafares (50), e Abdagases (100). Tomé cruzou a fronteira da Índia durante o reinado de Gondafares. Então, o apóstolo chegou a Attock, onde foi apresentado a Gondafares por Abdagases.[86] Depois de unir os territórios controlados pelos partos e pelos nômades citas (sakas), Gondafares estabeleceu seu reinado no noroeste da Índia e governou de 21 a 50.[87] Em 48, aproximadamente, Tomé supervisionou a construção do palácio do rei.

Nesse período, Jesus, sua mãe e alguns discípulos chegaram a Taxila. Ele foi convidado pelo rei para a cerimônia de casamento de Abdagases. Mais adiante, abordamos as circunstâncias que levaram ao encontro entre Jesus e Tomé.

Taxila

O vale de Taxila, próximo a Rawalpindi, no Paquistão, ocupa posição de destaque nas rotas comerciais que costumavam conectar a Índia com a Ásia Central e Ocidental. No início do século V a.C. essa região era importante, fazendo parte do Império Aquemênida da Pérsia. No ano 326 a.C. Alexandre Magno passou ali algumas semanas como convidado de Ambhi, rei de Taxila. Os báctrios ocuparam a região em torno de 231 a.C., levando muitos budistas a migrarem daí para Khotan.[88] Taxila foi tomada pelos citas e pelos partos em torno do século I a.C. Depois da morte de Azs II, os reinos de Taxila e Aracósia foram unidos sob Gondafares, que nos primeiros escritos cristãos do mesmo período figura como o rei para cuja corte foi enviado o apóstolo Tomé.[89]

234 *O Quinto Evangelho*

No reino de Gondafares

Localizar os lugares visitados por Jesus foi, para nós, uma tarefa difícil, já que naquele período o noroeste da Índia passou por muitas perturbações políticas. Segundo informações de diversas fontes, a região foi controlada por muitos reis, que disputavam a supremacia. Temos os guerreiros citas tentando derrotar os partos, com o resultado de que Gondafares parece ter controlado as regiões ao norte, com sua capital em Taxila. Vemos algumas referências a ele e a seu irmão, Gad. Nos dias atuais, já se estabeleceu que Gondafares reinou em Taxila no período de 25-60. Moedas dessa época e algumas inscrições encontradas em Takht Bhai provam, de maneira conclusiva, que Gondafares reinou durante esse período.[90] Também na Caxemira foram encontradas moedas com a efígie do rei. Antiguidades relativas a ele, a seu irmão Gad e a Abdagases foram descobertas em Char Sadah.[91] Entre elas, foram identificadas as estátuas de Tomé e de Pedro. Os achados arqueológicos de Char Sadah também incluem um grande número de lajes de pedra que mostram a crucificação. Tudo isso estabelece o fato de que, em meados do século I, Char Sadah se tornou um centro importante do cristianismo.

Entre as famosas relíquias encontradas em Taxila, está uma inscrição em aramaico referente à construção de um palácio de cedro e marfim por um carpinteiro estrangeiro que era um fervoroso devoto do filho de Deus.[92] Lê-se nessa inscrição:

> *O querido carpinteiro estrangeiro,*
> *Devoto fervoroso do Filho de Deus,*
> *Construiu para o rei*
> *Esse palácio de cedro e marfim.*

Na inscrição, *priya* significa querido e *rideshiya* significa estrangeiro, *nagruda* significa carpinteiro e *Rudradeva* significa filho de Deus.[93]

Diversos textos históricos mencionam que Gondafares pediu a Tomé que lhe construísse um palácio. O apóstolo prometeu completar o trabalho em seis meses, mas gastou em esmolas todo o dinheiro que lhe foi dado. Quando o rei pediu contas do dinheiro, Tomé explicou que estava construindo para o rei um lugar nos céus, não com as mãos, mas que seria eterno.

Ele predicou com tanto vigor e graça que o rei, seu irmão Gad e grande quantidade de pessoas abraçaram sua fé. Muitos sinais e atos maravilhosos foram realizados pelo santo apóstolo.[94]

Conseguimos obter informações sobre a presença de Jesus Cristo em Taxila em uma cerimônia de casamento na família real de Gondafares. Como o incidente é de importância vital, vamos citá-lo na íntegra:

E o rei pediu ao padrinho do noivo que saísse da câmara nupcial.

E quando todos haviam saído, e a porta da câmara nupcial foi fechada, o noivo suspendeu o reposteiro para trazer a noiva à sua presença.

E ele viu nosso Senhor, com a aparência de Judas, de pé, conversando com a noiva.

E o noivo disse ao Senhor: Tu havias saído, como é possível que ainda estejas aqui?

Mas o Senhor respondeu: Não sou Judas, sou o irmão de Judas.

E nosso Senhor sentou-se na cama, fez os jovens se sentarem em cadeiras,

E começou a lhes falar.[95]

O texto prova, de forma conclusiva, a presença de Jesus Cristo em Taxila. O incidente também é mencionado nos Atos de Tomé, que reproduzimos aqui:

Depois das cerimônias, Tomé deixou o palácio. O noivo levantou o reposteiro que o separava da noiva. Conversando com ela, viu alguém que julgou ser Tomé. Surpreso, perguntou:

Como é possível que estejas aqui? Não te vi sair antes de todos?

E o senhor respondeu:

Não sou Judas Tomé, mas seu irmão.[96]

Como a cerimônia de casamento foi realizada em 49, é fato estabelecido que Jesus Cristo chegou a Taxila naquele período.

A estátua de Jesus

John Marshall, responsável pela escavação dessas antiguidades em Taxila, ao descrever as estátuas encontradas na cela 29 afirma que a vestimenta e a barba em estilo distintivo provam que o representado é um estrangeiro. Todas as figuras no grupo estão descalças, exceto a figura central, que parece usar sandálias. Essa específica figura barbada usa o gorro pontudo de um viajante sírio, túnica até os joelhos como se usava na Síria e, estranhamente, botas sem cadarços. Essa figura tem características faciais definidas e marcadamente judaicas.[97]

As vestimentas e as características físicas dessas estátuas fazem com que sejam chamadas estátuas de estrangeiros.[98] Elas foram encontradas em Juliana, Taxila, onde foi construído um mosteiro do tipo assírio, por Juliano, que acompanhou Tomé em suas viagens para a Índia. Junto ao monastério ficava o palácio do rei Gondafares. No palácio, foi escavada uma inscrição em aramaico, com alguma informação sobre o piedoso carpinteiro, discípulo do Filho de Deus, que construiu aquele palácio de cedro e marfim.

Todas essas indicações nos levam à conclusão de que a figura de gorro pontudo não é outro senão Jesus, o Filho de Deus. Da mesma forma que algumas estátuas escavadas em Taxila foram classificadas como de estrangeiros, o mesmo tipo de consideração fez com que as figuras representadas em lajes de pedra encontradas em Khurhom, no vale de Lolab, na Caxemira, tenham sido descritas como de estrangeiros.

Maria, a mãe

Maria, a mãe de Jesus, é muito respeitada pelos cristãos. Um dos motivos é sua aquiescência em conceber Jesus, ajudando Deus a se manifestar corporalmente neste mundo. Como Jesus era considerado encarnação de Deus, Tomé se dirigia a ele pela expressão "Meu Senhor e meu Deus".[99] Se deixarmos de lado a mitologia, ainda teremos outra razão para a grandeza de Maria. Ela não só criou Jesus, como qualquer mãe, mas também fez todo o possível para que ele fosse educado pelos essênios no Egito. Na festa da Páscoa em Jerusalém, quando ele se perdeu dos pais, ela sentiu grande preocupação e o procurou por toda parte.

Quando finalmente o encontrou, perguntou: "Filho, por que nos trataste dessa maneira?"

Os Evangelhos não trazem informação completa sobre o papel de Maria durante o ministério de Jesus. Como a qualquer mãe, esse ministério lhe causou perturbação.[100] Ela comparece ao casamento em Caná e avisa Jesus de que acabara o vinho para os convidados.[101] Depois a encontramos no momento da crucificação, quando o filho se refere a ela como a mãe da humanidade.

> *Vendo Jesus sua mãe*
> *E junto a ela o discípulo amado,*
> *Disse:*
> *Mulher, eis aí teu filho.*
> *Depois, disse ao discípulo:*
> *Eis aí tua mãe.*[102]

Esta citação mostraria que Jesus deu a Maria o título de mãe de toda a humanidade e, apesar de chamá-la "mulher", disse ao discípulo que ela era sua mãe. Também somos informados da presença de Maria na reunião em Jerusalém em que Matias foi incluído no grupo dos apóstolos.[103] Após a ressurreição, ela acompanhou Jesus Cristo em uma longa viagem ao Oriente. De acordo com o Evangelho de Filipe, ela e Maria Madalena o acompanharam. Acredita-se que chegaram a Taxila por volta de 49. Em decorrência de uma perturbação política, quando os cuxanos atacaram a região para estabelecer sua supremacia, Jesus teve de fugir para as montanhas adjacentes. Maria, a mãe de Jesus Cristo, morreu no caminho e foi enterrada em um local então denominado Mari e hoje chamado Murree.[104] Pesquisas realizadas para encontrar o local de descanso de Maria, a mãe, indicam que ela foi enterrada na colina de Murree.[105] O local foi conhecido como Mari até 1875, quando a grafia do nome foi alterada para Murree. A tumba é descrita pela expressão Mai-Mari-de-Asthan, ou "lugar de repouso da Mãe Maria".[106] Mumtaz Ahmad Farouqi, que realizou uma pesquisa exaustiva sobre o túmulo de Maria, propõe:

238 *O Quinto Evangelho*

Maria pertencia à classe clerical dos israelitas e era adequado enterrá-la no alto de uma colina. De acordo com a tradição local, o Túmulo é o lugar de repouso da Mãe Maria.

No passado, o santuário foi reverenciado pelos indianos. Às quintas-feiras os muçulmanos fazem oferendas e acendem lamparinas de argila cheias de óleo. Em 1898, Richardson, o engenheiro do Regimento, quis demolir o sepulcro para construir uma torre de defesa. Pouco depois ele morreu em um acidente e os habitantes da região associaram o incidente às suas más intenções com relação ao túmulo. Este, que ainda está voltado para o leste, foi agora restaurado. Em 1931, o comandante registrou junto ao Conselho Municipal uma reclamação de que haviam plantado no local uma bandeira vermelha com um círculo branco no centro. Investigações realizadas pelas autoridades tarifárias estabeleceram que o local é um antigo monumento histórico, ao qual presta homenagem desde tempos remotos a população local, tanto a indiana quanto a muçulmana.[107]

Efetivamente, as tradições populares de um local são de grande valia para pesquisas e podem ser aceitas como complemento dos registros históricos. No caso presente, em função da falta de documentos antigos, não nos resta opção senão aceitar a tradição local, segundo a qual o sítio é conhecido como o local de repouso da Mãe Maria. No interesse da pesquisa, é preciso que a sepultura seja aberta e os restos mortais submetidos a testes científicos, para a questão ser resolvida. Até lá não nos resta opção senão acreditar que Maria Madalena está enterrada em Kashgar e Maria, a mãe, está sepultada em Murree.

O vale da Caxemira

O vale da Caxemira foi descrito por muitos escritores famosos como o paraíso na terra. Limitado pelos Himalaias, tem sua formação rochosa datada do início do período Paleozoico. A descoberta, no vale, de uma grande pedra lascada, uma machadinha rudimentar e ferramentas de pedra provou a existência de depósitos bem-estratificados que datam dos períodos glaciais. É possível afirmar que o vale da Caxemira foi repositório das primeiras culturas humanas. Ali foram encontrados traços de culturas de meados do Paleolítico e do Neolítico. Culturas posteriores podem ser situadas em torno de 2500 a.c. A cultura neolítica da Caxemira guarda muita afinidade com culturas semelhantes, descobertas na Itália e na Ásia Central. A etimologia da palavra Caxemira é atribuída ao nome do vale, que seus habitantes chamam de *Kasheer*. A população intitula-se *Kushur*. Também se diz que muitas tribos habitaram o vale em tempos pré-históricos e que, entre elas, se destacaram os cassitas, ou tribo Cuxe, que fundaram povoações com nomes derivados de Cuxe, como Kashan, no Irã, Kashgar, na Ásia Central, e Hindo-Kush, no Afeganistão. Essa tribo pertencia aos filhos de Cuxe, que receberam a ordem de migrar para a terra de férteis pastagens.[108] Os cuxanos fundaram seu império no século I e realizaram o Quarto Concílio Budista na Caxemira. Antes do advento do cristianismo, os budistas haviam estabelecido seus Viharas, ou monastérios, da Caxemira até o Irã, a Síria e o mar Morto.

A Rota da Seda

No mundo antigo, os países do Sudeste Asiático formavam uma unidade compacta. Durante o século VI a.C., o Irã, o Afeganistão, o Paquistão e algumas regiões do nordeste da Índia faziam parte do domínio Aquemênida de Ciro e Dario.[109] Os habitantes dessa vasta região mantinham estreitas relações comerciais e culturais.

Antes do advento de Jesus, Egito, Irã, Afeganistão e Caxemira eram ligados pela Rota da Seda. Durante a vida dele, a estrada passava pelos seguintes locais:

Jerusalém (Hierosolyma) — Bostra — Damasco — Palmira — Edessa — Nisseus (Nisibis) — Herat — Bamiyan — Cabul — Khybar — Taxila — Murree — Chitral — Gilgit — Bandipur — Caxemira.

Partindo de Herat, outra rota passava por Balkh — Badakshan — Ladakh — Caxemira.

Podemos mencionar o fato de que o vale da Caxemira, embora protegido e cercado por montanhas, está localizado no ponto de encontro

240 O Quinto Evangelho

da Ásia Ocidental, Oriental, Meridional e Central. Era uma importante ligação no sistema de comunicação do eixo asiático, e unia centripetamente todos os seus reinos.[110]

Desde tempos imemoriais, o vale da Caxemira havia estabelecido relações comerciais com o Afeganistão, o Irã e os países da Ásia Central. Sua capital ficava na Rota da Seda, que ligava o leste com o oeste. Muitos séculos antes do advento de Jesus Cristo, os exércitos gregos penetraram no norte da Índia e na bacia do rio Indo por meio das rotas terrestres do passado. Portanto, não admira que qualquer viajante pudesse partir da Palestina e chegar à Caxemira. Essas trilhas e rotas sempre existiram e foram utilizadas por imigrantes, mercadores e peregrinos.

Muito antes do século I, Heródoto já conhecia o povo de Kaspira ou Caxemira.[111] Sete séculos antes de Cristo os judeus foram transportados para o noroeste da Índia e para a Ásia Central, estabelecendo pequenos centros de civilização e comércio nessas regiões, inclusive na Caxemira.

A dispersão dos judeus

Com a queda da cidade de Samaria, em 721 a.C., teve início a dispersão dos judeus. Depois disso, eles migraram para o Oriente e se fixaram em terras distantes, instalando-se em Bamiyan, Bocara, Samarcanda, Korasan, Caxemira e Kashgar. Alguns remanescentes chegaram mesmo ao oeste da China.[112]

A história registra que arianos e semitas se misturaram durante sua dispersão, em torno do ano 2000 a.C. Algumas tribos semitas alcançaram as fronteiras ocidentais do vale do Indo. Mas durante o período do Império Assírio estabeleceram-se estreitos contatos comerciais com o Irã e Gandhara, o que incluía a Caxemira. Naquela época, a Média estendia seu domínio até as fronteiras de Chitral, e a comunicação entre a Índia e o Oriente Médio se tornou bem-desenvolvida. Durante o reino de Ciro, o Grande, toda a região que vai de Tebas, no Egito, a Taxila, no Punjab, esteve sob o domínio dos persas. Com a ampliação do Império Persa por Dario, chegando às regiões do noroeste da Índia, o vale da Caxemira, inclusive Hunza, Nagar e Chitral, ficou sob o controle direto dos persas. A invasão de Alexandre, o Grande, e sua permanência em

Jesus Cristo no Oriente 241

Jehlum provam que ele conhecia muito bem as rotas milenares, da Mesopotâmia ao Punjab. Seus sucessores estabeleceram pequenos reinos nas regiões a noroeste da Índia e os gregos reinaram sobre a Caxemira, permanecendo ali até o ano 1, quando os cuxanos tomaram o poder.

Podemos assinalar que no início da era neolítica os povos mediterrâneos começaram a se deslocar e a se espalhar para o leste, o norte e o oeste. Um ramo emigrou para o noroeste do subcontinente indiano. Esse gigantesco deslocamento racial começou em torno de 5000 a.C.

Esse tipo físico forma a base dos habitantes da região. Esqueletos encontrados em Mohenjodaro e Harappa, no Paquistão, incluem representantes dos aborígines, assim como dos mediterrâneos de cabeça comprida que emigraram da Mesopotâmia.[113] Esse tipo é comum no Irã, no Afeganistão e em outras regiões do noroeste da Índia.[114] Em termos gerais, os habitantes da Caxemira podem ser qualificados como caucasoides. Em termos etnológicos, enquadram-se na raça mediterrânea dos tipos armenoide e nórdico.

Os judeus da Caxemira

A maioria das tribos afegãs descende das tribos judaicas. Elas viviam como judeus até serem convertidas pelos muçulmanos na época de Khalid.[115] Do ponto de vista etnológico, a imensa maioria dos habitantes do Afeganistão descende das tribos perdidas de Israel.[116]

Com o passar dos séculos, essas antigas tribos de Israel perderam o poder para o Islã e o governo dos dez líderes se desintegrou. A maior parte da população foi forçada a adotar, direta e indiretamente, a fé islâmica. Apesar dessas mudanças, um segmento da população entre o Irã e a Caxemira ainda é chamado de *Bani Israel*, o que significa Filhos de Israel. Ainda hoje, do Afeganistão à Caxemira, nas regiões orientais, há mais de 350 instâncias, de lugares e de castas cujos nomes se originam ou se derivam do Antigo Testamento dos hebreus.[117]

Na Antiguidade, o vale da Caxemira foi ocupado por diversas tribos, entre as quais são mencionados como proeminentes os Nagas, os Pishachas, os Sakas, os Gandharas, os Khasas e os Tunghanas.[118] Em sua maioria, essas tribos não eram habitantes originais do vale, mas vieram do

242 *O Quinto Evangelho*

norte e do oeste. É possível que algumas tribos judaicas também tenham se estabelecido no vale. Isso é mais provável, como afirma Al-Beruni de forma definitiva:

> *Os caxemirianos são especialmente cuidadosos com relação às defesas naturais de seu território. Eles mantêm uma vigilância constante e guardam os caminhos e as rotas de acesso. Em tempos antigos, costumavam permitir em seu país a entrada de um ou dois estrangeiros, principalmente judeus.*[119]

De acordo com o jesuíta François Catrou, autor de *The History of the Mughal Empire*, publicado em 1708, os caxemirianos são descendentes das tribos judaicas que saíram de Israel. Em uma alta montanha perto de Srinagar eles construíram uma edificação ainda conhecida como O Trono de Salomão.[120] Outro autor também escreve que os habitantes da Caxemira são os filhos de Israel.[121] Bernier escreveu, em 1644:

> *Nessa região são encontradas muitas marcas do judaísmo. Quando entrei no reino, achei que os habitantes das aldeias fronteiriças pareciam judeus.*[122]

Os caxemirianos são altos, robustos, de traços másculos. As mulheres têm formas generosas e são bonitas, com narizes aquilinos e traços judaicos.[123] Suas características físicas e étnicas sempre chamaram a atenção dos visitantes atentos, que universalmente as associaram aos judeus.[124] Caxe ou Cuxe, líder de uma das tribos judaicas, parece ter sido a principal tribo a migrar para a Caxemira. Durante sua viagem, quando chegou a Nishapur, no Irã, a tribo fundou a aldeia de Kashmar; em Bocara, fundou uma aldeia de nome Kash; em Samarcanda, as aldeias de Kashband e Kashania e, depois de estabelecer Kashgar, chegou à Caxemira, que chamou de Kashir, o país da tribo Caxe.[125]

Jesus Cristo se referiu aos judeus como os filhos de Deus que se espalharam pelo mundo. Ele queria buscar e salvar as ovelhas perdidas de Israel. Portanto, não surpreende que tenha seguido para o leste e chegado a Caxemira.

Shali-Vahana

Alexandre, o Grande, seguiu para o Oriente em 327 a.C. Naquela época, o vale da Caxemira fazia parte de Gandhara, cuja capital era Taxila. Depois que ele voltou, os soldados e generais gregos se espalharam pelas regiões do noroeste da Índia e estabeleceram pequenos reinos em Chitral, no Afeganistão, em Hazara e na Caxemira. Encontram-se aqui e ali provas arqueológicas e numismáticas do domínio grego, em várias regiões no noroeste da Índia. Da mesma forma, encontramos 11 soberanos gregos que dominaram a Caxemira.[126]

Kadfises I assumiu o domínio sobre o norte da Índia em torno do ano 60, e seu vice-rei, Kaniska, subjugou o vale da Caxemira um pouco mais tarde, em 73.[127] Nesse período surgiu em cena Shali-Vahana da Caxemira como defensor dos brâmanes, contra os indo-citas.[128]

Ele foi bem-sucedido em derrotar os estrangeiros, e para comemorar sua vitória introduziu uma nova era com seu nome. Conhecida como a era de Shali-Vahana, ela teve início no primeiro Baisakh 3179 da Era Kalyugi, o que corresponde a 14 de março do ano 78.[129]

Jesus Cristo e o rei da Caxemira

A informação mais importante sobre a chegada de Jesus Cristo ao vale da Caxemira e seu encontro com o rei foi registrada para a posteridade por Sutta, em seu famoso texto sânscrito intitulado *Bhavisya-maha-purana*, escrito em 3191 da era Laukik, o que corresponde ao ano 115. Shali-Vahana reinou sobre o vale da Caxemira e outras regiões montanhosas dos Himalaias de 39 a 50 d.C. Quando assumiu o governo, o vale e outras partes do reino foram atacados por tribos vizinhas: da China, da Pártia, da Báctria e de Sinkiang. Essas hordas foram derrotadas por ele, mas, antes de partir, elas saquearam o reino. Dessa forma, ele conseguiu demarcar as fronteiras entre os arianos e os não arianos. Sutta registra ainda que em suas viagens pelos Himalaias, perto de Wien, o rei conheceu um santo de pele clara que usava roupas brancas. Quando lhe perguntou seu nome, o santo respondeu:

"Sou conhecido como o Filho de Deus, nascido de uma virgem." O santo também disse ao rei ter sofrido nas mãos dos maus por pregar que os seres

244 *O Quinto Evangelho*

humanos deviam servir ao Senhor. Ele ainda disse ao rei que seu nome foi estabelecido como Isa-Masiha.

Essa informação revela claramente o encontro de Jesus com Shali-Vahana, o rei da Caxemira. Ninguém senão Jesus é conhecido como Filho de Deus, e só ele é tido como nascido de uma virgem. Além disso, mesmo no presente, ele é conhecido no Oriente como Isa-Masih. Ele também é lembrado como *Yusu-Masih*. Essa informação, sendo muito antiga e importante, é traduzida da seguinte forma:

> *Enquanto isso, Shali-Vahana, o neto de Vikrama-Ditya, tomou posse do reino de seu pai. Ele derrotou os invencíveis shakas (citas) e combateu as hordas de Chin (chineses), Tatari (tártaros), Balhika (báctrios), Kam-rupa (partos), Roma e Khura (Khura-san). Apropriou-se dos tesouros deles, e aqueles que mereciam punição, foram punidos. Ele definiu as fronteiras entre os arianos e os mleechas (amalequitas), declarando que este lado do Sindhu (Indo) era o país dos arianos. O justo soberano demarcou o território dos mleechas (amalequitas) do outro lado do Sindhu (Indo). Um dia, o rei dos shakas (citas) veio para Himatunga (Himalaia). Esse rei era muito poderoso e viu nas montanhas de Wien uma pessoa notável trajando vestimenta branca. "Quem é você?", perguntou o rei, e a pessoa respondeu amavelmente:*

> *Saiba que sou* Ishvara-putaran *(o Filho de Deus),*
> Kanya-garbam *(nascido do útero de uma virgem),*
> *Sendo dedicado à verdade*
> *E às penitências,*
> *Preguei a religião para os mleechas (amalequitas).*

Ao ouvir isso, o rei perguntou: "Que religião pregas?" ele respondeu:

> *Quando a verdade desapareceu*
> *E todas as fronteiras da correção foram cruzadas*
> *Na terra dos mleechas (amalequitas),*
> *Eu surgi como* Isha-Masih *(Jesu Messias).*

Recebi o messiado (a condição de Cristo)
Na terra dos mleechas.
Eu disse a eles:
Removei todas as impurezas mentais e corporais,
Recitai sinceramente a prece revelada,
Orai da forma correta,
Repeti dentro do coração o nome de nosso Senhor Deus,
Meditai Nele, cuja casa é o sol!
Quando apareci na terra dos mleechas,
O mau e o culpado sofreram pelas minhas obras;
Mas me fizeram sofrer em suas mãos.
Digo-te:
Em verdade todo o poder está no Senhor,
O sol está no centro;
Enquanto o cosmos é a contração dos elementos em movimento,
E os elementos, o sol e Deus são eternos.
A forma perfeita, pura e bem-aventurada de Deus
Entrou em meu coração:
Assim meu nome foi estabelecido
E promulgado como Isha-Masih!

Depois de ouvir isso dos lábios do notável, o rei voltou, rendendo-lhe preito.[130]

Essa é a tradução correta dos versos do antigo texto sânscrito intitulado *Bhavisya-maha-purana*, escrito em 115. Ele nos conta que Shali-Vahana, o rei da Caxemira, encontrou Jesus em Wien, local ainda existente nas cercanias de Srinagar, na Caxemira. No Oriente, Jesus sempre é chamado de *Yusu-Masih* ou *Isa-Masih*, e todos aqueles que não professam o hinduísmo são chamados mleechas. No capítulo sobre as fontes, falamos sobre a autenticidade desse manuscrito antigo. Contudo, pode-se observar que o texto divulga informações da maior autenticidade. Nele, diz-se que Jesus Cristo mencionou seu sofrimento nas mãos dos amalequitas, chamados de mleechas pelo autor do referido texto sânscrito. Também cumpre observar que Cristo revela claramente que é conhecido como o Filho de

246 *O Quinto Evangelho*

Deus, nascido de uma virgem e enviado como Messias à terra dos amale-quitas. Ele ainda afirma ter ensinado o amor, a verdade e a pureza, mas ter sofrido nas mãos dos maus. Sua afirmativa de que o Senhor está no centro do sol e dos elementos, e de que Deus e o sol existirão para sempre, alude ao sistema organizado do cosmos.

Após ter derrotado os citas e outros invasores, Shali-Vahana deu iní-cio a uma nova era, no ano 3139 da Kaliyuga, o que corresponde ao ano de 78. Ele teve de partir para novas conquistas e é provável que o encon-tro com Jesus tenha ocorrido no mesmo ano, ou antes de 78.

O espírito de Deus

Jesus Cristo era o Espírito de Deus, que na Caxemira assumiu o nome Yuzu-Asaph.[131] Os muçulmanos herdaram essa tradição dos indianos antigos, que também acreditavam que ele tinha ido para a Caxemira e vivido ali. Jesus revelou sua identidade ao rei da Caxemira nas seguintes palavras:

> *"Sou conhecido como o Filho de Deus, nascido de uma virgem. Como preguei o amor, a verdade e a pureza do coração, sou chamado Messias."*[132]

Seu ministério na Caxemira

Durante o reino de Gopananda I (79-109) Jesus Cristo proclamou seu ministério na Caxemira e passou os últimos anos de vida no vale. Nesse período, Sulaiman veio para a restauração de um templo dedicado a Salomão. Ele fez inscrever os seguintes versos nos pilares de pedra do *Takht-i-Sulaiman*:

> *Yuzu-Asaph, o Yusu das tribos de Israel, proclamou sua condição de pro-feta no ano 54.*

A seguir fornecemos a tradução de páginas relevantes da história persa da Caxemira:

> *O novo rei assumiu o nome de Gopananda e começou a reinar sobre o vale da Caxemira. Durante seu reinado, muito templos foram construídos e*

restaurados. Ele convidou Sulaiman da Pérsia para reparar a abóbada rachada existente no alto do monte Solomon. Os hinduístas objetaram, declarando que Sulaiman não era praticante do hinduísmo, mas de outra religião, e não poderia reparar o templo sagrado. Nesse mesmo período, Yuzu-Asaph chegou de Bait-ul Muqaddas (a Terra Santa) e proclamou sua condição de profeta no Wadi-al-Aqdas (Vale Sagrado). Dia e noite, ele se dedicou a preces, e era muito reverente e santo. Ele conclamava o povo a seguir as palavras de Deus, e muitos se tornaram seus discípulos. O rei pediu-lhe que trouxesse o povo ao caminho reto.

No templo na colina de Shankaracharya, em Srinagar, na Caxemira, havia quatro inscrições nas paredes que cercam as escadas de pedra. As inscrições estavam gravadas em persa e em caracteres Sulus. Dessas quatro, duas estão totalmente mutiladas, enquanto as outras foram fotografadas pelo major H. H. Cole e publicadas em 1869, em seu livro intitulado *Illustrations of Ancient Buildings in Kashmir*, da editora W. H. Allen & Co., Londres. Traduzidas para o inglês, as inscrições significam:

> *Pedreiro dessa pilastra Raji Bhishtay, filho de Kim, ano 54*
> *Esse pilar em homenagem a Jeoaikim, filho de Marjan...*
> *É preciso observar que Yuzu-Asaph casou-se*
> *com Marjan em Pahalgam, Caxemira.*

Após completar os reparos da abóbada no ano 54, Sulaiman fez gravar nas pedras da escadaria as seguintes inscrições:

> *Nesse período, Yuzu-Asaph proclamou-se profeta. Ele era Yusu, o profeta dos filhos de Israel.*
> *Vi em um livro dos hindus que esse profeta na verdade era Isa, o Espírito de Deus, que esteja em paz e seja louvado. Ele assumiu o nome de Yuzu-Asaph e passou a vida no vale. Após sua morte, foi posto a repousar na sepultura em Anzmar. Também se diz que da sepultura desse profeta costumavam emanar os raios da condição profética.*[133]

De acordo com o autor, Jesus Cristo proclamou seu ministério na Caxemira no ano 54, evento gravado nas pedras da cúpula de Salomão.

248 *O Quinto Evangelho*

Cabe mencionar que essa antiga edificação foi restaurada diversas vezes depois dos reparos executados por Sulaiman. Foi também restaurada durante o reinado do sultão Zain-ul-abidin, em 874, quando a abóbada recebeu quatro pilastras adicionais. De acordo com suas instruções, as inscrições foram traduzidas para o persa e gravadas em quatro colunas. Essas inscrições revisadas foram registradas por um historiador da Caxemira nos seguintes termos:

> *Pedreiro desta coluna: Raji Bihisti Zargar; ano 54. Esta coluna homenageia Jehoia-Kim, filho de Mairjan. Yuzu-Asaph proclamou-se profeta; ano 54. Ele é Yusu, o Profeta dos Filhos de Israel.*[134]

Até o final do século XIX, as inscrições estavam intactas, mas agora estão mutiladas. No momento, só estão disponíveis fotografias de duas linhas.[135] É interessante observar que o ano informado nas inscrições é 54. Como foram traduzidas do original para o persa, é preciso descobrir o equivalente exato ao ano 54. Na Antiguidade, os caxemirianos utilizavam a era Laukika, que começou no ano 3076 a.C.

Portanto, o ano 3154 da era Laukika corresponderia a 78. As inscrições gravadas mencionam o ano 54, tratando-se na realidade de 3154, que pode ser corretamente calculado como 78. Logo, é evidente que Jesus proclamou seu ministério na Caxemira no ano 78.

Os sermões

As informações sobre Cristo na Caxemira, embora escassas, são significativas. Relata-se que ricos e pobres o procuravam para receber bênçãos e orientações. Jesus lhes dizia:

> *Ouvi-me:*
> *Digo-vos*
> *As palavras de sabedoria*
> *E verdade.*
> *Podeis distinguir*
> *O certo do errado.*
> *Em verdade essa é a religião daqueles*

A quem chega a palavra de Deus.
Quem deixar de lado a virtude
Não entrará no céu.[136]

Jesus disse uma vez que quem sofresse perseguição por causa da virtude entraria no reino dos céus.[137] Ele repetiu o sermão na Caxemira. Também dissera que quem ouvisse e guardasse a palavra de Deus seria abençoado.[138] Aqui, Jesus pede ao povo que distinga o certo do errado e, dessa forma, guarde a palavra de Deus:

Ouvi-me,
Digo-vos:
Buscai o reino dos céus
E não o da terra.
Ai dos que buscam o mundo,
Pois estes morrerão.[139]

Nesse excerto Jesus Cristo pede ao povo que busque o Reino de Deus.[140] Em outro lugar, ele fez o seguinte sermão:

Em verdade
Vos digo:
A morte não espera,
Pois chegou a hora
E os pássaros não têm poder
Sobre seus inimigos.
Salvai-vos pela fé.[141]

Nas antigas Escrituras foi dito que todo aquele que não buscar a Deus, morrerá.[142] Ninguém tem poder sobre o dia da morte, nem poder sobre o Espírito para reter o Espírito.[143]

Digo-vos:
Desde que haja luz, vós viajais.
Guardai segredo de vossas boas ações

250 *O Quinto Evangelho*

Para que não sejam apenas demonstrações.
Abençoados são estes
Pois sabem
Que serão tratados igualmente.[144]

A seguinte declaração é atribuída a Jesus:

Meu alimento é o jejum, minha condição natural é o medo, minha vesti-
menta, um saco de lã. Minha lareira no inverno é o sol, minha luz na noite é
a lua, meu transporte são meus pés e minha comida, as frutas da floresta.
Quando vou dormir, não guardo nada comigo. Quando acordo, minhas
mãos estão vazias. Ninguém sobre a Terra é mais rico do que eu.

Aconselho-vos a concentrar os pensamentos em Deus e viver uma vida
de desapego. Se intensa for vossa aspiração de encontrar Deus, concentrai-
vos Nele.

Lembrai-vos: quando se empregam toda a energia e os pensamentos cla-
ros em alcançar um objetivo, até um espinho pode se transformar em uma
guirlanda de rosas.[145]

De acordo com Jesus, receberemos a devida recompensa por nossas
obras. Ele aconselhava o povo a evitar os desejos mundanos e a fazer o
bem. Ele instruiu:

Digo-vos:
Evitai os desejos mundanos,
Abandonai a ira
E a maledicência
E conservai puro o coração.[146]

Parábolas

Uma parábola é a narração de algum acontecimento adaptada para
transmitir uma lição moral. Jesus usava esse recurso de modo muito
característico e surpreendente.[147] No Novo Testamento encontramos
muitas parábolas que tratam da mais elevada verdade espiritual. Eis uma
que ele ensinou às pessoas comuns:

Eis que o semeador saiu a semear.
E, ao semear,
Uma parte caiu à beira do caminho,
E, vindo as aves, a comeram.
Outra parte caiu em solo rochoso,
E secou-se.
Outra caiu entre os espinhos,
E não cresceu.
Outra, enfim, caiu em boa terra
E deu fruto.

Aqui Jesus repete a parábola do semeador que figura no Novo Testamento.[148] No entanto, a que ele ensinou na Caxemira vai além:

O semeador é o homem sábio;
As sementes são suas palavras de sabedoria;
As sementes devoradas pelos pássaros
Representam aqueles que não compreendem.
As sementes no solo rochoso
São as palavras de sabedoria desprezadas.
As sementes lançadas no solo rochoso representam
Aqueles que compreendem, mas não aceitam;
E as sementes que caem em terra boa,
São aqueles que compreendem,
Obedecem
E seguem.[149]

A crucificação

Isana viveu em Ishbar, às margens do lago Dal, em Srinagar, na Caxemira. Ele era um santo muito conhecido, a quem todos ouviam pregar e que tinha muitos devotos. Um dos seus principais discípulos, Samadhimati, foi encarcerado durante dez anos por ordem do rei da Caxemira. E após algum tempo ele foi crucificado. Isana chegou e viu três sentenças escritas na testa de Samadhi-mati:

252 O Quinto Evangelho

Este homem irá viver na pobreza;
Após dez anos de prisão, será crucificado;
Após a ressurreição, será rei.[150]

Quando Samadhi-mati foi colocado na cruz, a multidão assistiu à sua crucificação. Durante a noite, fadas vieram dançar em torno do cadáver. Isana ficou triste e sentou-se nas proximidades. No terceiro dia, Samadhi-mati voltou à vida. A multidão, surpresa, ofereceu-lhe o trono da Caxemira. Ele recusou a oferta, mas diante da insistência do povo concordou em tornar-se rei. Reproduzimos aqui esse evento extraordinário tal como é descrito em um antigo texto histórico em sânscrito:

Esse rei tinha um conselheiro chamado Samadhi-mati,
O maior dos sábios,
Notabilizado por sua vida maravilhosa
E pela devoção a Shiva.
Os maus despertaram a ira do rei
Contra o fiel conselheiro
Dizendo ao soberano que tivesse cuidado
Com o autor de feitos extraordinários.
Cheio de ódio,
O rei o baniu
E o reduziu
A uma condição permanente de pobreza.
Uma notícia misteriosa se espalhou
De casa em casa,
Segundo a qual
O reino iria pertencer a Samadhi-mati.[151]
Temeroso,
O rei encarcerou Samadhi-mati,
Que ali sofreu
Com as pernas feridas por grilhões cruéis.

Esses versos revelam que Samadhi-mati era um dos maiores sábios, destacando-se por sua maravilhosa vida e devoção a Deus. Os maus influenciaram o rei contra ele. Um boato circulou no meio do povo: "O reino iria pertencer a Samadhi-mati." Em consequência, o rei ficou apreensivo e mandou acorrentar o santo, cujas pernas foram maltratadas por grilhões cruéis.

Então, o rei ordenou
Que à noite Samadhi-mati
Fosse atado à estaca
Por verdugos brutais.[152]
Quando a notícia chegou a Isana,
O coração daquele homem controlado
Fugiu ao controle.
Ele seguiu para o local da execução
Para realizar os ritos do funeral
Daquele homem sofredor.
Ele o encontrou
Reduzido a um esqueleto
Cuja carne,
Fixada no pé da cruz pelos ossos,
Os lobos estraçalhavam!

Os versos mostram que o rei ordenou a crucificação do apóstolo. Portanto, à noite, ele foi colocado na cruz por verdugos brutais. Ao saber da ocorrência, Isana seguiu para o local da execução, com o coração partido. Lá, encontrou o esqueleto e sua carne contida pelos ossos fixados ao pé da cruz.

Afastando os lobos uivantes,
Isana carregou o esqueleto
Em cuja testa
Estava escrito o verso:
Ele viverá na pobreza;
Será encarcerado por dez anos;
Morrerá na cruz,
No entanto, depois terá um trono.[153]
Assim, Isana esperou

Para ver
A previsão se realizar.
E observou o esqueleto.
Então, no meio da noite
Quando estava acordado,
Isana sentiu
Um celestial perfume de incenso.

Os versos revelam que Isana resgatou o esqueleto do santo, porém viu em sua testa que ele viveria depois da morte. Desse modo, esperou que o vaticínio se cumprisse. À noite, as feiticeiras vieram com incenso e unguentos celestiais e todos os membros do esqueleto foram restaurados.

Ele viu as feiticeiras
Envoltas em um halo de luz
E o esqueleto entre elas,
Tendo restaurados todos os membros.
Elas o cobriram
De unguentos celestiais.
O espírito de Samadhi-mati
ᵀoi colocado em seu corpo.[154]
Quando as feiticeiras partiram
A voz delas foi ouvida:
Aquele que,
Escolhido por nós,
Foi reunido com um corpo celestial,
Será conhecido na terra
Por seu nobre caráter
Como Arya-Raja ou o príncipe dos arianos.[155]

A extraordinária ocorrência de crucificação, a única registrada na história antiga da Caxemira, merece firme atenção pelo fato de que a crucificação de Jesus Cristo foi repetida na Caxemira. Também é uma estranha coincidência que as épocas de Samadhi-mati e de Jesus sejam quase idênticas. Além disso, ambas as personalidades guardam fortes semelhanças, portanto, esse acontecimento se tornou um mistério.[156]

Também é estranha coincidência Jesus ser chamado de Isa no Oriente. É possível que o Isana da Caxemira, conhecido como um grande santo, seja Jesus Cristo.

É possível, ainda, seu discípulo ter sido crucificado na Caxemira e ter alcançado a ressurreição nas mãos de Isa. Outra opção seria supor que Isana e Samadhi-mati Arya-raja sejam a mesma pessoa. Talvez o historiador Kalhana tenha se confundido ao registrar a crucificação dessa personalidade histórica. Esse santo viveu em Ishbar, que significa "lugar de Isa", o qual ainda é reverenciado por um segmento da população da Caxemira. Esse fato foi mencionado em vários textos históricos caxemirianos.[157]

Semelhanças
Agora registramos versões de três crucificações, que podem ser resumidas em ordem para evidenciar as semelhanças.

Deus meu, Deus meu, por que me desamparaste?
Muitos touros me cercam,
Cães me cercam;
Uma súcia de malfeitores me rodeia;
Traspassaram-me as mãos e os pés.
Tu, porém, Senhor, não te afastes de mim;
Força minha, apressa-te em socorrer-me.
A meus irmãos, declararei o teu nome,
Pois do Senhor é o reino.[158]

Esse incidente pertence ao período pré-cristão e está narrado no Antigo Testamento. O segundo incidente é reproduzido do Novo Testamento:

Pai, se assim o desejas, afasta de mim esse cálice.
Eles o levaram para ser crucificado;
Partilharam-lhe as vestes;
Eles retornaram e prepararam aromas e unguentos.
Nicodemos veio à noite
E trouxe uma mistura de mirra e aloés.
Então, levaram o corpo de Jesus
E o envolveram em panos de linho com especiarias.

256 O Quinto Evangelho

> *Ao entardecer, Jesus veio e parou entre eles,*
> *E o adoraram.*
> *Ide por todo o mundo e pregai.*[159]

Há um terceiro relato de crucificação, do período posterior a Jesus:

> *Espalhou-se uma notícia misteriosa:*
> *O reino irá pertencer a Samadhi-mati.*
> *Brutais verdugos o crucificaram à noite.*
> *Isana o encontrou reduzido a um esqueleto.*
> *Os lobos arrancavam-lhe a carne dos ossos.*
> *Ele sentiu um perfume celestial de incenso.*
> *As* yoginis *cobriram o corpo com unguentos celestiais.*
> *O espírito de Samadhi-mati foi colocado em seu corpo.*
> *As* yoginis *gritaram:*
> *Aquele que foi unido a um corpo celestial*
> *É escolhido como o príncipe dos arianos.*[160]

Aparentemente, as três personalidades crucificadas sofreram destino semelhante, mas ressuscitaram após o suplício da cruz. No caso das duas últimas, foram usados unguentos celestiais: em Jesus, por seus discípulos, e em Samadhi-mati, pelas *yoginis*. É possível que as três personalidades sejam uma só, ou que sejam diferentes Cristos. Na mitologia budista, há o Buda e também aqueles que se tornam Buda, chamados Bodhisattvas. Todos pertencem à ordem do Buda.

Nos três casos mencionados é possível que várias personalidades pertencentes à ordem de Jesus Cristo tenham vindo a este mundo em épocas diferentes.

Jesus e os judeus

Jesus se declarou o Messias esperado, mas os judeus o rejeitaram. Enquanto os judeus se consideravam a nação eleita e julgavam que seu Deus fosse apenas o Deus de Israel, Jesus acreditava na irmandade universal e pregava essa ideia. Ele era um dissidente e por isso esse povo o crucificou.

Além disso, Jesus criou fortes ligações com os essênios, que viviam como ascetas junto ao vale de Khirbet Qumran. Apesar de mística, essa ordem monástica tinha caráter judaico. Na realidade, eles eram um grupo dissidente que, em vez de Moisés, tinha como mentor um "instrutor da retidão". Para os judeus, Jesus de Nazaré não era o Messias há tantos séculos esperado. Pelo contrário: ele era um inimigo que havia modificado a Lei.

Contudo, o movimento messiânico iniciado pelo Messias ou o Cristo continuou a ganhar terreno não só em Jerusalém, mas também nas áreas dominadas pelos romanos. Cláudio, que ocupou o trono romano de 41 a 54, foi obrigado a "expulsar os judeus de Roma, pois estavam se revoltando por causa de Chrestus".[161] Isso significa que havia uma comunidade cristã em Roma logo após a partida do Mestre. Os apóstolos e seus seguidores levaram a palavra aos pagãos, indo além das fronteiras das comunidades judaicas.

Pedro na Índia

Jesus Cristo previu que Pedro o negaria três vezes. Depois de ter dado a Pedro o novo mandamento, o apóstolo lhe perguntou para onde ele iria, para poder segui-lo. A essa pergunta, Jesus respondeu:

> *Para onde vou,*
> *Não me podes seguir agora;*
> *Mais tarde, porém, me seguirás.*[162]

Essa profecia revela claramente que Jesus Cristo previu que Pedro o seguiria mais tarde. Portanto, temos de descobrir o que aconteceu a Pedro após a crucificação.

Pedro, de fato, negou que conhecia Jesus, e quando procurou se colocar em segurança, o galo cantou. Quando uma jovem o viu e disse que ele era um dos discípulos, mais uma vez ele negou. Pressionado a revelar a verdade, o apóstolo jurou que não conhecia Jesus Cristo. Dessa forma, por três vezes Pedro negou que conhecia Jesus. Depois de mentir, ele pensou no que fizera e, sentindo remorso, chorou.[163] Jesus também pre-

258 O Quinto Evangelho

viu que Pedro construiria sua igreja sobre a rocha e que os portões do inferno não conseguiriam prevalecer sobre ela. Dirigindo-se ao discípulo, o Cristo havia declarado:

> *Dar-te-ei*
> *As chaves do reino dos céus;*
> *O que ligares na Terra,*
> *Terá sido ligado nos céus;*
> *E o que desligares na Terra,*
> *Terá sido desligado nos céus.*[164]

É significativo que, de todos os discípulos, tenha sido Pedro aquele ao qual Jesus não só informou que haveria de segui-lo mais tarde, como ainda lhe deu "as chaves do reino do céu". Isso deve significar que Jesus fez dele seu sucessor. É, portanto, natural que depois da fuga de Jesus Cristo o sucessor o seguisse para terras distantes.

Logo após a crucificação, os discípulos de Jesus se reuniram e Pedro lhes falou.[165] Depois, começou o trabalho missionário, e acrescentou ao cristianismo aproximadamente 3 mil convertidos.[166] Tanto Pedro quanto João pregaram em Jerusalém por algum tempo, elevando o número de cristãos para mais ou menos 5 mil.[167] Ambos foram presos e levados diante do Sinédrio. Os sacerdotes os reprovaram e proibiram de falar em nome do Senhor. Enquanto isso, muitos lhes deram apoio moral e financeiro, inclusive Barnabé. Entre os que ajudaram, estava Ananias, que vendeu seus bens e doou a Pedro parte do valor apurado.[168]

Os apóstolos foram perseguidos pelos saduceus e colocados na prisão. No entanto, à noite os anjos abriram as portas e os libertaram. Voltando a pregar em nome de Jesus, mais uma vez foram levados diante do Sinédrio. Novamente avisados de que deveriam suspender as atividades, Pedro e os outros disseram que deviam obedecer a Deus, não aos homens. Os sacerdotes queriam matá-los, mas eles foram salvos pela intervenção de Gamaliel.[169]

Após algum tempo, Estevão foi preso e apedrejado até a morte. Pedro foi para Lida e curou Eneias, doente havia oito anos.[170] Em seguida, o apóstolo foi para Jope e restaurou a vida de Dorcas, que estava morta. Pedro permaneceu ali por algum tempo. Então, seguiu para Cesareia e converteu Cornélio e outros. Pouco depois, Tiago foi morto e Pedro levado à prisão por ordem de Herodes.[171]

Uma noite, um anjo resgatou o apóstolo da prisão. Furioso, Herodes mandou matar os carcereiros por negligência. Pedro partiu para Cesareia, onde viveu algum tempo. Depois disso, temos notícia de sua passagem pela Antioquia, onde Paulo o censurou por não comer com os gentios.[172]

Paulo pregou a doutrina entre os romanos, os coríntios, os gálatas, os efésios, os filipenses, os colossenses e os tessalonicenses. Pedro atribuía grande importância ao Oriente e se dirigiu aos estrangeiros espalhados pelo Ponto, Galácia, Bitínia, Capadócia e Ásia.[173] Falando às nações orientais, ele disse:

> *Vós, porém, sois raça eleita,*
> *Sacerdócio real,*
> *Nação santa,*
> *Povo especial,*
> *A fim de proclamardes as virtudes*
> *Daquele que vos chamou das trevas*
> *Para a sua maravilhosa luz;*
> *Vós, sim, que, antes, não éreis povo,*
> *Mas, agora, sois povo de Deus,*
> *Que não tínheis alcançado misericórdia.*[174]

Quando se dirigiu aos asiáticos, Pedro os elogiou como povo santo e eleito. Também lhes disse que antes não estavam no caminho reto, ao qual haviam chegado agora e alcançado a misericórdia divina. É significativo ele ter dito que aquilo tudo havia acontecido agora que Jesus "os havia chamado das trevas".

Da Babilônia, ele falou ao povo asiático, o que mostra que seu objetivo final não estava na Europa, mas na Ásia. Em sua segunda epístola, Pedro não indica o nome do local de onde escreve, mas a primeira epístola revela claramente que ele escreveu da Babilônia, na presença de Sil-

260 O Quinto Evangelho

vano e Marcos.[175] Depois disso, nada mais se sabe do paradeiro dele, mas, evidentemente, deve ter seguido Jesus Cristo, como foi previsto antes.[176] Descobertas posteriores revelaram que, tal como Tomé, Pedro também visitou a Índia e chegou a Taxila.[177] Em seu relatório de pesquisa, Shaik Abdul Qadir chamou a atenção dos estudiosos para uma estátua de bronze encontrada em Char-sadha pela Archeological Survey of India e cuja fotografia foi publicada sem identificação.[178]

Essa estátua de bronze é um pioneiro exemplar de antiguidade cristã na Índia. Ela representa Pedro, sentado em uma cadeira e vestido como membro da realeza. A barba e o cabelo são espessos e crespos. Em uma das mãos, ele segura uma chave, enquanto a outra está erguida em um gesto de bênção. A estátua é uma obra-prima da arte de Gandhara. De acordo com orientalistas ocidentais, essa estátua representa Pedro, que chegou a Gandhara depois da crucificação.[179]

Também se deve assinalar que as características da estrutura óssea, a espessura da cabeleira e da barba, bem como o índice facial, provam que a estátua é de uma pessoa do grupo mediterrâneo, pertencendo aos natufianos mesolíticos da Palestina.

O falecimento

Tal como o nascimento, a morte de Jesus Cristo está envolta em mistério. Enquanto os Evangelhos registram que ele deixou o mundo aos 30 anos, os escritores orientais atribuíram-lhe uma longa vida, de 115 a 120 anos.

> Ao se aproximar a morte, ele convocou seu discípulo Babad e comunicou-lhe seu último desejo sobre a continuidade da missão. Orientou o discípulo a preparar-lhe uma sepultura no próprio local em que exalasse o último suspiro. Então, esticou as pernas em direção ao Ocidente, e mantendo a cabeça voltada para o Oriente, ele expirou. Que Deus o abençoe.[180]

De acordo com outro relato, ele tinha a idade provecta de 120 anos quando deixou o corpo.[181] A cerimônia de seu sepultamento foi realizada por Babad, no estilo judaico.[182]

Quem era esse Babad que Jesus Cristo convocou antes de morrer? Tomé era o irmão gêmeo de Jesus e seu verdadeiro nome era Judas. A obra *Acts Thomae*, em siríaco, é conhecida como Atos de Judas Tomé ou Atos de Judas, o gêmeo. Os Evangelhos se referem a Judas como o irmão de Jesus.[183]

Os nomes Tomé em aramaico, Dídimo em grego, Tomé em siríaco, Teom em nestoriano e Tauam em árabe significam "gêmeo". Pode-se assinalar que Babad também significa "gêmeos que mamaram o leite da mesma mãe".[184]

Isso nos diz o motivo pelo qual o "outro" do Kamal-Ud-Din fala de Tomé como Babad.

Jesus Cristo faleceu no ano 109. Foi um dia de muito luto para os caxemirianos da época. De acordo com o costume judaico, o corpo do morto devia permanecer em uma prateleira; após a decomposição, os ossos deveriam ser guardados em uma urna de madeira ou pedra. Não se dispõe de qualquer informação sobre a questão, a não ser que o corpo sagrado foi colocado no sepulcro de acordo com o estilo judaico.[185] Para resolver de vez a polêmica, seria necessário abrir o túmulo atual e descobrir a relíquia sagrada, que poderá estar em um recipiente de madeira, pedra ou barro.[186]

Um grande mausoléu foi construído sobre a sepultura, tornando-se lugar de peregrinação de ricos e pobres. Os visitantes traziam oferendas e faziam preces no local.[187] Tomé, que devotou a vida ao serviço de Jesus Cristo, ficou desolado e partiu para Malabar, indo pregar às tribos perdidas.[188]

Tomé predicou entre os povos do sul da Índia e lá fundou sete igrejas. Foi martirizado em Maelapur, na cidade de Madras, onde foi sepultado. Seus discípulos são chamados de Cristãos de São Tomé e adotam apenas dois rituais: o batismo e a eucaristia.

A tumba de Yuzu-Asaph

A sepultura de Yuzu-Asaph está situada em Anzimar, Khanyar, Srinagar, a capital de verão da Caxemira. O nome Srinagar significa "cidade do sol". Muito antiga, a cidade se divide em cidade velha e cidade nova, e a tumba se localiza na primeira. O povo da Caxemira chama o local de

262 O Quinto Evangelho

Rozabal, ou "lugar da tumba", e declara que se trata do túmulo de Yuzu-Asaph. Esse profeta veio para a Caxemira há 1.000 anos e pregou as mesmas parábolas do Cristo.[189] A tradição popular associa o lugar ao sepulcro de Jesus Cristo.[190] Segundo alguns, trata-se da tumba do profeta dos "povos do livro".[191]

No *Bagh-i-Sulaiman*, há um poema sobre o túmulo de Yuzu-Asaph, reproduzido a seguir:

Eis a tumba, tão renomada!
Sepulcro do profeta,
Tão inspirador!
Quem se prostrar diante dela
Receberá luz interior, consolação e felicidade.
De acordo com a tradição havia um príncipe
Muito sábio, virtuoso e grande
Que recebeu o Reino de Deus.
Ele era fiel ao Senhor,
Que lhe ordenou fosse profeta.
Pela graça de Deus ele se tornou um guia do povo
Do vale da Caxemira.
Eis a sepultura do profeta
Conhecido como Yuzu-Asaph.[192]

Decreto 1194-A.H.

O decreto concedido pelo Grande Mufti da Caxemira ao administrador da tumba, com data de 1194 A.H., ano de 1776, declara que a tumba tem duas sepulturas: a de Yuzu-Asaph, enviado como profeta ao povo da Caxemira durante o reinado de Gopadatta, e a de um descendente da família do profeta do Islã.[193] Esta é a reprodução do decreto:

O SELO DA JUSTIÇA DO ISLÃ

MULLA FAZIL

1194-A.H.

Jesus Cristo no Oriente 263

Nessa Alta Corte de Justiça, no Departamento de Ensino e Religiosidade do Reino.

O presente

Rehman Khan, filho de Amir Khan, argumenta que: os reis, os nobres, os ministros e a multidão vêm de todas as direções do reino render preito e fazer oferendas em dinheiro e espécie no destacado e sagrado santuário de Yuzu-Asaph, o Profeta, que Deus o abençoe.

Afirma que

é o único e absoluto requerente, com direito a receber as oferendas e utilizá-las, e ninguém mais tem qualquer direito a essas oferendas.

Solicita que

seja emitido um mandado de injunção a todos aqueles que interfiram e que outros sejam impedidos de interferir com esses direitos.

Veredicto

Essa corte, após obter provas, conclui como se segue:

Foi comprovado que durante o reino do Rajá Gopadatta — que construiu muitos templos e restaurou, em especial, o Trono de Salomão na colina de Salomão — veio ao vale Yuzu-Asaph, príncipe por descendência, que era piedoso e santo e abandonou a vida mundana. Ele dedicou todo o seu tempo à prece e à meditação. Tendo o povo da Caxemira adotado a idolatria após o grande dilúvio de Noé, Deus Todo-Poderoso enviou Yuzu-Asaph como profeta ao povo caxemiriano. Até morrer, ele proclamou a unidade de Deus. Yuzu-Asaph foi sepultado em Khanyar, às margens do lago, e seu santuário é conhecido como Rozabal. No ano 871 A.H., Syed Nasir-ud-Din, um descendente do imã Muza-Raza, também foi enterrado ao lado da sepultura de Yuzu-Asaph.

Ordena

Como o santuário é visitado pelos devotos, tanto nobres quanto comuns, e dado que o requerente Rahman Khan é o guardião hereditário do túmulo, fica determinado seu direito a receber as oferendas, feitas no santuário como antes, e ninguém mais tem o direito a essas oferendas. Por nós assinado, 11º Jamad-ud-Sani, 1184 A.H.

264 *O Quinto Evangelho*

Assinado e selado:

Mulla Fazil	Abdul Shakoor
Mohammad Aza	Mohammad Akbar
Hafiz Ahsan Ullah	Raza Akbar
Khizar Mohammad	Atta
Faqir Baba	

Esse decreto baixado pela Alta Corte da Caxemira, presidida pelo Grande Mufti e por outros juízes, afirma claramente que Yuzu-Asaph foi enviado como profeta ao povo da Caxemira.

A arquitetura da tumba

O edifício existente hoje, construído com tijolos e cimento, se eleva sobre o antigo sepulcro de pedra. O edifício é retangular, e a ele foi anexada uma câmara de entrada. Voltado para o leste da estrutura está um túmulo comum.

A fundação do edifício atual é, na realidade, uma estrutura retangular fechada por paredes de grandes blocos de pedra cortada. Recentemente, as antigas paredes de pedra foram revestidas com cimento, mas a parte de cima da porta original de acesso à cripta ainda pode ser vista. Suas pedras decoradas foram revestidas com cimento. A estrutura central é antiga e decorada internamente, mas o acesso a ela agora está bloqueado do lado ocidental por uma estrada construída há algum tempo. Existe ainda um pequeno nicho a norte dessa porta de acesso. Essa estrutura central é o sepulcro original que contém os restos mortais de Yuzu-Asaph e ainda:

1. Sarcófago externo de madeira.
2. Sarcófago interno de madeira.
3. Duas lápides artificiais.
4. Uma laje de pedra com marcas de pés entalhadas.
5. Uma laje de pedra retangular ou lápide.
6. Uma cruz de madeira.
7. Um porta-incenso de madeira.

A entrada para a tumba fica ao sul e a porta de madeira é ricamente entalhada. Por estranho que pareça, ela representa cruzes. O teto é feito de delgados pedaços de madeira trabalhados em padrões geométricos no chamado estilo Khatumbandi da arquitetura da Caxemira.

A superfície é decorada com ladrilhos vitrificados, em uso antes de 1526. As janelas são recobertas com uma elaborada trama de madeira, formada pela junção de pequenas peças de madeira em padrão geométrico. As paredes são construídas de tijolos e argamassa sobre peças de madeira decorada que se projetam para fora. Isso mostraria que o sepulcro original, feito de pedra, está parcialmente enterrado no solo, e que em torno do século XVI foi erguida sobre ele a estrutura atual de alvenaria e madeira.[193]

Essa tumba foi construída no estilo judaico, com uma câmara subterrânea e uma porta lateral. O santuário é bem diferente dos santuários muçulmanos, que têm o estilo budista de cúpulas em forma de cone.

Junto à sepultura encontra-se uma laje de pedra com um entalhe na forma de pés que apresentam traços das marcas de crucificação. Uma impressão de pé tem um pequeno buraco redondo e a outra tem uma cicatriz em relevo. Essas pegadas foram esculpidas por algum artista desconhecido da Antiguidade. Como representam marcas de crucificação, é possível que seu autor tenha visto Jesus em pessoa.[194]

Devotos e peregrinos

Diariamente, devotos e peregrinos visitam a tumba de Yuzu-Asaph no início da manhã e à tarde. Eles têm o hábito de rasgar tiras ou fios das próprias roupas e amarrá-los no sepulcro de madeira como sinal de respeito.

Tumbas e relíquias

Escavações arqueológicas revelaram a existência de muitas tumbas e relíquias cristãs no noroeste do subcontinente indiano. Tais relíquias foram encontradas no Ladakh, no Afeganistão e também em regiões da Ásia Central. Em Tangste, no Ladakh, existem muitas pedras com inscrições em aramaico e cruzes de São Jorge. Em algumas, também está escrita a palavra Yuzu.

266 O Quinto Evangelho

Em muitos lugares do norte da Índia foram encontradas cruzes e lajes de pedra com inscrições, em escavações arqueológicas. Também se localizaram restos de sepulturas que comprovadamente pertenceram a cristãos nestorianos, estabelecidos naquelas regiões depois de se desligarem da Igreja Católica Romana, algum tempo depois de 428.[195]

Primeiras tumbas cristãs

É interessante o fato de terem sido localizadas tumbas e sepulturas dos antigos cristãos ao longo da costa de Makran, de Harmozia a Karachi. Essas sepulturas estão decoradas com lápides contendo símbolos cristãos. Não só no Baluquistão foram encontradas sepulturas e relíquias cristãs, mas também em Kullu, Kangra, Mandi e outras regiões dos Himalaias. Tumbas similares também foram encontradas em Kalat. A Archaelogical Survey of India descreve assim essas tumbas:

> *Hinidan está situada na margem direita do rio Hab, próximo a Las Bela, em Sindh, no Paquistão. Nesse local há um grande cemitério que contém aproximadamente 100 sepulcros ornamentados com lápides de arenito amarelado.*
>
> *Construídas com camadas de lajes entalhadas, essas sepulturas têm a aparência geral de pirâmides alongadas. Como característica peculiar da ornamentação, as lajes do topo de alguns desses túmulos exibem uma representação grosseira da cruz. Em alguns casos, o desenho mostra uma figura humana com braços estendidos, montada em um jumento, com a representação do crucifixo. Algumas lajes mostram um cavaleiro de armadura, montado, porém com uma cruz latina entalhada sobre a cabeça do cavalo. Outra laje mostra uma pequena cruz no rosto do cavaleiro. Outra característica não islâmica dos sepulcros é a insólita forma de sepultamento, que é síria e também romana.[196]*

As tumbas podem ser divididas em duas categorias: os sepulcros dos cristãos primitivos e as tumbas dos muçulmanos, mais recentes. Pode haver uma terceira categoria, a dos indianos. A representação da cruz nessas lápides prova que algumas dessas sepulturas pertencem à comunidade cristã. Cavalos, lanças e espadas simbolizam viagens e lutas contra os inimigos. As tumbas com inscrições em árabe provam que, em um estágio posterior, essa comunidade adotou o islamismo. O símbolo do lótus em algumas lajes indicaria ensinamentos budistas ou costumes hinduístas. Contudo, a característica mais importante desses sepulcros era a forma de sepultamento síria ou romana, conhecida na região como *Shami* e *Rumi*. Esse estilo de sepultamento é desconhecido na Índia e não foi encontrado em nenhum outro local, exceto nos sítios mencionados. Isso mostraria que os sepulcros pertencem a antigos cristãos sírios ou romanos que migraram para Oriente em busca de Jesus Cristo.

Durante as escavações arqueológicas de alguns sítios antigos do Afeganistão e da Caxemira encontraram-se cacos de cerâmica do tipo celadon, variedade cujos inventores foram os judeus. Isso mostraria que, nos tempos antigos, semitas se estabeleceram na região e formaram pequenas colônias. Também é surpreendente que a estrutura da base de muitos monumentos antigos comprove sua origem semita. A entrada principal se localiza na parede oriental, o que significa que esses monumentos estão voltados para o oeste. Isso não ocorre nos templos budistas ou xivaístas.[197]

Da mesma forma, localizaram-se na Caxemira algumas sepulturas dispostas na direção leste-oeste, o que prova sua origem judaica. Quando Nadir Shah Durani marchou para a Índia, o chefe da tribo Yousafzai lhe deu de presente uma cópia da Bíblia em hebraico. Ele também foi presenteado com diversos artigos usados no culto religioso. Alguns dos soldados de Nadir Shah Durani que professavam o judaísmo reconheceram imediatamente os artigos de culto como pertencentes à sua religião.[198]

Na galeria aberta do Museu Sri Pratap Singh, em Srinagar, na Caxemira, está exposta uma laje de pedra com 85cm². Nela está gravada uma estrela de seis pontas inscrita em um círculo e com um pequeno círculo no centro. Cada lado da estrela tem 25cm de comprimento. Essa figura, composta de dois triângulos equiláteros entrelaçados, é a estrela de davi, um símbolo judaico. Esses símbolos, gravados em pedras, podem ser encontrados em diferentes partes do vale e são usados como um apoio para *lingam*.

Como estilo arquitetônico, a cúpula se tornou muito popular no período dos reis muçulmanos. Em alguns edifícios, foi adotado o estilo de abóbadas superpostas, que podemos chamar de arquitetura de abóbada dupla. Existem no mundo apenas alguns edifícios com esse estilo. A edi-

268 *O Quinto Evangelho*

ficação mais antiga no gênero é o Domo da Rocha, em Jerusalém; além dele, há a tumba de Timur, em Samarcanda. Na Caxemira, a tumba da mãe do sultão Zain-ul-abidin, e o Dumut, perto que Sowara, em Srinagar, seguem esse estilo de domos superpostos.

O cavaleiro com a cruz

As moedas de Demétrio, da Síria, Alexandre, o Grande, Eucrátides, o Grande, Apolodoto, Hipóstrato, Azilises, Lisiano, Hireodes, Espalirises, Gondafares e Abdagases foram encontradas no vale da Caxemira e comprovam o domínio dos gregos na região.[199] A escrita karoshti, que, tal como as escritas semíticas, é grafada da direita para a esquerda, estava em uso nas regiões do noroeste da Índia entre o século III a.C. e o século III. Ela aparece em moedas gregas, citas, partas e cuxanas.[200] Um sinete cuxano mostra um dignitário a cavalo, segurando uma cruz.[201] Também é fato que as tribos citas que adotaram o cristianismo cruzaram o rio Indo e se estabeleceram no noroeste da Índia, inclusive na Caxemira.[202] É interessante observar que naquele sinete o dignitário é mencionado como Ra Dso, o que significa Rajá na lenda greco-cuxana. Portanto, é evidente que o Rajá ou Raza dos citas, após ter cruzado o rio Indo, veio à Caxemira acompanhado de sua tribo, com o objetivo de subjugar o povo e impor-lhe o cristianismo.

O cavaleiro montado em um cavalo centro-asiático usa um gorro com duas borlas, indicativas de alto escalão. O fato de levar nas mãos uma cruz indica tratar-se de um cristão, viajando com esse emblema para propagar o cristianismo. O arreio é da Ásia Central e o cinturão, grego.

Tipos similares de inscrições decorativas também foram localizados em Charsaddah, perto de Taxila, com cenas de crucificação, cruzes e cavalos. Esses achados arqueológicos pertencem ao início do século I.

Pegadas na pedra

A laje de pedra com as impressões dos pés de Yuzu-Asaph, encontrada em um canto da sepultura interna em Srinagar, foi examinada por Kurt Berna, que a descreve da seguinte forma:

> *Neste caso, é muito interessante que no pé esquerdo a reprodução do ferimento causado pelo prego esteja perto dos dedos, mas que a reprodução da*

chaga do pé direito esteja completa e no devido lugar, segundo a visão clássica. Isso poderia ser explicado da seguinte forma: o homem foi crucificado com o pé esquerdo pousado sobre o pé direito, os dois pés foram traspassados pelo mesmo prego.

Em segundo lugar, o exame das pegadas revela que essas não são, de fato, as verdadeiras marcas dos pés do homem, mas que o escultor conhecia os fatos da crucificação. Dessa forma, pelo uso de marcas distintivas ele queria indicar, principalmente, a transfixação dos pés por um prego. Sabia que o homem tinha sido posto na cruz e que seus pés, mostrando marcas de prego, haviam sido traspassados. Portanto, entalhou nas solas dos pés essas marcas distintivas.

Em terceiro lugar, é fato que na comparação dessas impressões de pés com o Santo Sudário de Jesus Cristo, em Turim, descobrimos ali também que a crucificação foi feita colocando-se o pé esquerdo sobre o pé direito, e cravando-lhes o prego. Após um exame detalhado do sudário, parece que o joelho esquerdo estava mais rígido e mais dobrado que a perna direita.

Para concluir, as indicações mostram que o homem no Santo Sudário em Turim e o homem enterrado na tumba de Srinagar são a mesma pessoa.[203]

Cronologia

É muito difícil atribuir datas aos diversos acontecimentos da vida de Jesus Cristo. Contudo, esforçamo-nos em determinar uma cronologia viável.

O verbo se fez carne	Era paleolítica
Advento subsequente	6 a.C.
Fuga para o Egito	4 a.C.
Primeira viagem	7
Retorno a Jerusalém	28
Batismo	33
Ministério	35
Crucificação	36
Chegada a Taxila	49
Chegada a Caxemira	60
Encontro com o rei da Caxemira	78
Morte	109

Os Cristãos de São Tomé

Como consequência do surgimento de seu império, os cuxanos subjugaram o vale da Caxemira. Como os novos senhores adotassem o budismo, os xivaítas passaram por grandes dificuldades e desapareceram. Todos os edifícios religiosos foram ocupados pelos budistas, inclusive a tumba de Yuzu-Asaph. Tomé deixou a região e foi para o sul da Índia.

Há registro de que os judeus alcançaram as costas ocidentais da Índia em torno de 280 a.c., depois da segunda profanação do templo de Jerusalém.[204] Essas tribos se fixaram em Bombaim, Goa, Damão, Diu, Cochim e Sri Lanka. Em consequência de distúrbios políticos na região do norte da Índia, mais alguns grupos de semitas migraram para o sul, e esse movimento prosseguiu até 175 a.C.[205]

As migrações continuaram por algum tempo e o rei da região, Airvi, permitiu que eles se estabelecessem no reino. Também há registro de que Isappu Habban, o sumo sacerdote dos judeus, conduziu-os ao reino de Airvi.[206] Foi durante essas migrações que Tomé deixou a Caxemira e chegou a Meliapore. Esses imigrantes judeus vieram da Caxemira e enumeraram os nomes de muitas outras colônias judaicas no norte da Índia.[207]

Mencionamos que Habban acompanhou Tomé em sua viagem marítima à Índia.[208] Está registrado, também, que essas tribos israelitas desceram do norte e se fixaram no sul da Índia. É ainda provável que Tomé as tenha levado da Caxemira. Consta que as tribos judaicas levaram com elas suas escrituras. E existe informação sobre o livro de Moisés, escrito em pergaminho, que levaram consigo da Caxemira para o sul da Índia.[209] Depois de se estabelecer em Meliapore, Tomé deu início às atividades missionárias. Fundou sete igrejas na região, dominada pelos brâmanes xivaístas. As castas inferiores, como os sudras e os váixias, foram convertidas ao cristianismo. Tomé também conseguiu converter Tértia, a rainha de Mazdal. Os brâmanes incitaram as massas contra o rei e, em decorrência, Tomé foi martirizado em um levante da comunidade.

A Igreja de Malabar, fundada por Tomé, embora independente em alguns aspectos, guardava ligações com a Igreja de Edessa, e desde 325 faz parte do Patriarcado de Antioquia.[210] Há muito tempo essa igreja está ligada à Igreja do Oriente, à qual Roma, por desprezo, deu o nome de Nestoriana, mas que, na verdade, é a Igreja Católica da Assíria. Ela já foi a Igreja da Pérsia e até mesmo da China. No século V, colocou-se sob a jurisdição do Patriarca de Mosul. Ela tem vários ramos, um dos quais ligado a Roma.[211]

A comunidade cristã do sul da Índia se faz chamar Cristãos de São Tomé, apóstolo que fundou essa Igreja na segunda metade do século I.[212] A sepultura de Tomé está situada junto ao forte de São Jorge em Madras, no sul da Índia, onde suas relíquias são preservadas. Deve-se mencionar que após a partida de Tomé da Caxemira o vale passou por muitas revoluções e levantes políticos. Os cuxanos, que promoviam o budismo, foram substituídos pelos hunos, seguidores do xivaísmo. Posteriormente, os budistas foram massacrados e fugiram para as regiões montanhosas do Ladakh. O hinduísmo prevaleceu até o século XIV, quando os budistas remanescentes aceitaram o islamismo. O resultado de todas essas perseguições dos soberanos predecessores dos cuxanos foi que no vale da Caxemira não restou nenhum semita que professasse o judaísmo ou o cristianismo. Todos eles foram assimilados pelo xivaísmo, o vichnuísmo ou o hinduísmo, e os ortodoxos fugiram para o sul da Índia, reunindo-se aos Cristãos de São Tomé.

Não existe informação sobre a comunidade cristã primitiva na Caxemira, exceto que os integrantes mudaram suas crenças anteriores e se tornaram adeptos do pensamento nestoriano. Também foi descoberta a existência de igrejas nestorianas na Caxemira nos tempos antigos e de colônias nestorianas.[213]

Barkat Ullah escreve:

> *Recentemente, encontraram-se diversas cruzes em sepulturas nos vales do norte da Índia. A construção, a arte e os entalhes revelam tratar-se de cruzes nestorianas.*
>
> *Também está estabelecido que as sepulturas pertencem a nestorianos. Isso determina que em tempos antigos existiram igrejas e povoações nestorianas na Caxemira.*[214]

Ocorre que, na ocasião do advento do Profeta do Islã, havia no vale da Caxemira assentamentos judaicos e cristãos. Está registrado:

272 O Quinto Evangelho

Eles dispunham de 40 sacerdotes que eram estudiosos, versados no Talmude, na Torá, na Bíblia e no Apocalipse de Abraão. Eles tinham assento na Corte real e davam veredicto em casos que lhes eram submetidos pelo rei da Caxemira.

Na época do advento do Profeta do Islã, eles julgaram encontrar em suas escrituras referências a esse advento. Portanto, para investigar a questão, enviaram a Balkh, na Ásia Central, uma missão sob "Ganam-Hindi", seu representante. Após algum tempo, este retornou, convertido ao islamismo. Depois disso, os cristãos da Caxemira adotaram coletivamente o islamismo.[215]

Essa informação, apesar de limitada, originária de fontes persas, é significativa e importante, pois mostra que antes do século V havia colônias cristãs no vale da Caxemira.

Em 1569, Akbar, o imperador mogol, deu início em Fatehpur Sikri, a 35 quilômetros de Agra, à construção da nova capital, obra que completou em 15 anos. Entre os edifícios religiosos construídos por ele, os mais importantes são o Jamia Masjid, o mausoléu do santo sufi Salim Chishti e o pórtico Buland Darwaza. Neste, Akbar fez inscrever a seguinte parábola:

Jesus, filho de Maria, disse:
Este mundo é uma ponte;
Passai sobre ele;
Porém, não construais casa sobre ele.
Aquele que tem esperança por uma hora,
Espera por toda a eternidade!
Este mundo não dura mais que uma hora;
Passai-a em orações
Pois o futuro é desconhecido.

Os muçulmanos de Jesus

Temos provas definitivas da existência de comunidades cristãs na Pérsia, no Afeganistão e no noroeste da Índia no século III. Esses cristãos eram chamados *Nasara*, ou Seguidores de Jesus de Nazaré. Alguns deles também eram chamados *Kristanis*, ou cristãos.[216] Temos conhecimento de seguidores de Yuzu-Asaph na Caxemira desde o século II. Contudo, a informação mais interessante vem dos seguidores de Issa, filho de Miriam, que se dizem muçulmanos. O. M. Burke, que visitou o Afeganistão, relata sobre eles o seguinte:

> *Os seguidores de Issa, Filho de Miriam, geralmente se declaram muçulmanos e habitam algumas aldeias espalhadas na área ocidental do Afeganistão, cujo centro é Herat. Ouvi falar deles várias vezes, mas achei que provavelmente seriam indivíduos convertidos por missionários europeus da Pérsia Oriental, ou uma relíquia de quando Herat era um bispado florescente do rito nestoriano, antes que os árabes conquistassem a Pérsia nos séculos VII e VIII. Contudo, de acordo com seu próprio relato e minhas observações, parecem vir de uma fonte muito mais antiga. Deve haver aproximadamente mil desses cristãos. Seu chefe é o Abba Yahiya, que consegue recitar a sucessão de mestres que cobre aproximadamente 60 gerações e recua até Issa, Filho de Miriam, de Nazara, o caxemiriano.*[217]

Já sabemos que, no Oriente, Jesus é conhecido como Issa e Maria é conhecida como Miriam. Da mesma forma, nas fontes orientais, Nazaré é denominada Nazara ou Nasara. A referência a Issa, o Filho de Miriam de Nazara, é muito interessante e significaria "Jesus, Filho de Maria de Nazaré e da Caxemira". Aqui, a referência à Caxemira é muito relevante. Depois de sobreviver à crucificação, Jesus chegou à Caxemira, onde era conhecido como Yuzu-Asaph. Aparentemente, foi nessa época que os muçulmanos de Issa receberam sua mensagem; eles ainda o consideram pertencente à Caxemira.

Foi por acaso que localizamos uma publicação impressa em urdu que também menciona Issa, o profeta de Alá, cujos seguidores são muçulmanos. Eles o chamam de Issa, o Filho de Maria, que pregava para seus seguidores o islamismo como religião.[218] Para esclarecer a questão, reproduzimos trechos dessa fonte:

O verbo se fez carne

1. Sua mãe, Miriam, era uma virgem de família israelita. Ela ainda não era casada quando Alá decidiu enviar um mensageiro sem pai, para que o mundo compreendesse que Ele pode fazer o que desejar. Alá é capaz de criar um ser humano sem a ajuda de um pai.

2. Quando tinha 14 anos, Miriam foi banhar-se em uma fonte. Ela ainda não havia terminado seu banho quando Alá ordenou a Gabriel que levasse o primeiro alento de Adão para soprá-lo no ventre de Miriam.

3. Quando terminou o banho e estava a ponto de ir embora, Miriam viu um homem jovem e belo. Temerosa, pensou que o jovem talvez fosse da tribo dos ourives e tivesse más intenções.

4. Ele se aproximou e disse: Fui enviado por Alá. Vim para dar-lhe um belo filho.

5. Ao ouvir isso, ela respondeu: Como isso é possível se nenhum homem me tocou até agora?

6. O anjo disse que era a vontade de Deus que dela nascesse um filho sem a ajuda de um pai. Foi ordenado que isso acontecesse. Ele soprou a respiração no ventre dela e desapareceu.

7. Miriam voltou para casa e se dedicou a orar.

8. Passados alguns meses, ela apresentou sinais de gravidez. Então, a tribo inteira e a família passaram a difamá-la, acusando-a de haver pecado.

9. Contudo, Miriam refutou, declarando que nunca havia pecado; mas ninguém lhe deu crédito. Portanto, ela deixou de sair de casa. Quando se completaram os nove meses, um anjo lhe disse que fosse a uma floresta próxima. Issa nasceu de forma natural, sem as dores do parto.[219]

O nascimento miraculoso de Jesus é aceito tanto pelos cristãos quanto pelos muçulmanos. Porém, aqui, os Muçulmanos de Jesus afirmam

Jesus Cristo no Oriente 275

que a respiração de Adão foi colocada no útero, enquanto os Evangelhos dizem que o Espírito Santo baixou sobre Maria. Contudo, em ambos os relatos, Deus enviou Gabriel a Maria.[220]

Jesus dá início a seu ministério

1. *Quando era jovem, Jesus recebeu a honra de Alá, e as revelações começaram a chegar-lhe por meio de Gabriel. De acordo com os desejos de Alá, ele pediu ao povo que abandonasse o mal e o kufur.* Ele levou o povo à verdade e à retidão. Os de Bani-Israel, sem exceção, opuseram-se a ele. Lançaram-lhe insultos, acusando-o de afastá-los da religião.*

2. *Então, eles infligiram muitos sofrimentos a Jesus, o qual, então, se compadeceu deles, saiu da cidade e sentou-se à margem de um rio.*

3. *Sentando-se no local onde os lavadeiros lavavam as roupas, Jesus lhes perguntou: "Vocês que lavam as roupas sujas, por que não lavam seus corações?" Então, ele lhes disse: "Vocês que se afogaram na lama e na sujeira de kufur e do mal, por que não saem dessa situação?" Os lavadeiros que o ouviram se acercaram a perguntar "Qual é o sabão que lava o coração?". Jesus pronunciou: "La-illaha-illul-lah, Issa Roh-Allah." (Não há outra divindade senão Deus; Jesus é o Espírito de Deus.)*

4. *Então, todos eles fizeram a invocação "La-illaha-illul-lah, Issa Roh-Allah" e se tornaram muçulmanos.*

5. *Quando essa notícia chegou ao outro grupo de lavadeiros, eles vieram e pediram um milagre. Issa perguntou-lhes: "O que desejam ver?" Todos gritaram a uma voz: "Diz a teu Deus que nos mande uma travessa cheia de comidas e frutas celestiais, para que, depois de comer, reconheçamos que de fato és um mensageiro."*

---

* No Islamismo, significa descrédito em Alá e em seu mensageiro. (*N. da T.*)

276 *O Quinto Evangelho*

Jesus realiza milagres

1. Issa pediu a Deus em uma prece: "Ó, Alá, esses homens são ignorantes. Tem piedade deles! Que se cumpra a tua vontade!" Naquele exato momento ouviu-se uma voz soar dos céus: "Mandaremos alimentos celestiais para aqueles que são abençoados." Imediatamente, desceram dos céus travessas de alimentos celestiais, cheias de iguarias e de peixe assado.

2. Os homens não consumiram esse prato, mas pediram: "Queremos outro milagre: que esse peixe assado volte à vida." Issa ergueu os olhos para o céu.

3. Subitamente, o peixe assado voltou à vida e saltou com força para o rio. Alguns se assustaram e morreram.

4. Todos os crentes se sentaram para comer a comida celestial, mas os orgulhosos se recusaram a servir-se dos alimentos. Depois de comer, aqueles que estavam doentes ficaram saudáveis, os pobres, ficaram ricos, o cego passou a ver; por estranho que pareça, o que desejaram foi alcançado.

5. Durante muitos dias desceram do céu alimentos celestiais, e milhares comeram dele. Os que recusaram com desprezo esse alimento foram acometidos de artrite, e suas feições ficaram feias. Muitos aceitaram Issa como profeta de Deus e se tornaram muçulmanos.

> *A glória da verdade brilhou,*
> *As flores da fé se abriram,*
> *Os infiéis foram derrotados;*
> *O cego ganhou olhos,*
> *O aleijado, pernas para caminhar!*
> *Os doentes foram abençoados com a saúde!*
> *Os famintos tiveram comida.*
> *Todos dançaram de alegria!*

No quarto verso desse relato declara-se, de forma definitiva, que, depois de fazer uma invocação de que Alá é o único Deus e Issa é Seu Espírito, eles se tornaram muçulmanos. Aqui, o autor não fala dos seguidores de Jesus como cristãos, mas declara que "muitos o aceitaram como profeta de Deus e se tornaram muçulmanos".[221]

Ó mulher, grande é tua fé

1. Aconteceu que em uma cidade vivia uma jovem com seu marido e Alá lhes concedeu um filhinho. Um dia, na ausência do pai, a mãe estava oferecendo o Nimaz quando o filho escorregou da cama e caiu em um fogão aceso. A moça tinha muita fé em Deus.

2. Ela viu o que havia acontecido, mas continuou a rezar até terminar. Depois se aproximou do fogão.

3. Estranhamente, o fogão havia se transformado em um canteiro de flores. O bebê estava em segurança e brincando. Tomando o menino nos braços, ela o beijou. A seguinte canção lhe veio aos lábios:

> *Ó, meu Alá, és o criador!*
> *Ofereço-Te o Nimaz cinco vezes:*
> *És meu mestre,*
> *És meu Protetor,*
> *Foste Tu que salvaste meu filho.*
> *Ó, meu Alá,*
> *És gentil e misericordioso.*
> *Meu Alá, eu sou tua fiel servidora,*
> *Recebe minha gratidão, ó Senhor de Majestade.*

4. Quando Issa soube desse episódio, apressou-se a procurar a mulher e perguntar: "Como chegaste a essa posição perante Deus?"

5. A mulher replicou: "Nada sei, a não ser que obedeço à vontade de Deus. Em todas as condições, sou uma serva de Alá. Ele é meu refúgio!"

6. Ouvindo isso, disse-lhe Issa: "Ó mulher, grande é a tua fé. Se fosses um homem, Alá teria feito de ti um profeta com um livro!"

278 O Quinto Evangelho

Os muçulmanos oferecem *Nimaz*, preces obrigatórias realizadas cinco vezes durante o dia, e à noite. Além disso, os muçulmanos precisam se reunir em congregação às sextas-feiras. Os cristãos só precisam ir à igreja aos domingos, e não precisam oferecer *Nimaz* cinco vezes.

Nos Evangelhos, Maria, a Mãe, sobrevive à crucificação de Jesus Cristo, mas os Muçulmanos de Issa acreditam que ela morreu durante a vida de Jesus. Eis o relato sobre essa questão no livro que estamos citando:

A morte de Miriam

1. *Uma vez, Issa partiu em uma longa viagem com sua mãe, Miriam. Ela estava muito velha e fraca. Já não podia mais se mover nem caminhar.*

2. *Issa deixou-a em um lugar e foi à floresta em busca de algumas ervas.*

3. *Enquanto isso, Miriam ficou inconsciente e morreu.*

4. *Alá, o Senhor de Majestade, enviou donzelas do céu para envolver Miriam em uma mortalha celestial. Ela foi enterrada pelas donzelas celestes e pelos anjos.*

5. *Quando Issa voltou, não encontrou a mãe. Ele gritou: Mãe, Mãe, onde estás?*

6. *De uma sepultura próxima, veio uma voz:*

> *Filho querido, estou diante do meu Deus!*
> *Filho querido, estou junto ao trono de Deus!*
> *Filho querido, estou no paraíso!*
> *Filho querido, estou protegida pela bondade de Alá!*
> *Filho querido, dedica-te ao trabalho de Deus!*
> *Filho querido, leva as pessoas ao caminho reto!*
> *Filho querido, vem logo para junto de mim!*

Jesus Cristo no Oriente 279

Jesus sai em pregação

1. Jesus saiu de junto da sepultura de Miriam e foi para a cidade. Ele convocou o povo para Alá. Muitos se reuniram a seu rebanho e se tornaram muçulmanos.

2. Todos louvaram ao Senhor Deus, mas os ricos se tornaram inimigos de Issa. Os mal-intencionados conspiraram contra ele. Eles eram kafirs *(descrentes) e seus corações eram negros. Eles criaram um clamor: Issa é contra Mossa! Ele mudou a religião de Mossa. Matai-o, matai-o!*

3. Issa falou:

> *Ó povo! Mossa determinou que sábado é o dia sagrado.*
> *Nesse dia devíeis oferecer preces a Alá.*
> *Foi proibido dedicar-se a coisas mundanas nesse dia.*
> *Foi escrito na Torá.[222]*
> *Mas agora Alá mudou esse dia e fixou Seu dia no domingo.*
> *Considerai domingo o dia sagrado.*
> *Agora, o Injil[223] trouxe a nova ordem.*
> *Dessa forma, obedecei ao Injil e não abrigueis dúvidas no coração!*

Enquanto os muçulmanos obedeceram a suas ordens sagradas, os kafirs não fizeram isso. Os muçulmanos declararam que obedeceriam a Issa de corpo e alma. Mas os malévolos kafirs incitaram as massas contra ele. Eles alegaram que ele havia desonrado Mossa e a Torá. Portanto, disseram eles, era dever de todos os seguidores de Mossa matar Issa.

4. Então, milhares de kafirs decidiram matar Issa.

5. Havia alguns bons yuhudis,[224] *que disseram: "Deixai Issa em paz. Não o mateis. Não sois as mesmas pessoas que mataram Zakariya[225] com uma serra? Não temeis a Alá? Temei a ira de Deus!"*

6. Mas eles não deram atenção a essas sábias palavras. Estavam decididos a matar Issa. Haviam enlouquecido!

280 *O Quinto Evangelho*

7. Eles foram até o rei e o incitaram contra Issa. O rei declarou: "Quem matar Issa receberá uma recompensa."

8. Os mal-intencionados fomentaram conspirações.[226]

A partida de Jesus

1. Os kafirs se reuniram e encarregaram um yuhudi de matá-lo. Quando Issa estava em uma casa, eles a cercaram para matá-lo.

2. Mas o desejo de Alá era outro! Por ordem de Deus, Gabriel foi diretamente à casa onde Issa estava absorto em preces. O anjo cumprimentou Issa e voou com ele para o céu. Todos os profetas o receberam e Alá o cumprimentou por seu trabalho. Desde então, Issa está vivo no quarto céu!

3. Os kafirs haviam cercado a casa e encarregaram um homem chamado Shiyuh de procurar Issa. Ele entrou, mas lá dentro não encontrou ninguém. Quando saiu, todos gritaram: "Matai-o." Ele ficou surpreso, pois seu rosto havia se transfigurado e ele se parecia com Issa.

4. Eles capturaram Shiyu e o enforcaram, julgando ter matado Issa.

5. Alá diz que protegeu Issa e que quem o considera morto está enganado.

Os seguidores de Issa, Filho de Miriam, se denominam muçulmanos. Uma vez por semana reúnem-se em uma refeição ritual em que são servidos pão e vinho, como símbolos da nutrição mais grosseira e da mais refinada, as experiências da realização e da proximidade com Alá. Eles também estão convencidos de que um dia o mundo irá descobrir a verdade sobre Jesus.[227]

Notas

Capítulo Um: Fontes

1. Peak, *Commentary on the Bible*, pp. 681-744.
2. George Barker Stevens; *The Teaching of Jesus*, p. 21.
3. Eusebius; *Church History*, 111, p. 39, conforme citado: ibid.
4. Irenaeus; *Against Heresies*. III, I p. 7, conforme citado: ibid.
5. Lucas, 1:1-4.
6. João, 21:19.
7. Atos dos Apóstolos, 4:36.
8. Powell Davies; *The Meaning of the Dead Sea Scrolls*, p. 104.
9. *Ante-Nicene Christian Library*, Vol. 20, conforme citado em *Jesus in Heaven on Earth*, p. 246. Anexos.
10. Warner Keller; *The Bible as History*, p. 407.
11. Muhammad Ahmad Mazhar; *Arabic*, p. 7.
12. *Bhavishya-maha-purana*; versos 17-32.
13. *Studies in the History of Religions*, Vol. 18; 99, 54-57.
14. O manuscrito está na coleção do falecido Rev. S.S. Gergan, Gupkar Road, Srinagar, Kashmir.

282 O Quinto Evangelho

15. Encontrando um nome escrito em tinta vermelha — Santo Issa — nas pp. 118 e 119, o professor Hassnain os fotografou. Feita a tradução, parece que as duas páginas se referiam aos manuscritos budistas encontrados por Nicolas Notovitch no mosteiro de Hemis, em Ladakh.
16. Artigo do "The Nineteenth Century", abril, 1896.
17. Johan Forsstrom; *The King of the Jews*, p. 187.
18. Aurel Stain; *On Central Asian Tracks*, pp. 214-216.
19. Johan Forsstrom; *The King of the Jews*, pp. 230-231. Ver também *Jesus Died in Kashmir*, de A. Faber Kaiser, p. 91.

Capítulo Dois: Gênesis

1. A Bíblia Septuaginta, Gênesis, 1:1-27.
2. Gênesis, 6:1-3.
3. Gênesis, 6:4.
4. Gênesis, 6:4.
5. *The Concise Encyclopedia of World History*, Ed. John Bowle, p. 13.
6. Sonia Cole, *Races of Man*, pp. 50-51.
7. *Encyclopaedia Britannica*, Micropaedia, Vol. VII.
8. John Bowle, ibid., p. 42.
9. Giuseppe Tucci, *Transhimalaya*, p. 37.
10. Giuseppe Tucci, ibid., p. 47.
11. Chakravarti. B., *A Cultural History of Bhutari*, p. 135.
12. Gênesis, 12:14.
13. Gênesis, 21:2.
14. Gênesis, 18:9-14.
15. Gênesis, 21:1-3.
16. Gênesis, 18:5-8
17. Gênesis, 18:9-13.
18. Gênesis, 21:1-2.
19. Duncan Greenlees, *The Gospel of Israel*, p. 19.
20. Chakravarti, B., *A Cultural History of Bhutan*, p. 127.
21. Êxodo, 3:14-15.
22. Margolis & Alexander Marx, *A History of the Jewish People*, p. 16.
23. Êxodo, 20:3-17.
24. Deuteronômio, 5:7-21.
25. Êxodo, 34:28.
26. Chakravarti, *Classical Studies in Ancient Races & Myths*, p. 89.

27. Gênesis, 18:1.
28. Êxodo, 15:20-21.
29. Números, 12:1-2:
30. A Bíblia Septuaginta: Deuteronômio, XXXII, 49-52.
31. Deuteronômio, 34, 1-8.
32. Faber Kaisar, *Jesus Died in Kashmir*, p. 120. Citação do *Commentary on the Bible*, de Peak.
33. Margolis & Alexander Marx, ibid., p. 180.
34. Josefo, *The Jewish War*, capítulo 7.
35. Margolis & Alexander Marx, ibid., p. 9.
36. Thomas Holditch, *The Gates of India*, p. 49.
37. Ezequiel, 20:32-38.
38. George More, *The Lost Ten Tribes*, pp. 145-48.
39. *Tabaqat-i-Nasiri*, p. 109.
40. Joseph Wolf, "Mission to Bokhara" conforme citado em *Jesus in Heaven on Earth*, de Nazir Ahmed, p. 287.
41. Margolis & Alexander Marx, ibid., p. 48.
42. Khan Roshan Khan, *Tazkirah*, pp. 51-52.
43. *The Concise Encyclopedia of World History*, Ed. John Bowles, p. 102.
44. Thomas Holditch, *The Gates of India*, p. 50.
45. Alexander Brunes, *Travels into Bokhara*, p. 139.
46. Khan Roshan Khan, ibid., p. 74.
47. Khwaja Nazir Ahma, *Jesus in Heaven on Earth*, pp. 305-307.
48. Alexander Brunes, ibid., p. 139.
49. Thomas Holditch, ibid., p. 49.
50. Miguel Serrano, *The Serpent of Paradise*, pp. 140-142.
51. Entrevista com o líder da Jirgah do grupo étnico pachtun, datada de 5 de janeiro de 1982.
52. Roshan Khan, Tazkirah, *History of the Afghans*, p. 260.
53. Bernier, *Journey Toward Kashmir*, p. 430.
54. Katre, *The General History of the Mughal Kingdom*, p. 195.
55. Claudius Buknain, *Christian Researches in India*, p. 22.
56. Lawrence, *The Valley of Kashmir*, p. 318.
57. Hargopal Khasta, *Guidasta-i-Kashmir*, p. 19.
58. Zahoor-ul-Hassan, *Nigaristan-i-Kashmir*, p. 98.
59. George Moore, *The Lost Tribes*, p. 151.
60. Buknain, ibid., p. 229.

284 *O Quinto Evangelho*

61. Gênesis, 10:1-6.
62. Baber, *Memoirs*, trad. Leyden & Erskine, p. 313.
63. William Jones, *Kashmir, India Researches*, I: p. 268.
64. Thomas Wardle, *Kashmir*, p. 290.
65. Kalhana, *Rajatarangin*, trad. Stein, I: 286-287.
66. Khwaja Nazir Ahma, *Jesus in Heaven on Earth*, pp. 302-307; Aziz Ahmad, Asrari-i-Kashir, pp. 337-343; Andreas Faber Kaiser, *Jesus Vivio Y Murio En Cachemira*, pp. 113-128.
67. Ester, 1:1-4.
68. Margolis & Alexander Marx, ibid., p. 127.
69. *Cambridge History of India*, p. 421.
70. Hassnain. F. M., *Buddhist Kashmir*, p. 2.
71. Rhys Davis, *Buddhism*, p. 183.
72. Mirza Ghulam Ahmad, *Jesus in India*, p. 83.
73. Swete H. B., *An Introduction to the Old Testament in Greek*, p. 16.
74. *The Crucifixion by an Eye-Witness*. 189.
75. Hassnain. F. M., *Hindu Kashmir*, p. 21.
76. *Encyclopaedia Britannica*, Micropaedia, Vol. VII.
77. Abdul Qadir, *Hashmat-i-Kashmir*, p. 7.
78. Mohammad Aazam, *Tarikh-i-Aazmi*, p. 84.
79. George Moore, *The Lost Tribes*, p. 137.
80. Epístola aos Hebreus, cap. III, conforme citado em *Jesus Died in Kashmir*, de A. Faber-Kaiser, p. 120.
81. Kalhana: ibid., VIII, 2431.
82. Nil-toop significa "o topo do monte Nabo", Nowall, *The Highlands of India*, V. 2, pp. 19-90.
83. Deuteronômio, 34:1-6.
84. Abdul Qadir, ibid., p.7.
85. Al-Beruni, *Kitab-ul-Hind*, V.l, p. 274.
86. Mohi-ud-din Hajini, *Maqalat*, p. 99.
87. Abdul Ahad Azad, *Kashmiri Zaban*, p. 10.
88. Bashir Ahmad, *Humayun*, Lahore, 1940.
89. Hassnain, F. M., *Hindu Kashmir*, p. 12.
90. Chakravarti, C., *Classical Studies in Ancient Races & Myths*, op. cit., p. 62.
91. Richard Temple, *Sayings of Lala Ded*, p. 65.
92. Gênesis, 31:47-49.

Notas 285

93. Gênesis, 28:18-19.
94. Alan Menzies, *History of Religion*, p. 180.
95. Jawaharlal Nehru, *Glimpses of World History*, p. 86.
96. Kalhana, IBID, Vol. II, p. 112.
97. Saadullah, *Tarikh-i-Sulaiman*. (Mss.)

CAPÍTULO TRÊS: O FILHO DE DEUS

1. João, 1:1-2.
2. João, 1:14.
3. João, 3:12-13.
4. Atos dos Apóstolos, 1:11.
5. Timóteo, 3:16.
6. Pedro, 1:20.
7. Gênesis, 6:14.
8. Timóteo, 3:16.
9. *Bhavishya-maha-purana*, vers. 17-32.
10. Marcos, 14:36.
11. Mateus, 1:23.
12. Fuller, R. H., *New Testament Christology*, p. 23.
13. Lucas, 21:8; *Kri* ou *Chri* é um termo usado pelos caxemirianos para os cristãos.
14. Mateus, 8:8.
15. Lucas, 6:46.
16. Nazir Ahmad, *Jesus in Heaven on Earth*, p. 81.
17. Mateus, 2:23.
18. Atos dos Apóstolos, 24:5.
19. Allegro, John, *The Sacred Mushroom and the Cross*, pp. 35-36.
20. Fuller, K. H., *New Testament Christology*, p. 29.
21. Josué, 1:1.
22. Salmos, 50:73-83.
23. Mulla Nadri, *Tarikh-i-Kashmir*, folio 69.
24. Lepancer, *Mystical Life of Jesus Christ*.
25. von Daniken, E., *Miracle of the Gods*, p. 69.
26. Mateus, 2:1.
27. Lucas, 1:36.
28. João, 7:52.
29. Mateus, 26:69-71.

30. Keller, Werner, *The Bible as History*, p. 346.
31. Mateus, 1:16.
32. Lucas, 3:23.
33. Forbes Robinson, *The Apocryphal Gospel*, 1.
34. Lucas, 1:5.
35. Yrjo Hiren, *The Sacred Shrine*, p. 206.
36. Lucas, 1:28.
37. Lucas, 1:32-33.
38. Lucas, 1:35.
39. Lucas, 1:30.
40. Lucas, 1:5-38.
41. Lucas, 1:40-42.
42. Evangelho de Tiago, VIII: 3, conforme citado em *Jesus in Heaven on Earth*, de Khawaja Nazir Ahmad, p. 134.
43. Mateus, 1:19.
44. Evangelho de Tiago, XVI: 1-2.
45. Nazir Ahmad, *Jesus in Heaven on Earth*, p. 136.
46. Epístola aos Romanos, 1:3.
47. Epístola aos Gálatas, 4:4.
48. Marcos, 10:2-8.
49. William Phipps, *Was Jesus Married?*, p. 40.
50. *The Crucifixion by an Eye-witness*, pp. 40-41.
51. Gênesis, 6:1-2.
52. Isaías, 7:14.
53. Gênesis, 21:1-2.
54. Schonfeld, Hugh J., *The Passover Plot*, p. 49.
55. Marcos, 10: 40-41.
56. *Bhavishya-maha-purana*, 17-32.
57. Peake, *Commentary on the Bible*, pp. 681, 700, 724, 744.
58. Epístola aos Gálatas, 1: 7-19.
59. *Basileion*, 2 Samuel 7:14.
60. Fuller, *The Foundations of New Testament Christology*, p. 202.
61. Allegro, John, *The Sacred Mushroom and the Cross*, p. 8.
62. Daniken, Eric von, *In Search of Ancient Gods*, p. 23.
63. João, 1:1-3.
64. João, 1:15.
65. Lucas, 2:1-7.

Notas 287

66. Werner Keller, *The Bible as History*, p. 330.
67. A. Powell Davies, *The Meaning of the Dead Sea Scrolls*, p. 90.
68. Werner Keller, *The Bible as History*, p. 338.
69. Werner Keller, *The Bible as History*, pp. 332-336.
70. Mateus, 2:1-3.
71. Mateus, 2:1-2.
72. Mateus, 2:11.
73. Mateus, 2:12.
74. *A Bíblia Septuaginta*, ed. C. Muses, p. XXI (Introdução).
75. Hassnain, *Ladakh the Moonland*, p. 74.
76. Mateus, 2:11.
77. Nicolas Notovitch, *The Unknown Life of Christ*, pp. 142-144.
78. *The Crucifixion by an Eye-witness*, p. 35.
79. Lucas, 2:34-35.
80. *The Life of Saint Issa*, 111:12.
81. Mateus, 2:1.
82. *The Crucifixion by an Eye-witness*, p. 35.
83. Hakim Ameen, *St. Mark and the Coptic Church*, p. 8.
84. Werner Keller, *The Bible as History*, p. 341.
85. Nazir Ahmad, *Jesus in Heaven on Earth*, p. 218.
86. *Encyclopedia Britannica*, artigo sobre os essênios.
87. *The Crucifixion by an Eye-witness*, pp. 41-3.
88. Nazir Ahmad, *Jesus in Heaven on Earth*, p. 114.
89. Eusebius, *Ecclesiastical History*, Vol. 11, XVII 2-23.
90. Allegro, John, *The Sacred Mushroom and the Cross*, p. 61.
91. Johan Forsstrom, *The King of the Jews*, p. 289.
92. Ulfat Aziz-us-Samad, *The Great Religions of the World*, p. 44.
93. Peter De Rosa, *Jesus Who Became Christ*, p. 109.
94. Levi, *The Aquarian Gospel of Jesus*, p. SO.
95. Lucas, 2:42-46.
96. *The Crucifixion by an Eye-witness*, pp. 4W7.
97. Lucas, 2:48-49.
98. *Encyclopedia Britannica*, Micropaedia, Vol. 111, p. 965.
99. Marcos, 1:7-8.
100. *The Crucifixion by an Eye-witness*, pp. 49-53.
101. Mateus, 1:1-16.
102. *Journale Asiatique*, 1869, 11, p. 439.

288　*O Quinto Evangelho*

103. Mateus, 1:18.
104. Mateus, 1:20.
105. Marcos, 6:3.
106. Ibid.
107. Ibid.
108. Nazir Ahmad, *Jesus in Heaven on Earth*, p. 138.
109. Mateus, 2:19-20.
110. Lucas, 2: 48.
111. Hastings, *Dictionary of the Bible*, p. 434; conforme citado em *Jesus in Heaven On Earth*, p. 113.
112. Lucas, 2:48-51.
113. Lucas, 2:40.
114. Nicolas Notovitch, *The Unknown Life of Christ*, p. 144.
115. Lucas, 2:41-44.
116. *Himalaya: A Monograph*, ed. Francis Grant Rerich, pp. 148-153.
117. Jami-ut-Tawarikh citado por Johan Forsstrom em *The King of the Jews*, p. 176.
118. Johan Forsstrom, *The King of the Jews*, p. 176.
119. J. B. Segal, *Edessa, the Blessed City*, pp. 67-68.
120. Miguel Serrano, *The Serpent of Paradise*, pp. 142-143.
121. Janet Bock, *The Jesus Mystery*, p. 118.
122. Werner Keller, *The Bible as History*, p. 323.
123. Duncan Greenless, *The Gospel of Israel*, p. ixii.
124. Mateus, 3:1-3.
125. Lucas, 1:13-20.
126. Lucas, 1:36-42.
127. *The Crucifixion by an Eye-witness*, pp. 47-48.
128. Lucas, 1:80.
129. Lucas, 1:76.
130. Lucas, 3:2-3.
131. Mateus, 3:2.
132. Lucas, 3:10-14.
133. Lucas, 3:16.
134. João, 1:29-33.
135. Lucas, 3:22.
136. *The Aquarian Gospel of Jesus the Christ*, 64:1, p. 106.
137. Mateus, 4: 11.

Notas 289

138. Josefo, *War*, 11, 136.
139. *The Aquarian Gospel*, pp. 83-85.
140. Werner Keller, *The Bible as History*, p. 347.
141. João, 1:35-36.
142. João, 1:49.
143. Lucas, 4:1.
144. James W. Douglass, "The Yin-Yang of Resistance and Contemplation", *Gandhi Marg*, julho de 1972.
145. Mateus, 4:3-4.
146. Lucas, 4:6-8.
147. Mateus, 4:5-7.
148. Lucas, 4:18-19.
149. Malcolm Muggeridge, *Jesus, the Man Who Lives*, p. 60.
150. *The Aquarian Gospel*, pp. 87-97.
151. João, 1:51.
152. Lucas, 6:20-21.
153. João, 3:19-21.
154. Marcos, 12:29-31.
155. João, 8:59.
156. Marcos, 2:73.
157. Hugh Schonfeld, *The Passover Plot*, p. 70.
158. Lucas, 4:24.
159. Marcos, 6:4.
160. Mateus, 5:19.
161. Lucas, 8:2.
162. *The Crucifixion by an Eye-witness*, p. 531.
163. Johan Forsstrom, *The King of the Jews*, p. 128.
164. *The Crucifixion by an Eye-witness*, p. 54.
165. Werner Keller, *The Bible as History*, p. 347.
166. Mateus, 11:2.
167. Lucas, 7:22.
168. Mateus, 11:9-10.
169. Lucas, 7:28-33.
170. Werner Keller, *The Bible as History*, p. 348.
171. Marcos, 6:22.
172. *The Aquarian Gospel*, p. 103.
173. Hugh Schonfeld, *The Passover Plot*, p. 256.

290 *O Quinto Evangelho*

174. Marcos, 6:27.
175. *The Aquarian Gospel*, p. 169.
176. João, 10:1-4.
177. Lucas, 6:12.
178. Mateus, 10:1-4.
179. Lucas, 6:16.
180. Marcos, 3:16.
181. João, 14:22.
182. Schonfeld, Hugh J., *The Passover Plot*, p. 76.
183. Mateus, 10:6.
184. Lucas, 10: 2-10.
185. Marcos, 6: 8-9.
186. Mateus, 10: 16-23.
187. Mateus, 10: 9.
188. Mateus, 10: 28.
189. Mateus, 10: 34.
190. James W. Douglas, "The Yin-Yang of Resistance and contemplation", artigo publicado em *Gandhi Marg*, julho de 1972.
191. Faber Kaiser, *Jesus Died in Kashmir*, pp. 22-24.
192. Lucas, 10:1.
193. Mateus, 10:5-7.
194. Lucas, 10:3-5.
195. George Barker Stevens, *The Teachings of Jesus*, p. 63.

Capítulo Quatro: Clero e Crucificação

1. Werner Keller, *The Bible as History*, p. 350.
2. *The Aquarian Gospel*, pp. 112-113.
3. Mateus, 4:23-25.
4. João, 7:16-19.
5. Mateus, 5:3-10.
6. Lucas, 13:1
7. Mateus, 5-47
8. João, 7:1.
9. Marcos, 7:24.
10. Mateus, 26:6.
11. Lucas, 7:36-39.
12. *The Crucifixion by an Eye-witness*, pp. 53-55.

Notas 291

13. *The Aquarian Gospel*, p. 161.
14. João, 11: 5.
15. Johan Forsstrom, *The King of the Jews*, p. 126.
16. Johan Forsstrom, *The King of the Jews*, p. 128.
17. Johan Forsstrom, *The King of the Jews*, p. 128.
18. *Times*, Londres, 8 de março de 1963.
19. Lucas, 10:41-42.
20. Mateus, 26:8-9.
21. *The Aquarian Gospel*, p. 151.
22. Lucas, 7:44-47.
23. *The Aquarian Gospel*, p. 151.
24. João, 11:1-44.
25. *The Aquarian Gospel*, p. 152.
26. Marcos, 8:30.
27. Mateus, 16:22-23.
28. Mateus, 16:24-25.
29. Marcos, 9:2.
30. Lucas, 9:30.
31. *The Aquarian Gospel*, p. 187.
32. Mateus, 17:4.
33. Marcos, 9:7.
34. Mateus, 17:3-6.
35. Mateus, 18:24.
36. João, 7:3-4.
37. Lucas, 9:52-56.
38. Lucas, 10:1.
39. Lucas, 13:33.
40. Mateus, 23:37-38.
41. João, 11:47-48.
42. *The Aquarian Gospel*, p. 194.
43. Mateus, 26:45.
44. João, 11:54.
45. Mateus, 17:25.
46. Marcos, 9:35.
47. Lucas, 19:9.
48. Marcos, 11:7.
49. Lucas, 19:38.

292 *O Quinto Evangelho*

50. Jcão, 12:13.
51. Lucas, 19:40.
52. Marcos, 14:17:
53. João, 2:13-14.
54. Lucas, 19:46.
55. João, 2:18-19.
56. Mateus, 24.
57. *The Aquarian Gospel*, p. 220.
58. Mateus, 28:14-16.
59. Marcos, 14:36.
60. Barnes, W. E., *The Testament of Abraham*, pp. 140-151.
61. João, 18:3.
62. Mateus, 26:53.
63. Marcos, 14:48-49.
64. Mateus, 26:61.
65. Werner Keller, *The Bible as History*, p. 355.
66. Mateus, 27:11.
67. Lucas, 23:4.
68. Faber Kaisar, *Jesus Died in Kashmir*, p. 23.
69. Lucas, 23:6-7.
70. Lucas, 23:8-11.
71. Lucas, 23:13-17.
72. João, 19:12.
73. Faber Kaiser, *Jesus Died in Kashmir*, p. 25.
74. Mateus, 27:24.
75. Conforme citação em *The Crucifixion by an Eye-witness*, pp. 29-30.
76. Em hebraico, "Gólgota" significa "o lugar da caveira".
77. Lucas, 23-27.
78. Marcos, 15:21.
79. *The Crucifixion by an Eye-witness*, p. 58.
80. Lucas, 23:28-29.
81. *The Crucifixion by an Eye-witness*, pp. 58-59.
82. Mateus, 27:34.
83. Marcos, 15:23.
84. *The Crucifixion by an Eye-witness*, pp. 50-60.
85. João, 18:14-16.
86. Werner Keller, *Bible as History*, p. 359.

Notas 293

87. *The Crucifixion by an Eye-witness*, p. 64.
88. Dummelow, *Commentary on the Holy Bible*, p. 717.
89. Mateus, 27:45.
90. *The Crucifixion by an Eye-witness*, p. 64.
91. Marcos, 15:34.
92. Mateus, 27:46.
93. Lucas, 23:46.
94. João, 19:30.
95. Mateus, 7:1-8.
96. Marcos, 14:36.
97. Lucas, 22:43
98. João, 11:41-42.
99. Puruckar, G., *Clothed with the Sun*, p. 40.
100. Salmos, 22:1-20.
101. Salmos, 22:1-5.
102. Salmos, 22:9.
103. Salmos, 22:16-18.
104. Salmos, 22:20-22.
105. Allegro, John, *The Sacred Mushroom and the Cross*, pp. 158, 199, 305.
106. William Hawird, *A Note Book on the Old and New Testaments of the Bible*, Vol. 1, p. 427.
107. Ram Dhan, *Krishen Bainti*, p. 72.
108. Hassan Shirazi, *Risala Tehqiqat-i-Garihabah*, pp. 21-24.
109. Imply, P. C., "Wonderful Stories of Islam," p. 249, *Star of Britannica*, Londres, janeiro de 1954; *Mirror*, Londres, 1 de fevereiro de 1954.
110. Bhatnagar, K. L., *Buddha Chamitkar, Ram Narayan*, Buddha Yougia, p. 54.
111. *The Crucifixion by an Eye-witness*, pp. 64-65.
112. João, 23:50.
113. Lucas, 23:50.
114. Marcos, 15:40.
115. Mateus, 27:56.
116. *The Crucifixion by an Eye-witness*, p. 62.
117. João, 19:39.
118. Marcos, 15:45.
119. João, 19:39.
120. João, 3:1-3.

294 *O Quinto Evangelho*

121. *Jewish Encyclopaedia*, Vol. 8, p. 250.
122. *The Crucifixion by an Eye-witness*, p. 74.
123. Lucas, 23:44
124. João, 19:32-33.
125. João, 19:34.
126. Ferrar, *Life of Christ*, p. 421.
127. *The Crucifixion by an Eye-witness*, pp. 65-75.
128. Êxodo, 20:8.
129. Ezequiel, 46:3.
130. João, 19:31.
131. Miguel Serrano, *The Serpent of Paradise*, p. 143.
132. Kalhana Panditta, *Rajatarangini*, vers. 11, 72-106.
133. João, 19:39.
134. Lucas, 23:56.
135. *The Crucifixion by an Eye-witness*, p. 74.
136. Dummelov, *Commentary on the Holy Bible*, p. 808.
137. *Encyclopedia Britannica*, artigo sobre os essênios.
138. *The Crucifixion by an Eye-witness*, p. 153.
139. *The Crucifixion by an Eye-witness*, pp. 78-93.
140. O *Liber Almansoria*, de Razés, também é conhecido como *De Pestilentia*.
141. *Cânone de Avicena*, Vol. 5, p. 93 (em urdu).
142. *Qarab-ud-Din-i-Kabir*, Vol. 2, p. 75.
143. *Minhaj-ul-Bayan*, Vol. 2, p. 576.
144. SyedAbddul Hye, *Marham-i-Issa Ansar Allah*, Rabwah, março de 1978.
145. *Life of Christ*, p. 79.
146. *O Globo*, Brasil, 3 de março de 1985.
147. Marcos, 15:46.
148. João, 19:41.
149. Inayat-ullah Khan Al-Mashriqi, *Tazkirah*, (em urdu), pp. 16-17.
150. J. B. Segal, *Edessa-the-Blessed City*, pp. 67-69.
151. Do *Migne*, Vol. CXIII, cols. 423-53 (Paris, 1857); cópia em *The Shroud of Turin*, de Ian Wilson, pp. 313-331.
152. Gravura sobre seda, da coleção do castelo Sherborne, Dorset, Inglaterra.
153. Ian Wilson, *The Shroud of Turin*, pp. 288-305.
154. Kurt Berma, *Jesus Nicht am Kreuz Gestorben*, pp. 102-142.
155. Ian Wilson, *The Shroud of Turin*, pp. 276.
156. Lucas, 24:1.

Notas 295

157. João, 20:1.
158. Mateus, 28:5.
159. Marcos, 16:5.
160. Lucas, 24:5-7.
161. Marcos, 16:7.
162. Mateus, 28:8-10.
163. Marcos, 16:8.
164. João, 20:2.
165. Lucas, 24:12.
166. João, 20:7.
167. Lucas, 24:12.
168. Pedro, 9:35-40.
169. Marcos, 16:5.
170. Mateus, 11:14.
171. *The Crucifixion by an Eye-witness*, p. 153.
172. Lucas, 24:25-26.
173. Lucas, 24:30.
174. Marcos, 16:12.
175. João, 20:19.
176. Lucas, 24:36-42.
177. João, 20:26-27.
178. João, 21:1-12.
179. João, 21:16.
180. Marcos, 16:15.
181. Lucas, 24:50.
182. Mateus, 10:23.
183. Lucas, 9:27.
184. Mateus, 16:28.
185. Marcos, 9:1.
186. Mateus, 8:23-27.
187. Marcos, 6:48-49.
188. Lucas, 4:33-36.
189. João, 4:46-51.
190. Lucas, 17:11-14.
191. Marcos, 7:31-37.
192. Lucas, 14:1-6.
193. Marcos, 8:1-8.

294 *O Quinto Evangelho*

194. Mateus, 16:14.
195. Gênesis, 20:17.
196. Números, 11:2.
197. Mateus, 21:22.
198. João, 14:16.
199. João, 17:9-20.
200. Mateus, 26:39.
201. A. Schweitzer, *The Quest of the Historical Jesus*, conforme citado em *The Meaning of the Dead Sea Scrolls*, de A. Powell Davies, p. 122.
202. Lucas, 22:41-42.
203. Marcos, 14:36.
204. João, 10:15-18.
205. *Barrassiha-ye-Tarikhi* (Estudos Históricos do Irã), v. 7, nº 3, 1942.
206. *Sitzungsberg der Berliner Akad*: Phil. Hist. K1. 1925, p. 366.
207. Bull, *School Oriental Studies*, Londres, setembro de 1938, p. 503.
208. S. S. Gergan, carta datada de 4 de abril de 1976.
209. Giuseppe Tucci, *Transhimalaya*, p. 39.

CAPÍTULO CINCO: JESUS CRISTO NO ORIENTE

1. A. Powell Davies, *Dead Sea Scrolls*, pp. 109-110.
2. *Encyclopaedia Britannica*, artigo sobre os essênios.
3. João, 10:39-40.
4. Edersheim, *The Life and Times of Jesus* 1, 148.
5. *The Crucifixion by an Eye-witness*, p. 35.
6. Testamentos dos Doze Patriarcas, José 1:5-6 conforme citado em A. Powell Davies, *The Meaning of the Dead Sea Scrolls*, p. 104
7. *The Crucifixion by an Eye-Witness*, p. 124.
8. Robertson Graves e Joshua Pedro, *Jesus in Rome*.
9. Atos dos Apóstolos, 4-6.
10. Atos dos Apóstolos, 9: 10-15.
11. Atos dos Apóstolos, 9: 20-22.
12. Atos dos Apóstolos, 12:25.
13. *Encyclopaedia Britannica*, Micropaedia, Vol. VII.
14. Atos dos Apóstolos, 13:9.
15. *Encyclopaedia Britannica*, Micropaedia, Vol. VII.
16. Abu-Huraira, *Kanz-ul-Aimal*, II, p. 34.
17. Ibn-i-Jarir, *Tatsir Ibn-i-Jarir-at-Tabari*, Vol. 111, p. 191.

Notas 297

18. Lucas, 8:2.
19. Mateus, 27:26.
20. Lucas, 24:10.
21. João, 20: 12.
22. João, 20:16.
23. *Times*, Londres, 8 de março de 1963.
24. Hazrat Mirza Ghulam Ahmad, *Jesus in India*, p. 98. Entre os muçulmanos, Jesus é chamado de Ruh-Allah, "o Espírito de Deus".
25. Mumtaz Ahmad Faruquii, *The Crumbling of the Cross*, p. 56; citações de *The Heart of Ásia*, de Nicolas Roerich.
26. Faruqi, Mumtaz Ahmad, *The Crumbling of the Cross*, pp. 55-56.
27. Josefo, *Antiquities*, XVIII, 9:1-8.
28. Macmunn, Townsend, *The Holy Land*, Vol. 11, p. 61.
29. Mir Khwand, *Rauza-tus-safa*, Vol. 1, p. 149.
30. J. B. Segal, *Edessa — The Blessed City*, p. 67.
31. Faruqi, Mumtaz Ahmad, *The Crumbling of the Cross*, p. 67.
32. J. B. Segal, *Edessa — The Blessed City*, p. 69.
33. J. B. Segal, *Edessa — The Blessed City*, p. 68.
34. Farh-ng-i-Asafiyah. (Dicionário) Vol. 1, p. 91.
35. Agha Mustafa, *Ahwal-i-Ahaliyan-i-Paras*, p. 219.
36. Meger, G. R., *Witness of Antiquity*, p. 19.
37. Waddell, *Indo-Sumerian Seals Deciphered*, pp. 114-119.
38. Mir Khwand, *Rauzatus-Safa*, pp. 133-35.
39. Luigi Pareti, *History of Mankind*, Vol. II, p. 850.
40. Schonfield, *Saints Against Caesar*, p. 142.
41. Mateus, 23:37-39.
42. Josefo, *Wars*, III, iv, 1, X, p. 9.
43. *The Life of Saint Issa*, VIII: 6-7.
44. Levi, *The Aquarian Gospel*, p. 79.
45. *The Life of Saint Issa*, VIII: 15-20.
46. *The Life of Saint Issa*, 12-13.
47. Faqir Muhamad, *Jame-ut-Towarikh*, Vol. II, p. 81.
48. *The Life of Saint Issa*, V: 9.
49. *The Aquarian Gospel of Jesus the Christ*, 25:23-26.
50. *The Life of Saint Issa*, V: 16.
51. *The Life of Saint Issa*, V: 18.
52. *The Life of Saint Issa*, V: 20-23.

298 *O Quinto Evangelho*

53. *The Aquarian Gospel of Jesus the Christ*, 31:1-20.
54. *The Aquarian Gospel of Jesus the Christ*, 32:42-43.
55. *The Life of Saint Issa*, VI: 4.
56. *The Aquarian Gospel of Jesus the Christ*, 33:1-10.
57. *The Unknown Life of Jesus Christ*, VI: II.
58. *The Life of Saint Issa*, VI: 15.
59. *Studies in the History of Religions*, v. 18.
60. Para refutar as descobertas de Nicolas Notovitch, em 1894 a Missão Cristã na Índia enviou como seu representante Ahamd Shah, autor de *Four Years in Tibet*.
61. *The Life of Saint Issa*, IX, 1-3.
62. *Nineteenth Century*, outubro de 1894; *Nineteenth Century*, abril de 1896.
63. *The Museum, New Series*, publicado pela Newark Museum Association, 1972, p. 51.
64. Abhedananda, *Kashmir O Tibbate*, p. 269.
65. *The Life of Saint Issa*, VI: 4.
66. Meer Izzut-oolah, *Travels in Central Asia*, trad. Henderson, pp. 13-14.
67. Tokan Sumi, *Yakshas: The Guardian Tribes of the 4th Buddhist Council*.
68. Rhys Davis, *Buddhism*, p. 180.
69. Max Muller, *Sacred Books of the East*, Vol. XI, p. 318.
70. I-Tsing, *A Record of the Buddhist Religion*, trad. J. Takakwu.
71. Helmut Goeckel, *Die Messias Legitimation Jesu*, p. 514.
72. *The Illustrated Weekly of India*, Vol. CI 45, 21-27 de dezembro de 1980, p. 26.
73. Hasrat Mirsa Ghulam Ahamd, *Jesus in India*, p. 98.
74. Lucas, 12:33.
75. João, 10:11.
76. *The Aquarian Gospel of Jesus the Christ*, 36:11-36.
77. *The Life of Saint Issa*, VI: 6-12.
78. *The Life of Saint Issa*, VII: 5-9.
79. *The Aquarian Gospel of Jesus the Christ*, 37:1-17.
80. João, 20:28.
81. Rapson, *Ancient India*, p. 174.
82. João, 11:16.
83. Vincent Arthur Smith, *The Early History of India*, p. 204.
84. *Acta Thomae*, texto siríaco, IV, p. 182.
85. Salmond, *The Writings of Hirpiclytus*, Vol. III, p. 131.

Notas 299

86. John Reland, *Library Bulletin*, Vol. XII.

87. Rapson, *Ancient India*, p. 174.

88. Stein, *Ancient Khotan*, Vol. I, p. 156.

89. Marshall, *A Guide to Taxila*, p. 14.

90. *The Imperial Gazetteer of India*, Vol. II, p. 288.

91. *Annual Report of the Archaeological Survey of India*, 1902-3, p. 167.

92. Qureshi, M. H., *Rahnuma-i-Taxila*, p M44.

93. Nazir Ahmad, *Jesus in Heaven on Earth*, pp. 347-349.

94. Vincent Arthur Smith, *The Early History of India*, p. 20.

95. Klijin, *The Acts of Thomas*, p. 70.

96. *Acta Thomae*, Ante-Nicene Christian Library, Vol. XX, 46.

97. Nazir Ahmad, *Jesus in Heaven on Earth*. pp. 348-249.

98. Marshall, John, *Taxila*, Vol. I, p. 62.

99. João, 20:28.

100. Marcos, 3:35.

101. João, 2:3.

102. João, 19:26-27.

103. Atos dos Apóstolos, 9:14.

104. Mumtaz Ahmad Farouqui, *The Crumbling of the Cross*, p. 62.

105. Mufti Mohamad Sidiq, *Qabr-Masih*, p. 26.

106. Khwaja Nazir Ahmad, *Jesus in Heaven on Earth*, p. 361.

107. Mumtaz Ahmad Faroqui, *The Crumbling of the Cross*, pp. 62-65.

108. 1 Crônicas, 1: 8, 4: 40.

109. *Swarbica Journal*, Vol. I, 1978, p 10.

110. Moonis Raza, Aijazuddin Ahmad, Ali Mohamad, *The Valley of Kashmir*, Vol. I, p. 11.

111. Thomas Holdich, *The Gates of India*, p. 31.

112. Lord, J. H., *The Jews in India and the Far East*, p. 23.

113. Sonia Cole, *Races of Man*, pp. 58-75.

114. Sonia Cole, *Races of Man*, pp. 58-75.

115. Alexander Brunes, *Travels into Bokhara*, Vol. II, p. 140.

116. Thomas Holdich, *The Gates of India*, pp. 49-50.

117. Bruknear, T. Nelson e Kurt Berna, *The Second Life of Jesus Christ*, p. 27.

118. *Nilamata-purana*, trad. *Ved Kumari*, Vol. I, p. 46.

119. Al-Beruni, *India*, trad., Edward & Sachau, Vol. I, p. 206.

120. Kal, R. C., *Ancient Monuments of Kashmir*, p. 75.

121. Abdul Qadir, *Hashmat-i-Kashmir*, p. 68.

300 *O Quinto Evangelho*

122. Bernier, *Travels in the Mughal Empire*, p. 430.

123. Johnston, Keith, *Dictionary of Geography*, Artigo: Kashmir.

124. Wilson, Henry, *Travels in Himalayan Provinces*, p. 129.

125. No tocante à etimologia do nome Kashir, ver Tuzak-i-Babari, *Memories of Babar*, trad. Leyden & Erskine, p. 313.

126. Hassnain, *Hindu Kashmir*, pp. 18-19.

127. Vincent Smith, *The Early History of India*, p. 235.

128. Rapson, E. J., *The Cambridge History of India*, Vol. I., p. 582.

129. Wheeler, J. H., *History of India*, p. 239.

130. *Bhavishya-maha-purana*, versos 17-32.

131. Mulla Nadri, *Tarikh-i-Kashmir*, fólio, 69 Haider Malik Chaudura; Tarikh-i-Kasmir, II, 12-56, Hassan Shah, Tarikh-i-Kashmir, Vol. III, p. 25.

132. *Bhavishya-maha-purana*, V. 17-32.

133. Mulla Nadri, *Tarikh-i-Kashmir*, fólio, 69.

134. Haider Malik Chandura, Trarikh-i-Kashmir, fólio 11-12.

135. Cole, *Illustrations of Ancient Building in Kashmir*, p. 8.

136. Al-Shaikh Al-Said-us-Sadiq, *Ikmal-ud-Din*, p. 359.

137. Mateus, 5:10.

138. Lucas, 11:28.

139. Al-Shaikh Al-Said-us-Sadiq, *Ikmal-ud-Din*, p. 359.

140. Lucas, 12:31.

141. Al-Shaikh Al-Said-us-Sadiq, *Ikmal-ud-Din*, p. 359.

142. Crônicas.

143. Eclesiastes, 8:8.

144. Al-Shaikh Al-Said-us-Sadiq, *Ikmal-ud-Din*, p. 359.

145. *Sufi Studies: East and West*, ed. Rushbrook Williams, p. 202.

146. Ibid, p. 358.

147. George Barker Stevens, *The Teaching of Jesus*, p. 39.

148. Marcos, 4:3-8.

149. Al-Shaikh Al-Said-us-Sadiq, *Ikmal-ud-Din*, p. 327.

150. Kalhana, *Rajatarangini*, II:90.

151. Ibid., p. 72.

152. Ibid., pp. 85-86.

153. Ibid., p. 90.

154. Ibid., p. 106.

155. Ibid., p. 110.

156. Sufi, M.D. *Kashmir*, Vol. I. p.

Notas 301

157. Haider Malik Chaudura, *Tarikh-i-Kashmir*, II, 12-56 Hassan Shah, *Tarikh-i-Kashmir*, III, p. 2 *Rajataran-gini*, Vol. 1, p. 63.
158. Salmos, 22:1-28.
159. Mateus, Marcos, Lucas, João, *O Novo Testamento*.
160. *Rajatarangini*, trad. Stein, 11: 72-106.
161. Werner Keller, *The Bible as History*, p. 360.
162. João, 13:36.
163. Marcos, 14:37-72.
164. Mateus, 16:18-19.
165. Atos dos Apóstolos, 1:6-15.
166. Atos dos Apóstolos, 2:41.
167. Atos dos Apóstolos, 4:4.
168. Atos dos Apóstolos, 5:2.
169. Atos dos Apóstolos, 5:17-40.
170. Atos dos Apóstolos, 9:32-34.
171. Atos dos Apóstolos, 12:1-4.
172. Epístola aos Gálatas, 2:11.
173. Pedro, 1:1.
174. Pedro, 2:9-10.
175. Pedro, 5:12-14.
176. João, 13:36.
177. Shaikh Abdul Qadir, art. no semanário *Badar*, Qadian, Índia, datado de 17 de maio de 1979.
178. Relatório da Archaeological Survey of India, Frontier Circle, 1912.
179. Benjamin Roland, *St. Peter in Ghandhara*; ver também *The East & West*, Roma, Vol. 4, nº 4, 1953.
180. Shaikh-al Said-us Sadiq, *Kamal-ud-Din*, p. 358.
181. Kanzul-Ammai, V. II, p. 34.
182. Sheikh-al-said-us-sadiq, *Kamal-ud-Din*, p. 357.
183. Mateus, 13:55; Marcos, 6:3.
184. Nazir Ahmad, *Jesus in Heaven on Earth*, pp. 3-6.
185. Shaikh-al Said-us-sadiq, *Kamal-ud-Din*. p. 357.
186. *The Week End*, Londres, 17-24 de julho de 1973.
187. *Decree of Rozabal*, Srinagar, Kashmir.
188. Francis Buchanan, *A Journey from Madras*, Vol. 2, 391.
189. Younghusband, *Kashmir*, p. 112.
190. Enrique, *The Realms of the Gods*, p. 25.

302 *O Quinto Evangelho*

191. Abdul Qadir, *Hashmat-i-Kashmir*, p. 68.
192. Saad-ullah, *Tarikh-i-Bagh-i-Sulaiman*, como citado em Qabr-I-Massin, p. 48.
193. Ghulam Nabi, *Wajeez-ul-Tawarikh*, Vol. II, p. 279.
194. Faber Kaiser, *Jesus Died in Kashmir*, p. 100.
195. Barkat Ullah, *History of the Indian Churches*, p. 157.
196. Relatório da Archaeological Survey of India, 1912-14, pp. 213-216.
197. Aziz Ahmad, *Asrar-i-Kashir*, p. 266.
198. Ferrier, J. P., *History of the Afghans*, p. 4.
199. Bleazby, G. B., *List of Coins & Medals in the S.P.S. Museum*, Srinagar, Kashmir, pp. 1-3.
200. John S. Deyell, *A Guide to the Reading of Ancient Indian Coin Legends*, Wisconsin, NI, 1, 19.
201. Joia cuxana, British Museum, Londres.
202. Sutta, *Bhaivishya-maha-purana*, p. 287.
203. Kurt Berna, D-7140, Ludwigsburg, Alemanha Oriental, carta datada de 6 de julho de 1978.
204. Claudius Buchanan, *Christian Researches in India*, p. 141.
205. Milman, *History of the Jews*, Vol. 1, p. 442.
206. Joseph Benjamen, *Eight years in Asia and Africa*, p. 134.
207. Claudius Buchanan, *Christian Researches in India*, p. 224.
208. Vincent Arthur Smith, *The Early History of India*, p. 204.
209. Claudius Buchanan, *Christian Researches in India*, p. 229.
210. Decisão da Suprema Corte de Travancore, Índia Meridional, no caso de Dionysus Joseph *versus* Mar. Athanansius Thomag, 1871.
211. George Macmuon, *The Religions and the Hidden Cults of India*, pp. 106-108.
212. *The Encyclopaedia Britannica*, no verbete Thomas.
213. Barkat Ullah, *History of Churches in India*, p. 120.
214. Barkat Ullah, *History of Churches in India*, p. 151, traduzido do urdu pelo autor.
215. *Safi Sharah-Asool-i-Kafi*, Vol. 3, p. 304; *Ikmal-ud-Din*, p. 243.
216. Richard Fre, *Heritage of Persia*, p. 268, nota 31.
217. Burke, O. M, *Among the Dervishes*, p. 12.
218. O Evangelho se intitula *Mujuzat-i-Masih*, Ed. Farocq Argalli (em urdu).
219. *Mujuzat-i-Masih*, ed. Farocq Arg, p. 3.
220. Lucas, 1:2.6.

Notas 303

221. *Mujuzat-i-Masih*, ed. Farocq Argalli, pp. 7-9.
222. Torá.
223. Bíblia.
224. Praticante do judaísmo.
225. Zacarias.
226. *Mujuzat-i-Masih*, ed. Farocq Arga., p. 23.
227. Burke, O. M., *Among the Dervishes*, p. 109.

Bibliografia

FONTES BÍBLICAS

The Holy Bible, Old and New Testament, King James Version. 1611.
The Holy Bible with Commentary. John Murray, Londres, 1899.
Pelboubet, Select Notes on the International S.S. Lessons. Boston, 1918.
As Epístolas dos Apóstolos.
Atos dos Apóstolos.
Commentary on the Holy Bible, Dummelow. Londres, 1928.
O Novo Testamento no original grego, ed. Westcott. Londres, 1891.
Penicost Bible Studies. Londres, 1891.
The Four Gospels in Research and Debate. Ed. Bacon. New Haven. 1918.

FONTES PAGÃS

Josefo, Flávio. *Antiquities of the Jews: A History of the Jewish Wars and Life of Flavius Josephus, Written by Himself.* Trad. W. Whiston. Londres, 1872.
Josefo, Flávio. *Antiquities of the Jews (Historia Antiqua Judaico)*, ed. Loeb. Londres e Cambridge, MA. 1924ff.
Josefo, Flávio. *The Jewish Wars.* Trad. W. Whiston. Londres, 1872.
Josefo, Flávio. *The Jewish Wars.* Trad. G. A. Williamson. Penguin, Harmondsworth, 1978.

306   *O Quinto Evangelho*

Josefo, Flávio. *The Wars of the Jews.* T. Nelson & Sons, Londres, 1873. [Josefo, Flávio. *A guerra dos judeus.* Juruá Editora, 2002.]

Philo, Judaeus. *Every Good Man Is Free.* Trad. F. H. Colson. Londres e Cambridge, MA, 1962, 1967.

Philo, Judaeus. *Works.* ed. Loeb, Loeb. Classical Lib, Heinemann, Londres e Harvard Univ. Press, Cambridge, MA, 1960.

Plínio, o Velho. *Natural History.* Trad. J. Rackham & W. H. S. Jones, 10 vols. Londres, 1938-42.

Plínio, o Velho. *Natural History.* Loeb Classical Library. Heinemann, Londres, e Harvard Univ. Press, Cambridge, MA, 1969.

Plínio, o Moço. *Letter to the Emperor Trajan.* ed. Loeb, Loeb Classical Library. Harvard Univ. Press, Cambridge, MA, 1964.

Fontes judaicas

Albright, W. F. *Archaeology and the Religion of Israel.* Hopkins, Baltimore, 1953.

Authorised Jewish Prayer Book. Eyre & Spottiswoode, Londres, 1916.

Black, A. *The Prophets of Israel.* Edimburgo, 1882.

Charles, R. H. trad. *The Book of Enoch*, 2 vols. Clarendon Press, Oxford, 1893, 1912.

Charles, R. H. trad. *Testament of the Twelve Patriarchs.* A. & C Black, Londres, 1908.

Driver, S. R. *Introduction to the Literature of the Old Testament.* 1892.

Encyclopedia Judaica. Jerusalém, 1971.

Greenlees, Duncan. *The Gospel of Israel.* Adhyar, Madras, 1955.

Haupt, P., ed. *Sacred Books of the Old Testament in Hebrew.* Nova York, 1898.

Moore, G. F. *Judaism in the First Century of the Christian Era.* Cambridge, 1930, Vol. 1, p. 20.

Ryle & James, eds. *The Psalms of Solomon.* Cambridge, Reino Unido, 1891.

The Talmud, Standard Edition. Macmillan, Londres, 1938.

Bani Israel

Barakat, Ahmad. *Muhammad and the Jews.* Vikas, Nova Delhi, 1979.

Barber, Izekiel. *The Beni Israel of India.* Washington, DC, 1981.

Bell, A. W. *Tribes of Afghanistan.* Londres, 1897.

Bellew, H. W. *Are the Afghans Israelites?* Simla, Índia, 1880.

Bruhi, J. H. *The Lost Ten Tribes.* Londres, 1893.

Khan, Roshan. *Tazkirah* (História dos afegãos); (em urdu) Karachi, 1982.

Kehimkar, Haeem Samuel. *Bani Israel in India.* Tel Aviv, 1937.

Lord, rev. J. H. *The Jews in India and the Far East.* SPCK, Bombaim, 1907.

Margolis, Max & Marx, Alexander. *A History of the Jewish People.* Temple Books, MA, 1969, 1978.

Mir Izzut-oolah, *Travels in Central Asia,* trad. Henderson. Foreign Dept. Press, Calcutá, 1872.

Mohammad, Yasin. *Mysteries of Kashmir.* Srinagar, 1972.

Moore, George. *The Lost Ten Tribes.* Longman Green, Londres, 1861.

Moore, George. *Judaism in the First Century of the Christian Era.* Cambridge, Reino Unido, 1930.

Qureshi, Aziz Ahmad. *Asrar-i-Kashir* (em urdu). Srinagar, 1964.

Rose, George. *The Afghans and the Ten Tribes.* Londres, 1852.

Wolf, Joseph. *Mission to Bokhara,* 2 vols. Londres, 1845.

Wolf, Joseph. *Researches and Missionary Labours Among the Jews and Mohammedans and Other Sects.* Londres, 1835.

Livros apócrifos

The Ante-Nicene Christian Library, 25 vols. T & T Clark, Edimburgo, 1869.

Andrews, A., ed. *Apocryphal Books of the Old and New Testament.* Theological Translation Library, Londres, 1906.

Anjeel-i-Barnabas (em árabe). Al-Minar Press, Cairo, 1908.

Barnabas Ki Anjeel (urdu). Markazi Maktaba Islami, Delhi, 1982.

Bonnet, Max, trad. *Acta Thomae.* Leipzig, 1883.

Charles, R. H., tr. *The Old Testament Apocrypha and Pseudepighapha,* 2 vols. Clarendon Press, Oxford, 1913.

Charles, R. H. *Religious Development Between the Old and the New Testament.* Henry Holt, 1913.

Cureton. *Ancient Syriac Documents,* 24 vols. Londres, 1864.

Gartner, Bertil. *The Theology of the Gospel of Thomas.*

Gospel of the Hebrews. Edenite Soc. Inc., Imlaystown, NJ, 1972.

Hennecke, E., & Schneemelcher, W. *New Testament Apocrypha.* Filadélfia, 1963-66.

James, Montague. *The Apocryphal New Testament.* Oxford, 1924, 1953.

Klijn, A. F. J. tr. *The Acts of Thomas.* E. J. Brill, Leiden, 1962.

Lost Books of the Bible. World Publishing Co., Nova York, 1944.

308   *O Quinto Evangelho*

Pagels, Elaine. *The Gnostic Gospels*. Nova York, 1979. [*Os evangelhos gnósticos*. Rio de Janeiro: Objetiva, 2006.]

Pratten, trad. *Syrian Documents Attributed to the First Three Centuries*. Ante-Nicene Christian Library, vol XX, Edimburgo, 1871.

Ragg, Lonsdale e Laura, tr. *The Gospel of Barnabas*. Oxford Univ. Press, 1907.

Robinson, Forbes. *The Coptic Apocryphal Gospels*. Methuen & Co., Londres, 1902.

Robinson, James M., ed. *The Nag Hammadi Library*. Nova York, E. J. Brill, Leiden, 1977.

Schonfield, Hugh. *The Authentic New Testament*. Londres, 1956.

Swete, H. B., ed. *The Gospel of Peter*. Macmillan, Londres, 1893.

Walker, Alexander, trad. *Acts of Barnabas*. Ante-Nicene Christian Library, Vol. XVI, T& T Clark, Edimburgo, 1970.

Wilson, R. M., ed. *The Gospel of Philip*. Londres, 1962.

Wright, W. *Apocryphal Acts of the Apostles*. Soc. for Publ. of Oriental Texts, Londres, 1871, Vol. II.

CRISTOLOGIA E TEOLOGIA

Ahmad, Mirza Ghulam. *Jesus in India*. Ahmadiyya Muslim Mission, Qadian, Índia, 1944.

Ahmad, Mirza Ghulam. *Massih Hindustan Mein* (em urdu). Qadian, 1908.

Bock, Janet. *The Jesus Mystery*. Aura Books, Los Angeles, 1980.

Bornkamm, G., trad. *Jesus of Nazareth*. Hodder & Stoughton, Londres, 1956.

Bultmann, Rudolf. *Primitive Christianity and Its Contemporary Setting*, tr. R. H. Fuller. Collins, Glasgow, 1960.

Cadoux, C. J. *The Life of Christ*. Pelican, Londres, 1948.

The Crucifixion by an Eye-witness. Indo-American Book Co., Chicago, 1907.

Dummelow, Rev. J. R. *Commentary on the Holy Bible*. Macmillan, Londres, 1917.

Faber-Kaiser, Andreas. *Jesus Died in Kashmir*. Gordon & Cremonesi, Londres, 1977.

Faruqi, Mumtaz Ahmad. *The Crumbling of the Cross*. Lahore, 1973.

Ferrar, Dean F. W. *The Life of Christ*. Cassell, Peter & Galpin, Londres, 1874.

Forsström, Johan. *The King of the Jews*. Nugedoga, Sri Lanka, e East West Books, Hango, Finlândia, 1987.

Fuller, R. J. *The Foundations of New Testament Christology*. Collins, Londres, 1965.

Bibliografia 309

Goeckel, Helmut. *Die Messias-Legitimation Jesu.* Liber Verlag, Mainz, 1982.

Graves, Robert. *The Nazarene Gospel Retold.* Cassell, Londres. 1953.

Gregory, A. *The Canon and Text of the New Testament.* Nova York, 1907.

Hastings, J. *Dictionary of the Bible.* T & T Clark, Edimburgo, 1904.

Hastings, J. *Dictionary of Christ and the Gospels.* T & T Clark, Edimburgo, 1908.

Holy Bible, King James Version, edição com Concordância. Nova York, Londres.

Kamal-ud-Din, Khwaja. *The Sources of Christianity.* MMI Trust, Woking, Reino Unido, 1924.

Kashmiri, Aziz. *Christ in Kashmir.* Rossi Pubs., Srinagar, 1984.

Keller, Werner. *The Bible as History.* Hodder & Stoughton, Londres, 1956.

Kersten, Holger. *Jesus Lived in India.* Element, Shaftesbury, Reino Unido, 1986. [*Jesus viveu na Índia.* Rio de Janeiro: Best Seller, 2004.]

Levi (H. Dowling). *The Aquarian Gospel of Jesus the Christ.* De Vorss, Marina del Ray, CA, 1972.

Lewis, Spencer H. *Mystical Life of Jesus.* AMORC, San Jose, CA, 1929.

The Life of Christ, Rev. Edn, Mazdaznan Elector Corp, Los Angeles, 1960. Reeditado por Stockton Doty Press, Whittier, CA, 1969.

Muggeridge, Malcolm. *Jesus, the Man Who Lives.* Collins, Londres, 1975.

Muses, G. A., ed. *The Septuagint Bible.* Falcon's Wing Press, CO, 1954.

Nazir Ahmad, Khwaja. *Jesus in Heaven on Earth.* Azeez Manzil, Lahore, 1973. Primeira edição de Muslim Mission and Literary Trust, Woking, Reino Unido, 1952.

Notovitch, Nicolas. *The Unknown Life of Christ.* Rand McNally, Chicago, 1894 e Hutchinson, Londres, 1895.

Peake, A. S. J. *Commentary on the Bible.* Londres, 1920.

Peloubet's Select Notes on the International Lessons. Boston, 1918.

Prophet, Elizabeth Clare. *The Lost Years of Jesus.* Summit Univ. Press, Malibu, EUA, 1984. [*Os anos ocultos de Jesus.* Rio de Janeiro: Nova Era, 2006.]

Robinson, J. M. *New Quest for the Historical Jesus.* Londres, 1959.

Sadiq, Mufti Muhammad. *Qabr-i-Masih* (Urdu). Talif-o-lshait, Qadian, 1936.

Serrano, Miguel. *The Serpent of Paradise.* Harper, Nova York, 1972.

Shams, J. D. *Where Did Jesus Die?* Baker & Witt, Londres, 1945.

Schweitzer, A. *Quest for the Historical Jesus.* Londres, 1945. [*A busca do Jesus histórico.* Fonte Editorial, 2003.]

Stroud, William. *On the Physical Cause of Death of Christ.* Londres, 1965.

310   *O Quinto Evangelho*

Talmud Emmanuel. Freie Interessengemeinschaft, Suíça, 1974.

Wehrli-Frey. *Jesat Nassar*, 2 vols. Drei Eichen Verlag, Munique, 1965.

Wilson, Ian. *The Turin Shroud.* Penguin, Harmondsworth, 1978.

Yosuf, Chalpi. *Mashihat* (urdu). Majlis Tehqiqat, Lucknow, 1976.

O SUDÁRIO

Berna, Kurt. *Jesus ist Nicht am Kreuz Gestorben.* Hans Naber, Stuttgart, 1957.

Berna, Kurt. *Christ Did Not Perish on the Cross.* Expositions Press, Nova York, 1975.

Berna, Kurt. *Das Linnen.* Stuttgart, 1957.

Forsyth, William H. *The Entombment of Christ.* Cambridge, Reino Unido, 1970.

National Geographic, vol. 157, n. 6. Washington, DC, junho de 1980.

Reban, John (Kurt Berna). *Inquest of Jesus Christ.* Londres, 1967.

Rinaldi, Peter M. *Is It the Lord?* Nova York, 1972.

Segal, J. B. *Edessa, the Blessed City.* Oxford, 1970.

Vignon, Paul. *The Shroud of Christ.* Londres, 1902.

Wilcox, R. K. *Shroud.* MacMillan, Nova York, 1977.

Wilson, Ian. *The Turin Shroud.* Penguin, Harmondsworth, 1978.

ANTROPOLOGIA E ARQUEOLOGIA

Al Beruni. *Kitab-al-Hind, India.* Do árabe, tr. Edward Sachau, 2 vols. Trubner, Londres. 1888. Reedição, S. Chand & Co., Delhi, 1964.

Aziz-us-samad, Ulfat. *Great Religions of the World.* Lahore, 1976.

Bowle, John, ed. *Concise Encyclopaedia of World History.* Hutchinson, Londres, 1958.

Chakraberti, C. *Classical Studies in Ancient Races and Myths.* Puja Publications, Nova Delhi, 1979.

Cole, Major H. H. *Illustrations of Ancient Building in Kashmir.* W.H. Allen, Londres, 1869.

Cole, Sonia. *Races of Man.* British Museum, Londres, 1965.

Kak, Ram Chandra. *Ancient Monuments of Kashmir.* Londres, 1933.

Kellet, E. E. *Short History of Religions.* Pelican, Harmondsworth, 1972.

Khwand, Mir Muhammad. *Rauzat-us-safa* (Persa). 7 vols., traduzido para *The Garden of Purity*, trad. E. Rehatsek, 5 vols. Royal Asiatic Soc., Londres, 1892.

Marshall, John e outros. *Taxila*, 3 vols. Cambridge, 1951.

Bibliografia 311

Rapson, Prof. E. J. *Ancient India.* CUP, Cambridge, Reino Unido, 1911.
Roerich, Nicholai. *Altai Himalaya.* Nova York, 1929.
Roerich, Nicholai. *The Heart of Asia.* Nova York, 1929.
Smith, Arthur Vincent. *The Early History of India.* Clarendon Press, Oxford, 1904.
Smith, Sir George Adam. *Historical Geography of the Holy Land.* Hodder, Londres, 1894.

MANUSCRITOS DO MAR MORTO

Allegro, John. *The Dead Sea Scrolls: A Reappraisal.* Penguin, Middlesex, 1964.
Allegro, John. *Dead Sea Scrolls: Thy Mystery Revealed.* Nova York, 1981.
Allegro, John. *The People of the Dead Sea Scrolls.* Routlege, Londres, 1959.
Allegro, John. *The Dead Sea Scrolls and Christian Myth.* Abacus, Londres, 1981.
Barthelemy, D. & Milik, J. T. *Discoveries in the Judaean Desert.* Oxford Univ. Press, 1955.
Brownlee, W. H. *The Dead Sea Manual of Discipline.* BASOR, Nova York, 1951.
Brownlee, W. H. *The Meaning of the Qumran Scrolls for the Bible.* Nova York, 1964.
Burrows, M. *The Dead Sea Scrolls.* Viking Press, Londres, 1956.
Burrows, M. *More Light on the Dead Sea Scrolls.* Londres, 1958.
Davies, Powell. *The Meaning of the Dead Sea Scrolls.* Mentor Books, Nova York, 1956.
Dupont-Sommer, A. *The Dead Sea Scrolls.* Nova York, 1956.
Schonfield, Hugh. *The Secret of the Dead Sea Scrolls.* Nova York, 1960.
Vermes, G. *The Dead Sea Scrolls in English.* Pelican, Middlesex, 1962. [*Os manuscritos do mar Morto.* Mercuryo, 2004.]
Wilson, Edmund. *Scrolls from the Dead Sea.* Oxford, 1955. [*Os manuscritos do mar Morto.* São Paulo: Companhia das Letras, 1993.]
Yadin, Y. *The Ben Sira Scroll from Masada.* Jerusalém, 1965.

Cristãos de São Tomé na Índia

Brown, L. W. *The Indian Christians of St. Thomas.* Cambridge, 1956.
Buchanan, Claudius. *Christian Researches in Asia.* Cambridge, 1811. Ogle, Edimburgo, 1912.
Geddes, M. *History of the Christian Church of Malabar.* Walford, Londres, 1894.
Farquhar, J. N. *The Apostle Thomas in North India.* Manchester, 1926.

312 *O Quinto Evangelho*

Keay, F. E. *History of the Syrian Church in India*. Madras, 1938.

Matthew, P. V. *Acta Indica*. Cochim, 1986.

Medlycott, A. E. *India and the Apostle Thomas*. Londres, 1905.

Menacherry, George, ed. *The St. Thomas Christian Encyclopaedia of India*. Madras, 1973.

Milne, Rae. *Syrian Church in India*. Edimburgo, 1892.

Mingana, A. *Early Spread of Christianity in India*. Manchester, 1926.

Plattner, F. A. *Christian India*. Vanguard Press, Nova York, 1957.

Raulin. *Historia Ecclesiae Malabartica*. Roma, 1745.

Essênios

Dupont-Sommer. *The Jewish Sect of Qumran and the Essenes*. MacMillan, 1956.

Kosmala, H. *Hebraer, Essener, Christen*. Leiden, 1959.

Larson, Martin A. *The Essene Heritage*. Nova York, 1967.

Szekely, Edmond Bordeaux. *The Essene Code of Life*. San Diego, 1977.

Szekely, Edmond Bordeaux. *The Essene Humane Gospel of Jesus*. Santa Monica, 1978

Szekely, E. B. *The Essene Jesus*. San Diego, CA, 1977.

Szekely, E. B. *The Essene Teachings of Zarathrustra*, 1973.

Szekely, E. B., tr. *The Gospel of the Essenes*. C.W. Daniel, Saffron Walden, Reino Unido, 1978.

Szekely, E. B. *The Gospel of Peace of Jesus Christ by the Disciple John*. C.W. Daniel, Londres, 1937 & 1973.

Szekely, E. B. *The Teachings of the Essenes from Enoch to the Dead Sea Scrolls*. C.W. Daniel, Londres, 1978. [*Os ensinamentos dos essênios de Enoque aos manuscritos do mar Morto*. São Paulo: Pensamento, 1997.]

Islâmicos

al-Bukhari, Imam. *Al-Jami-al-sahih*, 3 vols. Cairo.

al-Jajjaj, Muslim bin. *Al-Sahih*, 18 vols. Cairo.

Al-Sahih of Muslim, 2 vols. Ghulam Ali & Sons, Lahore, 1962.

Bashir-ud-Din, Mahmood Ahmad. *Introduction to the Study of the Holy Quran*. Londres, 1949.

Ibn-i-Jarir-at-Tibri. *Tafsir*, 30 vols. Kubr-ul-Mara Press, Cairo, 1921.

Mohammed Ali, Maulana, trad. *The Holy Quran*. Ahmaddiyya Anjuman, Lahore, 1951.

Bibliografia 313

Mohammad Ali, Maulana. *A Manual of Hadis*. Lahore, 1949.
Sale, George. *The Koran*. Londres, 1939.
Yusuf Ali, Abdullah, trad. *Holy Quran*. Lahore, 1961.

Manuscritos e textos orientais

EM ÁRABE

Ibn-i-Hazam. *Almallal-o-Alnahal*. Cairo.
Ibn-i-Tamima, Shaikh-ul-Islam. *Al-Jawab-al-Sahi-Liman-Badil-Din-al-Masih*, 4 vol.
Mohammad Abdul, Shaikh, *Al-Islam-al-Nasrania*. Cairo.
Shahrastani, Mohammad ibn Abdul Karim. *Kitab al-Milal wa al-Nihal*. Soc. for Publ. Oriental Texts, Londres, 1842.

EM PERSA

Abdul Qadir. *Hashmat-i-Kashmir*. Persian MS n. 42, f7, Royal Asiatic Soc. of Bengal, Calcutá.
Dehlvi, Syed Ahmad. *Farhang-i-Asafiyah*. Dicionário persa, Hyderabad, 1908.
Khwaja Muhammad Azam Deedamari. *Tarikh-i-Azami* (em idioma persa). Muhammadi Press, Lahore, 1747.
Khwand, Mir Muhammad. *Rauzat-us-safa* (persa), 7 vols. Traduzido para *The Garden of Purity* tr. E. Rehatsek, 5 vols., Royal Asiatic Soc., Londres, 1892.
Mustafa, Agha. *Ahwal-i-Ahalian-i-paras* (persa). Teerã, 1909.
Said-us-Saddiq, Al Shaikh. *Kamal-ud-Din*. Sayyid-us-Sanad Press, Irã, 1881. Traduzido para o alemão por H. Muller, Heidelberg Univ., Alemanha, 1901.

EM URDU

Ahmad, Mirza Ghulam. *Jesus in India*. Ahmadiyya Muslim Mission, Qadian, 1944.
Ahmad, Mirza Ghulam, *Massih Hindustan Mein*. Qadian, 1908.
Argali, Farooq, ed. *Mujazat-i-Masih* (*Milagres de Jesus*). Delhi.
Qadir, Abdul Shaikh. *Ashab-i-Kahf-kay-Sahijay* (*As escrituras dos habitantes das cavernas*). Lahore, 1960.
Sadiq, Mufti Muhammad. *Qabr-i-Masih* (*O túmulo de Jesus*). Talif-o-Ishait, Qadian, 1936.
Shams Tabriz Khan, tr. *Masihat* (*Cristianismo*). Lucknow, 1976.

314 *O Quinto Evangelho*

EM SÂNSCRITO

Bhavishya Mahapurana. MS, Oriental Research Library, Univ. of Kashmir, Srinagar.

Bhavishya Maha Purana. trad. e coment. em hindi. Oriental Research Inst., Poona, 1910.

Kumari, Ved, trad. *Nila-Mata-purana*. Cultural Academy, Jammu, 1968.

Natha Namavali Sutra. Natha Yogis. Vindhya Chal.

Shastri, Vidyavaridi Shiv Nath, tr. *Bhavishya Maha Purana* (hindi). Venkareshvaria Press, Bombaim, 1917.

Stein, M. A., I. *Kalhana's Rajatarangini*, 2 vols. Constable, Londres, 1900. Reeditado em Nova Delhi, 1961 & 1979.

EM TIBETANO

Le-zan Chhes-kyi Nima. *Grub-tha Thams-chand kyi Khuna dan Dod-Thsul Ston-pe Legs Shad Shel-gyi Melong* (tibetano, traduzido do chinês) ou *The History of Religions and Doctrines — The Glass Mirror*, da coleção de S.S. Gergan, Srinagar, Caxemira.

EM BENGALÊS

Abhedananda, Swami. *Kashmir O Tibbate*. Ramakrishna Vedanta Math, Calcutá, 1927.

Ghose, Ashutosh. *Swami Abhedananda — the Patriot Saint*. Ramakrishna Vedanta Math, Calcutá, 1967.

Sobre os autores

Hadji professor Fida M. Hassnain
Mestre em história, advogado,
doutor em arqueologia, doutor em indologia

O PROFESSOR HASSNAIN nasceu em 1924, em Srinagar, na Caxemira, filho de um casal de professores. Aos 3 anos foi entregue aos cuidados de um imã em Tral, na Caxemira, e aprendeu o Santo Corão. Aos 6 anos foi matriculado em uma escola moderna, onde se formou aos 16 anos. Aos 20 anos, formou-se pela Universidade de Punjab. Obteve o grau de mestre na Universidade Muçulmana de Aligarth.

O professor Hassnain dedicou-se ao estudo das leis e recebeu o grau de doutor em direito em 1946. Voltando à cidade natal, exerceu a advocacia durante alguns anos. Logo se desgostou da profissão, porque sua consciência não lhe permitia defender um criminoso.

Então, o professor Hassnain dedicou-se a obras sociais entre a população carente, à pintura e à poesia. Em pouco tempo a dura realidade da vida obrigou-o a procurar emprego e ele passou a dar aulas no S. P.

316 *O Quinto Evangelho*

College, em Srinagar. Mais tarde ascendeu à posição de professor titular de história e pesquisa.

Em 1954 o professor Hassnain tornou-se diretor de Arquivos Estaduais, Pesquisa Arqueológica e Museus, continuando a exercer o cargo até se aposentar, em 1983. Suas viagens de estudo resultaram na preservação de centenas de manuscritos em árabe, sânscrito e persa, guardados nas Archives and Oriental Research Libraries. Como especialista em arqueologia, dirigiu diversas escavações.

Em 1969 foi convidado a dar palestras sobre budismo em algumas instituições educacionais do Japão. Desde então, visitou esse país seis vezes, em ciclos de palestras. Seus conhecimentos lhe renderam o título de doutor em indologia.

Em 1960 o professor Hassnain visitou pela primeira vez o Ladakh (Tibete ocidental) e, desde então, esteve diversas vezes naquela terra de lamaísmo tântrico. Lá, entrou em contato com as práticas do xamanismo tântrico empregadas por uma eremita tibetana. Seu interesse antropológico o levou a estudar o passado das tribos Brukpa, nas quais encontrou vestígios dos remanescentes gregos de Alexandre, o Grande.

Em suas viagens oficiais na Caxemira, em Jammu e no Ladakh, veio a conhecer diversos *sadhus*, faquires, lamas, *majzoobs* e sufis. Swami Lakshman Joo, Sayyid Mirak Shah, Kausar Sahib, Sharif Sahib, Yogni Chomoji, Sultan Sahib, Swami Nanda Mutto, Sayyid Babaji e Lassa Mutto lhe causaram profunda impressão.

Evitando seu trabalho oficial, o professor começou a passar os dias e as noites com os três mendicantes mencionados por último, o que deu a seus dois colegas de repartição a oportunidade de envolvê-lo em um processo por negligência, provocando seu afastamento do cargo. Essa calamidade produziu um sério abalo nele, fazendo-o sentir-se abandonado por Deus. Suspeitas sobre a existência de Deus se infiltraram em sua mente. Mas essa fase durou apenas alguns meses! Um *sadhu* do sul da Índia, em peregrinação ao Shri Amareshwar Lingam, na Caxemira, foi à casa do professor para lhe dizer que Deus era grande.

Quando o professor começou a lançar questionamentos, o *sadhu* respondeu: "Deus afastou seus dois inimigos." Por uma estranha coinci-

Sobre os autores 317

dência, desapareceram, juntamente com as famílias, os dois colegas que haviam acusado o professor Hassnain. Para sua surpresa, ele soube posteriormente que o maior inimigo havia migrado para o Paquistão com toda a família, abandonando o lar na Caxemira. Doze anos depois, o outro inimigo foi encontrado vagando pelas montanhas em condições miseráveis. Esse evento marcou uma virada na vida do professor. Pouco depois, ele foi readmitido no cargo, que exerceu até se aposentar.

O professor Hassnain fez diversas viagens pela Europa e pela Ásia. É membro de muitas organizações nacionais e internacionais relacionadas com filosofia, religião, misticismo, história, antropologia e cultura. Após a aposentadoria, Hassnain foi iniciado no caminho do sufismo. Com a permissão de seu mestre, ele orienta, em clínicas psiquiátricas, sessões de meditação sufi como forma de terapia.

O professor Hassnain escreveu vários artigos sobre diversos assuntos. Publicou, entre outros, os livros: *Buddhist Kashmir* (1973), *British Policy* (1974), *Ladakh Moonland* (1975), *Hindu Kashmir* (1977), *History of Ladakh* (1977), *Gilgit* (1978), *Heritage of Kashmir* (1980), *Kashmir Misgovernment* (1980), *The Abode of Shiva* (1987), *Freedom Struggle in Kashmir* (1988). Fez inúmeras palestras e foi professor visitante em diversas universidades. Em 1987, recebeu o título de Rastra Sanskriti Samrat, ou imperador da Cultura Nacional. Vive com a família em 32. Dastgir Villa, Umar Enclave, Parray Pora, P.O. Sanat Nagar Srinagar — 19005, Caxemira, Índia.

fidahassnain@myasa.net

Rabi Dahan Levi
Presidente da Alliance d'Abraham, Ordem Nacional do Mérito

O RABI DAHAN LEVI nasceu em 8 de dezembro de 1920, no Marrocos. Era o mais novo de seis filhos. Sua educação começou com o estudo da Bíblia. Era tão diligente que aos 8 anos questionava pontos de vista em vários comentários. Começou o estudo do Talmude aos 11 anos e foi admitido na Yeshivá ao completar 15 anos.

Na Universidade Talmúdica, a mente inquisitiva do Rabi Levi levou-o a fazer aos professores perguntas que às vezes os deixavam perplexos.

318 *O Quinto Evangelho*

Os professores acreditavam em métodos tradicionais de ensino e tentavam persuadi-lo a segui-los na teoria e no dogma. Enquanto os docentes davam ênfase aos comentários, Dahan Levi desejava ir à essência das Escrituras.

Chegou um momento em que as discussões acadêmicas fizeram-no cair no desagrado dos professores. Em vez de responder às suas perguntas, eles simplesmente pediam-lhe que se retirasse da sala de aula. No entanto, ele prosseguiu seus estudos teológicos mantendo uma análise crítica, e em 1940 obteve o grau de professor talmúdico e rabino. Depois de muitos estudos, chegou à conclusão de que era fácil compreender as Escrituras sem a ajuda de comentários polêmicos.

Então, o reverendo Levi planejou dar prosseguimento a seus estudos e pesquisas sobre os mitos do mundo à época do Antigo Testamento, mas foi convocado ao serviço militar obrigatório. Entrou no Exército e completou o serviço militar na Tunísia e na Líbia, como membro da Legião Estrangeira Francesa. Durante todos esses anos seu coração ansiava por visitar a Terra Santa. Na Legião Britânica, foi nomeado "distribuidor de donativos do batalhão" e, dessa forma, teve oportunidade de viajar para o Egito.

Durante três meses, o reverendo Levi viajou por toda a terra dos faraós e também pela Palestina, pela Síria e pelo Iraque. Deixando o serviço militar em 1942, tornou-se um titular do Talmude e sacrificador ritual na cidade de Oran, na Argélia.

Em 1948, aos 28 anos, casou-se. Outro acontecimento importante em sua vida foi a mudança para Paris — e sua permanência naquela cidade. Ali teve vários empregos e mais tarde assumiu um cargo administrativo na terceira subdivisão do serviço público. Em 1950 tornou-se o fundador presidente da "Alliance d'Abraham", organização voltada para a sobrevivência das ligações históricas entre os três credos monoteístas: judaísmo, budismo e islamismo. A organização também tem como objetivo educar os muçulmanos na técnica do rito de circuncisão.

O rabino Dahan Levi é vice-presidente da comunidade israelita da terceira subdivisão administrativa [*arrondissement*] parisiense. Em 1972 recebeu a Medalha de Honra da Cidade de Paris. Por seu excelente trabalho, recebeu em 1977 a "Ordem Nacional do Mérito".

Ele busca a verdade na história e na cultura. De Bíblia em punho, visitou a Arábia Ocidental e viajou pela Índia em 1986. Nesse período, visitou Nova Déli, Bombaim, Calcutá, Agra, Jaipur e Srinagar, na Caxemira. O destino o fez conhecer o professor Fida Hassnain, de quem se tornou um bom amigo.

Tanto o reverendo Levi quanto o professor Hassnain buscam a verdade; ambos têm o coração sensível e a mente aberta. Apesar das barreiras idiomáticas, os dois mantiveram muitas discussões frutíferas. O rabino Levi é o tipo de homem que trabalha sem medo e tem esperança no futuro. Ele e o professor Hassnain uniram esforços para investigar e descobrir a verdade que, para eles, significa "a busca de Deus". Por duas razões o trabalho deles não é a palavra final: a curta duração da vida humana e a natureza do trabalho, que nunca recebeu a atenção de seus contemporâneos. Desde a infância Levi foi inquisitivo, e continuou a sê-lo pela vida afora.

FOI IMENSO MEU PRAZER em ter contribuído para a publicação deste magnífico trabalho, *O quinto evangelho*, de autoria do professor Hassnain e do reverendo Levi, publicado pela Blue Dolphin. Eu revisei e editei este livro.

O professor Hassnain é meu pai, amigo e mentor. Diante de qualquer dificuldade, peço a opinião dele, que sempre se dispõe a ajudar com suas preces e seus poderes espirituais. Ele é um grande sábio, conhecido no mundo inteiro, e tenho orgulho de ser seu filho. Minha contribuição para a publicação deste livro é um gesto humilde de respeito a meu pai e meu guru. Sinceros agradecimentos também à minha amiga, a senhora Claire Miller, por ter ajudado a transformar o livro em realidade.

Ahtisham Fida,
Presidente da Fida Corporation Co., Ltd.
Japão

Este livro foi composto na tipologia Minion Pro,
em corpo 11,5/15,5, impresso em papel off-white $80g/m^2$,
no Sistema Cameron da Divisão Gráfica
da Distribuidora Record.